外汇管理体制改革与创新

孙天琦 ◎ 主编

WAIHUI GUANLI TIZHI
GAIGE YU CHUANGXIN

中国金融出版社

责任编辑：张　铁
责任校对：潘　洁
责任印制：裴　刚

图书在版编目（CIP）数据

外汇管理体制改革与创新/孙天琦主编．—北京：中国金融出版社，2018.1

（新世纪中国金融改革与发展丛书）

ISBN 978 - 7 - 5049 - 9297 - 0

Ⅰ.①外⋯　Ⅱ.①孙⋯　Ⅲ.①外汇管理—经济体制改革—研究—中国　Ⅳ.①F822.2

中国版本图书馆 CIP 数据核字（2017）第 269913 号

外汇管理体制改革与创新
Waihui Guanli Tizhi Gaige yu Chuangxin

出版　中国金融出版社
发行

社址　北京市丰台区益泽路 2 号
市场开发部　（010）63266347，63805472，63439533（传真）
网 上 书 店　http://www.chinafph.com
　　　　　　　（010）63286832，63365686（传真）
读者服务部　（010）66070833，62568380
邮编　100071
经销　新华书店
印刷　保利达印务有限公司
尺寸　169 毫米 × 239 毫米
印张　24.25
字数　318 千
版次　2018 年 1 月第 1 版
印次　2019 年 1 月第 2 次印刷
定价　77.00 元
ISBN 978 - 7 - 5049 - 9297 - 0
如出现印装错误本社负责调换　联系电话（010）63263947

新世纪中国金融改革与发展丛书
编　委　会

丛 书 编 委 会：

　　易　纲　　陈雨露　　潘功胜　　范一飞　　张晓慧
　　万存知　　朱　隽　　阮健弘　　纪志宏　　孙天琦
　　李　波　　陆　磊　　邵伏军　　苟文均　　钟　平
　　徐　忠　　谢　众　　霍颖励　　穆长春

丛书编写工作组：

　　邵伏军　　魏革军　　苟文均　　穆长春　　钟　平
　　傅　勇　　袁　鹰　　黄海清　　叶　蓁　　匡　桦
　　孙国良

《外汇管理体制改革与创新》
编委会

主　编：孙天琦

编　委：孙天琦　王春英　刘　斌　郭　松　徐卫刚
　　　　李红燕　张　辉

统　稿：刘　芳　马　昀　燕　飞　江霜铭

执　笔：第一章　马　昀　刘宏玉　季云华　卞　强
　　　　第二章　秦　朗　姬　智　庄　芳　吴　东
　　　　第三章　项丹婼　王国建　李宗民　杨松婷
　　　　第四章　贾　宁　卢之旺　梁　艳
　　　　第五章　韩　健　赵玉超　贺　萌
　　　　第六章　徐浩雄　黄　卉　朱　奇　周庆怡
　　　　第七章　王彩玲　朱至瑜　段　盈　张　彩
　　　　第八章　孙洪珠　牟传兴　欧琼霞　畅　甜
　　　　第九章　燕　飞　赵　娜　李　萌　崔　旭

中国金融改革发展：
内在逻辑与若干经验

一、新世纪中国金融改革发展的背景和起点

自1978年党的十一届三中全会作出改革开放的决定以来，中国金融业开始了从计划经济体制向市场经济体制的深刻转轨。在传统的计划经济背景下，金融活动更多从属于财政活动，服从于经济计划，金融发展处于被抑制状态。随着人们对社会主义市场经济认识的逐步深化，以及改革开放进程的不断推进，需要尊重金融自身发展规律，对金融体系进行重大改革，减少干预，不断增强市场配置金融资源的作用。

（一）建立双层银行体系，引进市场经济金融体系基本结构

20世纪70年代末80年代初，我国尚处于向市场经济转轨的早期，当时的经济体制改革主要强调改变政府直接干预市场的做法，即通过政府调控影响市场，由市场引导企业，而不是由国家直接调控企业。1979年，国家决定在固定资产投资领域进行将财政拨款改为银行贷款的"拨改贷"试点，这要求银行改变其国家计划执行者和国家财政出

纳员的角色。

在这个背景下，按照邓小平同志"要把银行真正办成银行"的指导思想，当时金融领域改革的主要任务是引进市场经济金融体系的基本结构，厘清政府在金融领域的职能边界，重点是通过政企分开，将中央银行和商业性金融体系分开，构建一个双层银行体系。在这个体系中，中央银行专注于宏观调控、金融监管和为银行提供支付清算等金融服务；专业性金融机构则从人民银行独立出来，向企业和居民提供专业金融服务。按照该思路，自1979年开始，中国农业银行、中国银行、中国建设银行、中国工商银行等金融机构先后建立或恢复建立。建立双层金融体制是我国金融改革的第一步，具有非常重要的意义，否则后面对金融机构、市场、监管、调控的一系列改革都无从谈起。

(二) 完善公司治理结构，推动国有专业银行向商业化转型

20世纪90年代早中期，工、农、中、建四大银行还是国有专业银行，分别服务于工商业、农业、国际业务和项目建设等领域，相互之间缺乏充分竞争。同时，这些银行还承担着各自领域的一些政策性业务，一旦国家有要求，银行必须予以支持，当时甚至出现"包饺子"贷款。这显然不符合竞争性市场的基本要求，也不利于金融健康发展。

1992年，党的十四大正式提出"我国经济体制改革的目标是建立社会主义市场经济体制"，第一次把"社会主义基本制度和市场经济结合起来"。1993年，党的十四届三中全会通过了《关于建立社会主义市场经济体制若干问题的决定》，初步形成了社会主义市场经济基本框架。建立社会主义市场经济必然要求推动专业银行向商业银行转型，建立市场化的金融机构。而且，按照党的十四届三中全会关于建立现代企业制度的要求，银行作为商业性机构也应像国有企业一样进行公司治理改革，剥离政策性业务，转变为市场竞争主体。

基于上述考虑，1993年12月，国务院发布《关于金融体制改革的

决定》，决定成立国家开发银行、中国进出口银行、中国农业发展银行三家政策性银行，专门承担政策性金融服务。同时，要求专业银行逐步改革转变为国有独资商业银行，只承担商业性业务，不再按专业领域划分业务，相互之间可以交叉、竞争，以便改进服务。1995年，《商业银行法》出台，从法律上将工、农、中、建四家专业银行正式定位为国有商业银行。

（三）启动汇率改革，配合实体经济对外开放

1979年，为吸引外资，实施对外开放战略，我国颁布了《中外合资经营企业法》。搞中外合资，必然涉及外国资本到国内兑换人民币，必然要有合理的汇率机制，否则外资不愿意进来。这些背景都要求必须对汇率以及外汇管理体制进行改革。

1981年，我国启动汇率改革，人民币兑美元汇率从过去的1美元兑1.53元人民币改为双轨制，即贸易汇率1美元兑2.8元人民币，非贸易汇率不变。这是金融领域改革比较早的一项工作，在当时是相当大的变化。后期，企业要求取消外汇管制的呼声越来越高，但当时思想还不够解放，各方面顾忌较多，采取了过渡性措施，即开始实行外汇留成制度。实际上，外汇留成的本质仍是双轨汇率制度，容易造成价格体系扭曲，甚至寻租、腐败。

1993年筹备党的十四届三中全会过程中，党中央、国务院开始酝酿设计新一轮外汇体制改革。1994年1月1日，正式宣布"改革外汇管理体制，建立以市场为基础的有管理的浮动汇率制度和统一规范的外汇市场"，取消外汇留成制度和外汇兑换券的流通使用，人民币官方汇率和外汇调剂市场汇率并轨，将人民币兑美元汇率统一为1美元兑8.7元人民币。同时，决定实施银行结售汇制度，建立分层次、统一的外汇市场。这标志着人民币汇率形成机制改革迈出了重大步伐，开始转向以市场供求为基础，人民币汇率在外汇资源配置中开始发挥重要作用。

(四）加强整顿，应对亚洲金融风波冲击

到1997年亚洲金融风波前，金融改革发展取得不少重要进展，但由于金融标准规制不规范、公司治理结构不完善、资本金不充足等原因，金融体系出现一定程度的混乱，不仅案件频发，还普遍存在不良贷款率高、市场恶性竞争等一系列问题。在亚洲金融风波冲击下，银行业积累了大量不良贷款，相当一部分金融机构经营困难，甚至关闭破产。当时国内外一些学者和媒体认为，中国大型国有商业银行已经到了"技术性破产"的边缘，银行体系迟早会出大问题。

这一阶段金融领域的主要任务是进行整顿并支持国有企业脱困。一是调整金融体系的结构。当时，整个经济体制改革需要在适当分权的基础上，建立合理的中央与地方关系。但在金融方面，需实行垂直管理，减少地方对金融的干预，治理金融"三乱"。因此，1997年第一次全国金融工作会议对金融体系的组织结构作了一系列调整，明确人民银行和国有商业银行分支机构党组和人事不再由地方领导。二是补充国有独资商业银行资本金。1997年，将国有独资商业银行所得税税率从55%（外加7%的调节税）下调至33%，提升商业银行利用内源性融资增加资本金的能力。1998年，由财政部发行2 700亿元特别国债筹集资金补充四家银行资本金。三是配合国家应对亚洲金融风波造成的重大冲击进行恢复。一方面，决定通过债转股减轻国企债务负担。另一方面，1999年成立了信达、长城、东方、华融四家资产管理公司剥离大型银行不良资产，帮助国企休养生息，摆脱大量职工下岗和效益下滑的困境。

总的来看，经过二十多年的改革探索，到20世纪末我国初步建立了与社会主义市场经济相适应的现代金融组织体系、金融市场体系、金融调控和监管体系，市场在资金配置中的作用明显增强，也使我国成功抵御了亚洲金融风波的冲击。但同时，金融领域的转轨特征和传统计划经济色彩仍较明显，一些重大体制机制问题还有待解决。尤其是，为配合服务国企改革攻坚和应对亚洲金融风波的影响，金融体系的健康性遭受一定冲击，国有商业银行和农村金融体系形成了巨大规模的坏账，资本账户可兑换、利率汇率市场化等改革未能按计划推进。如果不妥善解决健康性问题，金融机构和金融市场就很难继续为实体经济改革发展提供支撑，如果处理不及时、不妥当，甚至可能爆发金融危机，拖累实体经济发展。而且新世纪初中国加入世界贸易组织后，扩大开放有了更高要求，金融改革开放也面临更多新的任务和挑战。

二、新世纪以来金融改革发展主要进展

新世纪以来，尤其是党的十八大以来，在党中央、国务院的正确领导下，我国金融改革开放发展取得重大进展，大型国有商业银行成功股改上市，银行业金融机构资产质量、经营效益不断提升，多家机构入选全球系统重要性金融机构，金融体系健康性明显提升；坚持市场化方向，遵循渐进可控原则，不断深化利率汇率市场化改革，基本完成利率市场化改革，人民币汇率弹性显著增强，市场配置金融资源的能力不断提高；宏观审慎政策框架不断完善，成功应对了百年一遇的国际金融危机的冲击，守住了不发生系统性金融风险的底线；以场外市场和机构投资者为主的债券市场快速发展，市场深度和广度显著提升，有效促进直接融资比重提高；金融业双向开放不断扩大，人民币国际化扬帆起航并成功加入国际货币基金组织特别提款权货币篮子，我国金融国际竞争力和影响力显著提高，整个金融业发展迈入新时代。

（一）深化银行业改革

由于长期的政企不分、产权模糊、管理低效等历史原因，我国的金融机构积累了严重的系统性风险。20世纪90年代末，按照当时较低的

会计标准，我国银行业不良率在30%左右，虽然1999年剥离了1.4万亿元不良资产，但大型国有商业银行历史包袱仍然很重，不良率依然过高，资本充足率依然很低，甚至为负。因此，迫切需要采取强有力措施，下大的决心，对银行业进行全面深刻的改革，清理财务不健康问题，对金融机构特别是有影响的大型金融机构进行财务重组，使其恢复到健康状态。

要真正实现我国金融机构的健康化，首要任务是引入国际上更高的标准，提高金融规制的规范化程度。过去，我国很多金融领域的法律法规、制度规则是滞后的，很多标准是在实践的摸索中建立的，有些规则一开始甚至是缺失的。当时银行的贷款分类很不合理，主要采用期限法（"一逾两呆"），结果导致大量不良资产被掩盖。基于此，2001年颁布了《金融企业会计制度》，对会计准则进行了改进，同时开始实行贷款五级分类制度。这都是非常实质性的、基础性的工作，有助于弄清楚银行不良资产的真实情况，摸清家底，为后续金融机构健康化发展奠定基础。

大型国有商业银行股改上市

建立规范化的金融规则标准后，金融机构财务状况基本合格，但要跟上国民经济迅速发展的步伐，还需要不断增强资本实力。2002年2月，朱镕基总理在第二次全国金融工作会议上指出，要对国有独资商业银行进行股份制改造，条件成熟的可以上市。对银行等金融机构而言，上市除了可以筹集资本外，更重要的是可以按照现代企业制度建立公司治理结构，提升透明度。只有受到来自广大投资者特别是股票市场投资者和战略投资者的压力和监督约束，金融机构才有足够动力加强财务和风险管理。

由于当时的财政资源十分紧张，党中央、国务院在通盘考虑国家可用于金融改革的资源以及运用这些资源对宏观经济的影响后，明确提出了"抓两头、带中间"改革总体战略，即集中有限资源重点推动政策性历史包袱较重的大型商业银行和农村信用社改革，带动政策性历史负担较轻的股份制和城市商业银行等其他金融机构立足自身进行改革发展。

2003年5月19日，人民银行行长周小川向国务院作了关于《改革试点——国有商业银行的财务重组》的汇报。这份报告在认真总结我国经济与金融体制改革经验的基础上，研究论证各种可能的注资资源选择，创造性地提出运用国家外汇储备注资大型商业银行，并详细设计了核销已实际损失掉的资本金、剥离处置不良资产、外汇储备注资、境内外发行上市的"四步曲"方案。2003年9月，党中央、国务院原则通过了关于国有独资商业银行股份制改革的总体方案。为推进该项工作，国务院成立了国有独资商业银行股份制改革试点工作领导小组，办公室设在人民银行。

推进国有商业银行股改上市的过程也是形成共识的过程。在税收方面，财政部门给予了较大支持，同意按照新的会计准则核销损失，解决国有商业银行养老退休、医疗、住房货币化等历史包袱，并暂缓银行业营改增，同时将营业税税率从8%降到5%。在注资方式方面，当时也有一些争议。有观点认为，通过再贷款进行注资即可，不需要其他改革方案。最后经过反复征求意见，使用外汇储备注资这个新方案得到国内和国际社会的广泛支持。在机构选择方面，最初因担心改革花费资金太多，只定了一家进行改革。实际上如果只选择一家，其容易与中央讨价还价；选择两家改革，可以形成相互竞争的局面。最后事实证明选择两家进行改革达到了很好的效果。在战略投资者方面，当时有观点认为引进的战略投资者应是商业银行，这样可以借鉴其经营管理经验、引进新产品和客户等，但另一种观点是引进投资者应主要考虑资本，只要投资者关心资本回报率，就会通过多种方式促进银行发展。后来，大型国有商业银行也引入了高盛、淡马锡等非银行的战略投资者，事实表明它们的投资持续期反而比国外商业银行更长。

2003年以来，交行、建行、中行、工行、农行陆续进行股份制改革，并成功上市，初步建立了相对规范的公司治理结构，内部管理和风险控制能力、市场约束机制明显增强，资产规模和盈利水平均位居全球前列。2016年末，商业银行业资本充足率13.3%、拨备覆盖率176.4%，均显著提高。2011年以来，中行、工行、农行和建行先后入选全球系统重要性银行（G-SIBs）。改革的实践充分证明，党中央、国务院关于大型商业银行改革的重大决策部署是完全正确的，正是通过改革，大型金融机构的健康性实现了质的飞跃，我国才能成功抵御2008年国际金融危机的严重冲击。

农村信用社改革深入推进

新世纪之初，农村信用社资产占到金融系统总量的10%左右，不良资产在50%左右。2002年末，全国共有农村信用社2 535个，其中97.8%资不抵债。为克服农村金融服务不断萎缩和农村金融机构可持续发展能力薄弱等问题，2003年6月，国务院决定在浙江等8个省份实施农村信用社改革试点。

考虑到农村信用社比较分散，情况参差不齐，当时改革设计了正向激励机制，把中央银行专项贷款和专项票据的兑付与农村信用社实际改革成效相挂钩，充分调动地方政府和农村信用社的积极性，引导农村信用社逐步"上台阶"。第一个台阶，参加改革的农村信用社，必须对改革计划作出承诺，然后才能获得资金支持和相关鼓励政策。第二个台阶，农村信用社必须使资本充足率上升到0的水平后，人民银行方可用专项票据置换其不良资产，同时向农村信用社支付专项票据利息。第三个台阶，专项票据两年到期后，农村信用社资本充足率提高到2%，公司治理和不良资产消化也达到相应指标，经过验收确认，人民银行可以将票据兑现成现金。

在正向激励约束机制作用下，农村信用社资产质量、盈利能力、支农资金实力、可持续性经营能力均得到明显提高，"花钱买机制"的政策效应不断显现。2016年末，全国农村信用社资本充足率12.13%，与2002年末相比提高了20.63个百分点。农村信用社自2004年实现首次轧差盈利后，利润总额快速增长，截至2016年末，累计实现盈利13 437亿元。

（二）稳步推进利率汇率市场化改革

在金融机构和金融市场逐步健康化、规范化之后，金融改革发展的基础不断巩固，特别是2013年党的十八届三中全会更加鲜明地提出"使市场在资源配置中起决定性作用"，在认识和要求上较以往迈上了一个新的大台阶，作为资金主要价格的利率、汇率市场化改革得以再次提速。

利率市场化改革实现重大突破

利率市场化改革的要点是体现金融机构在竞争性市场中的自主定价权，通过差异化定价优化资源配置。从调控的角度看，特别是从以直接调控转向以间接调控为主的过程中，需要有一个顺畅、有效的利率传导机制，并对市场价格形成产生必要的影响。这都要求必须进行改革，形成市场化的利率定价和传导机制。

实现利率市场化是一个长期过程。1993年12月，国务院发布《关于金融体制改革的决定》，提出了利率市场化改革的基本设想。1996年6月1日，人民银行取消同业拆借利率上限管理，由拆借双方根据市场资金供求自主确定，这标志着利率市场化迈出了具有开创意义的一步。进入新世纪后，人民银行按照"放得开，形得成，可调控"的原则，"先贷款后存款、先大额后小额、先外币后本币"的总体思路，继续稳步推进利率市场化，着力完善市场化的利率调控传导机制，给予金融机构更大利率定价自主权，充分发挥市场在资源配置中的决定性作用。2006年，人民银行组织构建了上海银行间同业拆放利率（Shibor），为各类金融产品交易定价发挥了基准作用。同时，分步有序扩大存贷款利率浮动范围，抓住成功应对2008年国际金融危机的有利时机，加快推进利率市场化改革，分别于2013年7月20日、2015年10月24日放开贷款利率下限和存款利率上限管制。

一般而言，存款利率关系到全社会的资金成本，其市场化对国民经济的影响更加广泛而深刻，完全放开的条件也相对较高。从国际经验看，放开存款利率管制是利率市场化进程中最为关键、风险最大的阶段，一般应置于相对靠后的阶段推进。存款利率市场化这个利率市场化的最后一步，是分若干小步迈出来的。在过去的几年中，存款利率浮动上限经过多次调整直到最后放开，走了五步。2015年10月存款利率上限的最终放开，标志着我国持续20多年的利率市场化基本完成，这在利率市场化改革以及整个金融改革历史上，都具有重要的里程碑意义。

在推动利率市场化的同时，货币政策调控框架也在逐步从数量型为主向价格型为主转型。在利率市场化逐步推进的背景下，人民银行在探索构建利率走廊机制方面取得了很好的效果。例如，为稳定短期利率，持续在7天回购利率上进行操作，通过开展常备借贷便利（SLF）操作，按需足额提供短期流动性支持，探索发挥其利率作为利率走廊上限的作用。

汇率市场化改革稳步推进

我国汇率市场化改革也走过了较长阶段。新世纪之初，大型商业银行改革刚刚提上议程，很多金融机构的公司治理和抗风险能力尚不足以有效抵御汇改可能带来的风险，因此一方面采取内部磋商开展金融对外交流与合作，化解外部压力；另一方面果断决定先行改革国有商业银行和农村信用社，待这两项改革取得重要进展，宏观调控走上正轨，诸多基础条件成熟之后再正式启动汇改。实践证明，这样的金融改革顺序决策和战术安排是合理的，尽可能地降低了汇改的风险。

2005年，经过两年多的精心准备和周密部署，人民银行按照"完善人民币汇率形成机制，保持人民币汇率在合理、均衡水平上的基本稳定"的要求，遵循"主动性、可控性、渐进性"原则，再次启动人民币汇率改革。2005年7月21日，我国宣布开始实行以市场供求为基础、参考一篮子货币进行调节、有管理的浮动汇率制度，人民币汇率不再盯住单一美元。这要求人民币汇率更多反映经济基本面尤其是国际经常项目收支平衡情况，汇率形成主要由外汇市场的供求关系决定。沿此改革思路，经过2007年、2012年和2014年连续三次调整，人民币兑美元交易价日浮动幅度从3‰扩大至2%，同时央行基本退出常态外汇干预，人民币汇率弹性显著增强。随着外汇市场对外开放水平的不断提高，金融机构自主定价和风险管理能力不断增强，2015年8月11日，人民银行宣布完善人民币兑美元汇率中间价报价机制，强调中间价报价要参考上日收盘汇率，以反映市场供求变化。2017年5月，在中间价报价模型中新增"逆周期因子"，以适度对冲市场顺周期因素，使中间价更加充分地反映宏观经济等基本面因素。

1997年到2017年8月，人民币兑美元汇率在6.09～8.30区间波动，波动幅度远小于其他主要经济体和新兴市场经济体货币，在合理均衡水平上保持了基本稳定。同时，汇率市场化改革对我国经济转型发展和走向均衡产生了积极影响，为宏观调控创造了有利条件，在应对国内外形势变化中发挥了重要作用。

（三）实施逆周期调控并成功应对国际金融危机

新世纪以来，在经济发展的不同阶段，货币政策根据经济金融形势和物价水平的变化情况，适时适度进行调整，始终坚持金融服务实体经济的本质要求，为经济平稳健康发展和经济体制改革营造了适宜的金融环境。

货币政策调整灵活适度

中国经济自2003年进入新一轮上升周期，经济增长速度加快，物价水平有所上升。人民银行及时调整货币政策操作，综合运用中央银行票据、存款准备金等多种货币政策工具，加强流动性管理和货币信贷调控，适当回收流动性，抑制了货币信贷增长偏快的势头。2003—2007

年，先后15次上调存款准备金率，对冲了外汇占款所投放流动性的大约80%。其中，2007年是调控力度最大的一年，10次上调存款准备金率，6次上调存贷款基准利率。2008年美国次贷危机蔓延加深，国内外经济金融形势发生重大转变，一些金融改革发展任务被迫暂停，首要工作是配合国家应对金融危机冲击。人民银行坚决贯彻落实党中央、国务院应对危机的一揽子计划，及时调整了货币政策的方向、重点和力度，将全年新增贷款预期目标提高至4万亿元左右，指导金融机构扩大信贷总量，并与结构优化相结合，向"三农"、中小企业和灾后重建等倾斜；综合运用多种工具，采取一系列灵活、有力的措施，及时释放确保经济增长和稳定市场信心的信号，5次下调存贷款基准利率，4次下调存款准备金率，保持银行体系流动性充分供应，促进货币信贷合理平稳增长，帮助中国经济在2009年率先实现企稳回升。

对于应对危机的临时性刺激措施，出拳要猛、收拳也要及时。考虑到中国易热不易冷的体制特征，宽松货币条件可能产生一定的副作用，随着形势好转必须果断决策，适时调整政策取向和力度，及时退出相关刺激措施。2010年10月，人民银行周小川行长在北京大学光华管理学院的演讲指出，"根据我的观察，在2009年第二季度，基本上已经看到中国经济强劲复苏，但这种复苏带来了一些问题。因此，在2010年初期，我们很快发现了超调问题，并开始反方向调整，先后三次上调准备金率，以收缩经济中的流动性"，并且强调"如果刺激措施的剂量过大，就可能产生超调问题，如果力度不足，就可能导致经济复苏缓慢"。

探索逆周期的宏观审慎政策框架

国际社会普遍认为宏观不审慎是2008年国际金融危机发生的重要原因。这次危机的破坏性如此之大，其中一个原因是危机传染的渠道发生了很大变化，例如金融衍生品市场缺乏清算机制，风险的跨市场传染发散非常快。另外，这次危机暴露出金融体系存在非常明显的顺周期性。当经济好的时候，各方面信心都很足，金融机构和客户的评级都比较高,资产价格特别是房价不断上涨,此时大多数金融机构是健康的,交易对手一般不会出问题。泡沫一旦破裂,就会出现连锁反应,市场的非理性行为和"羊群效应"会加剧波动。为此,需要引进一些逆周期的因素,增强系统稳定性,如逆周期资本缓冲、系统重要性附加资本以及更高的流动性要求,同时也要加强金融基础设施管理,建立中央对手方等。这些措施在概念上被命名为宏观审慎政策框架。宏观审慎政策框架的提法在国际上被写入了G20文件,在国内被写进了党的十八大、十八届三中全会的文件,也连续几年被写进了政府工作报告。

人民银行较早在逆周期宏观审慎管理方面进行了创新性探索。2009年下半年中国经济出现复苏迹象,在扩大内需等一揽子经济刺激政策的带动下,人民币贷款快速增长。人民银行对此高度关注和警惕,提出应按照宏观审慎政策框架的原理设计新的逆周期措施。2010年,人民银行通过引入差别准备金动态调整措施,将信贷投放与宏观审慎要求的资本充足水平相联系,探索开展宏观审慎管理。当时大家的认识还不一致,有些事还有争论,2010年底的中央经济工作会议明确提出要使用宏观审慎工具。此后,人民银行不断完善宏观审慎政策,将差别准备金动态调整机制"升级"为宏观审慎评估(MPA),逐步将更多金融活动和资产扩张行为纳入宏观审慎管理,并将全口径跨境融资纳入宏观审慎管理。从实践来看,宏观审慎政策框架在促进金融机构稳健审慎经营、维护系统性金融稳定等方面发挥了重要作用,向全球输出了中国经验。党的十九大报告明确提出要健全货币政策和宏观审慎政策双支柱调控框架。

(四)构建层次丰富的现代化金融体系

2003年党的十六届三中全会《关于完善社会主义市场经济体制若干问题的决定》,明确提出要"建立多层次资本市场体系,完善资本市场结构,丰富资本市场产品"。最初建设多层次资本市场的想法相对比较简单，定义的层次少一些，当时主要考虑建设主板市场和创业板市场，后来逐步认识到，需要建立一个更丰富的多层次资本市场乃至多元化的金融体系。金融体系的多元化涉及很多方面，如金融机构多元化、金融产品创新、多层次金融市场等。新世纪以来，按照多元化的方向，全面推动由债券市场、货币市场、外汇市场、黄金市场、股票市场等构成的、分层有序、互为补充的金融市场体系规范创新发展。同时，积极探索发展开发性金融，推动设立民营银行，积极稳妥地发展互联网金融，这些都反映了当前我国金融改革发展所处阶段的多元化特点。随着金融市场体系的复杂化、多元化，金融监管也逐步迈向专业化。

债券市场实现跨越式发展

上个世纪，债券市场在支持国民经济运行发展中的作用相当有限。而且，由于市场化改革不到位、市场定位不准确、市场约束不健全、市场制度不完善，出现了1992年"327国债期货风波"、银行资金违规进入股市、企业债大量违约等风险事件，使整个金融体系隐含了相当大的风险。这些挫折有其时代背景，也与经济处在转轨早期，计划经济色彩比较浓厚，市场经济的思维、环境尚未建立有关。

新世纪之初的金融改革任务非常重，党中央、国务院决定将债券市场改革任务交由人民银行牵头负责。人民银行周小川行长在2005年中国债券市场发展高峰会上明确提出，发展债券市场要以市场经济为思维主线，以合格机构投资者和场外市场为逻辑主线，以完善法规、会计、信息披露和破产制度为环境主线，使有较强分析能力和风险承担能力的机构能够在市场中唱主角。在认真总结经验教训的基础上，银行间债券市场明确了场外市场和定位于机构投资者的发展方向；不断加大市场化改革力度，减少不必要的行政审批，将发行审批制逐步改革为核准制、备案制和注册制；借鉴国际经验，探索行业自律组织和基础设施建设，促进发挥信息披露、信用评级等市场激励与约束机制的作用。

目前，我国债券市场初步形成了以场外市场为主体、场内市场为补充，互联互通的市场体系，2016年末，债券市场托管余额为63.7万亿元，规模位居世界前列。债券市场的发展，大大拓宽了企业和实体经济直接融资渠道，优化了社会融资结构，直接融资比重从2003年的3.9%提升到2016年的27.2%，有效分散了原来高度集中于银行体系的金融风险，增强了整个金融体系的稳定性。

开发性金融散发新活力

金融多元化的另一个重要实践就是开发性金融运用。关于是否有必要发展开发性金融，有过一些争论。最初全球思潮不太倾向于开发性金融。不过，2008年国际金融危机后，全球范围内长期公共融资难觅投资者，加之商业性金融体系"惜贷"，国际社会开始重新认识到开发性金融的重要性。新世纪以来，中国初步探索出了一条富有中国特色的开发性金融道路，即服务国家战略、依托信用支持、不靠政府补贴、市场运作、自主经营、注重长期投资、保本微利、财务上有可持续性的金融模式。一方面，这种模式能够自我权衡经济与政策目标，投向周期长、资金需求大、商业机构难以提供的项目，更有利于满足符合国家长期战略和利益以及大额项目建设资金的需求。另一方面，其在服务国家战略的同时，能坚持市场化运作，能够确保机构的长期可持续发展。近年来，以国开行为代表的开发性金融，在没有财政补贴的情况下，实现了一定回报和财务的可持续性，为"一带一路"建设等国家长期战略和利益作出了贡献，形成了开发性金融的有益实践。

金融监管专业水平和协调性不断提升

金融体系从"不健康"到"健康"的过程中，最开始往往倾向于将监管独立出来，寄希望于专门的监管机构能更好地履行监管职责，同时推动本行业更好发展。当时普遍的观点是，学西方发达国家的早期经验，实行分业经营，分业监管。

证券业监管职责是最早从人民银行分离出去的。1992年10月，国务院决定成立国务院证券委员会和中国证券监督管理委员会，后来证券委员会的发行审核功能合并纳入了证监会。一般而言，资本市场与传统的银行业务相差甚远，而且涉及上市公司监管等专业工作，多数国家的证券业监管大多是独立的，不属于中央银行职责范围，这是比较容易理解的。随后，1998年设立了保监会，加强了对保险业的统一监管。2003年，分设银监会，进一步完善了金融监管体系，明确了银监会、证监会、保监会三家专业性监管机构的目标责任，理清了金融监管和宏观调控之间的责任关系。总体看，分业经营和分业监管模式在提高监管专业性、培养监管人才、防范和化解金融风险、促进金融业改革发展等方面发挥了积极作用。

近年来，随着金融业的改革发展，金融创新活动增多，理财或资产管理类交叉性金融产品加速发展，金融综合经营发展步伐加快。"铁路警察，各管一段"的传统分业监管模式较难适应金融发展新趋势，监管缝隙较大，加大了防范和化解跨市场、跨行业的金融风险的难度。按照国务院的要求，2013年8月人民银行牵头成立了金融监管协调部际联席会议制度。2017年7月召开的第五次全国金融工作会议决定成立国务院金融稳定发展委员会，强化监管协调和监管问责，指定人民银行承担委员会办公室工作，牵头防范化解系统性金融风险。

（五）推动人民币国际化和资本项目可兑换实现新突破

在持续多年的市场化改革基础上，金融改革发展开始加大国际化的步伐，以前是不具备这个条件的。最近几年，尤其是2008年国际金融危机以后，我国抓住有利时机，顺应市场需求，稳步有序推进人民币国际化和资本项目可兑换。

人民币国际化迈上新台阶

人民币国际化起步比设想得要早，主要是因为2008年国际金融危机期间西方国家金融市场一度非常疲弱，加之由于金融危机导致的货币不稳定，市场上缺乏美元，且对美元信心不足，欧元、日元也比较不稳定，国际社会要求改革现有国际货币体系的呼声越来越大，对人民币的欢迎程度超过预期。最早是韩国出于稳定需要，主动要求和我国开展人民币互换。随后陆续有20多个发展中国家提出货币互换，一些发达国家也加入进来。

在国际社会需要，同时于我有利的情况下，人民银行按照党中央、国务院部署，顺势而为，沿着"逐步使人民币成为可兑换的货币"的长期目标，进一步减少不必要的行政管制和政策限制。2009年7月，在上海和广东四市率先启动跨境贸易人民币结算试点，随后逐步扩大至全国。陆续推出人民币合格境外机构投资者（RQFII）、人民币合格境内机构投资者（RQDII）、沪港通、深港通、基金互认、债券通等创新制度安排，完善人民币国际化基础设施体系。经过不懈的努力，人民币国际化取得一系列积极成效。据环球银行金融电信协会（SWIFT）统计，2017年8月，人民币为第五大国际支付货币，市场份额为1.94%。

随着中国经济和人民币国际地位的不断提升，国际上建议将人民币纳入SDR的声音日益增强。人民银行周小川行长在2009年发表文章《关于改革国际货币体系的思考》，激发了国际社会对改革国际货币体系的热烈讨论，以及对增强SDR作用的关注。2015年适逢IMF五年一次的SDR审查，人民币加入SDR面临难得的历史性机遇。党中央、国务院高瞻远瞩、审时度势，及时作出了推动人民币加入SDR的重要战略部署。2015年11月30日，IMF执董会认定人民币为可自由使用货币，决定将人民币纳入SDR货币篮子，并于2016年10月1日正式生效。这是人民币国际化的重要里程碑，代表了国际社会对中国改革开放成就的高度认可，对中国和世界是双赢的结果。

资本项目可兑换改革持续推进

1996年实现经常项目可兑换以后，正当我国研究如何进一步推进资本项目可兑换时，亚洲金融风波爆发了，一些受到较大冲击的国家和地区开始采取资本项目管制抵御风波。我国自身遭受金融风波的冲击也比较严重，国内金融稳定形势比较严峻，资本项目可兑换进程不得不暂停。从2002年下半年开始，我国经济和外贸形势明显改善，国际收支交易规模急剧增加，有经常项目和资本项目双重属性的跨境交易日益增多。在这种背景下，资本项目可兑换进程再次被提上日程。2003年10月，党的十六届三中全会正式重新提出"在有效防范风险前提下，有选择、分步骤地放宽对跨境资本交易活动的限制，逐步实现资本项目可兑换"。但当时我国的银行体系不良资产率非常高，亏损严重。如果微观基础不牢固，推进资本项目可兑换的风险就会非常大，因此没有给出具体的改革时间表。由于涉及资本项目可兑换的各方面条件不太成熟以及2008年国际金融危机爆发的影响，我国的资本项目可兑换改革进程一直比较缓慢。国际金融危机后，随着我国经济逐步稳定复苏，党中央、国务院关于资本账户可兑换的提法开始出现积极变化，多次强调要"逐步实现人民币资本项目可兑换"。2013年11月，党的十八届三中全会进一步提出，要"建立健全宏观审慎管理框架下的外债和跨境资本流动管理体系，加快实现人民币资本项目可兑换"。

从实际效果看，这些年人民币资本项目兑换的方便性取得了很大的进展，并已经体现在我国对外贸易、投资和其他国际经济往来的各个方面。从IMF资本项目交易分类标准下的40个子项来看，目前可兑换和部分可兑换的项目37项，占92.5%，仅剩3项尚未放开。应该说，人民币资本项目可兑换仍是我国经济金融改革开放的一个重要方向，是下一步要重点研究和积极推进的工作。经过这么多年努力，资本项目可兑换已经迈出了相当大的步子，具备了进一步推进的条件。

三、中国金融业改革发展的内在逻辑及经验总结

作为整个经济体制改革的重要组成部分，中国的金融改革发展始终伴随着社会主义市场经济体制改革尤其是实体经济改革开放而持续

推进，与整体经济体制改革进程相衔接、与之配套并为之服务，呈现出一个内部连贯、逻辑一致的过程。新世纪以来的中国金融改革发展的巨大成就来之不易，其间虽有过反复、搁置，但总体进程是不断向前发展的，有很多值得总结的经验。

(一) 坚持市场化取向，稳步推进金融改革发展

自1992年党的十四大正式提出"建立社会主义市场经济体制"目标以来，中国金融始终坚持市场化取向，按照界定产权、政企分开、依法治国、激励相容、社会监督五个市场经济特征，稳步推进各项改革。

市场经济要求等价交换，前提是界定产权。过去只有人民银行一家银行，现在成立了几百家银行和几千家相对独立的农村信用社，而且很多银行都完成股改上市，产权不断清晰，经营效率大幅提升。在市场经济中，经济决策是分散的，主要由企业和家庭选择和决策，因此必须将政府和企业分开，过去银行是政府和财政的出纳，一切听从于政府，现在自主经营，是发挥资源配置作用的市场主体。产权清晰了，决策分散了，如果没有规矩，就乱了，还得要依法治国。在金融领域，陆续颁布了《中国人民银行法》《银行业监督管理法》《商业银行法》《证券法》《保险法》等法律法规，为宏观调控、监管和金融机构经营提供了重要依据。

在法治框架下，市场经济主体的努力和创造力与其物质利益挂钩，能最大限度调动市场主体的积极性，这也是市场经济效率的源泉。过去银行领导干好干坏只体现在政治升迁上，现在银行业已经有了相当的经济激励。但仅有激励是不够的，缺乏现代公司治理和内在约束机制的情况下，单纯的经济激励改革最终不会成功。为此，我国进一步完善了会计准则和披露制度，现在银行每年要披露年报，尤其是上市银行必须接受来自内部和外部的更加严格的监督。

同时，很多市场化改革在推进过程中，难免会面临一些争议。例如，在进行利率市场化改革时，初期可能出现利率中枢上移，对中小微

企业的融资有一定影响。再例如，在进行汇率市场化改革时，汇率弹性增强可能放大外贸出口类企业的风险敞口，对一些缺乏经验的企业可能会造成一定冲击。尽管改革或多或少都存在一些成本代价，但与整体经济通过市场机制获得效率改进相比，推进改革是利大于弊的。在推进改革时需要综合权衡利弊，总体大的方向是要坚持有利于优化资源配置和效率改进，不能因"小弊"而失"大利"。

（二）坚持问题导向，一切从实际需要出发

从实践来看，我国的金融改革一直立足国情实际，坚持问题导向，缺什么、补什么、建什么。从计划经济向市场经济转轨，首先是缺资本，资本不足将严重影响金融机构的健康性，因此需要针对金融机构资本不足、治理不完善问题，对国有专业银行进行商业化和股份制改造，推进农村信用社改革。其次是缺竞争，对于市场经济而言，其本质是在建立激励约束机制的基础上，通过竞争发现价格，进而通过价格引导资源优化配置，促进经济走向均衡，进而提升经济整体效率，这就需要推进利率、汇率市场化改革，发展多元化、多层次金融机构体系，通过竞争提升效率。再次是缺开放，市场经济本质是打破封闭，走向开放型经济，通过扩大开放可以促进竞争，也会倒逼国内改革，因此需要推动贸易与投资自由化和便利化、汇率市场化、放宽外汇管制三大政策改革，降低市场准入门槛，逐渐使竞争和市场成为普遍使用的机制。最后是缺金融市场，现代化的金融体系必然要求高效、富有深度和广度的金融市场，否则金融的价格发现功能就缺乏基础，因此我国加大建设力度，发展了债券市场、衍生品市场、交易所市场、黄金市场、外汇市场、货币市场等。

另外，有些改革过去曾经打算做，却由于遇到危机等各种各样的原因，被耽搁了下来，需要及时补齐改革短板。比如存款保险制度。2015年5月1日，出台了《存款保险条例》。存款保险制度是市场经济条件下银行体系健康发展的一个重要要素,按道理存款保险制度早就应该建立,但因为各种原因没有做。既然允许大家办银行,现在又提出允许民营资本发起设立中小型银行,改善对社区、农村等薄弱环节的金融服务,就需要建立存款保险制度,按照市场化原则处置银行倒闭问题。

(三) 坚持以稳促进,通过有力有效调控营造良好金融环境

每一项金融改革的成功推进都离不开良好的经济金融环境。没有良好的环境,金融改革就会遇到较大阻力;当环境比较好时,改革就会事半功倍。为经济稳定发展、金融改革营造稳定良好的经济金融环境,宏观调控尤其是货币政策调控必须有力,必须根据经济形势变化灵活适度调整,加强逆周期调控。在经济过热或资产价格出现泡沫时,必须采用适当工具"慢撒气""软着陆",实现平稳调整;在经济衰退或遭遇外部冲击时,必须及时出手,稳定形势,增强信心。例如,在1997年亚洲金融风波期间,很多国家货币竞相贬值,有些货币贬值在30%、40%甚至50%以上,但党中央、国务院审时度势,认为人民币贬值虽然有利出口,但会加剧东南亚以及全球金融动荡局面,也不利于国内经济金融稳定,所以坚持人民币不贬值,为国内金融改革稳定发展奠定了坚实基础。2008年国际金融危机期间,我国"出手快、出拳重、措施准",成功应对了金融危机冲击,当经济在全球率先复苏并初显过热苗头时,又及时启动货币政策正常化,防止政策过冲,同时探索建立完善宏观审慎政策框架。这些措施为经济社会稳定发展营造了良好的货币金融环境,也守住了不发生系统性金融风险的底线。可以说,正是我国成功应对了1997年亚洲金融风波,才能启动国有大型商业银行股改,也正是基本完成了国有大型商业银行股改和农村金融改革,才又成功抵御了2008年国际金融危机冲击,才有可能进一步推进利率汇率市场化等改革,推动现代金融体系健康发展。

（四）坚持立足国情实际，走渐进式改革道路

转轨经济的"休克疗法"和渐进式改革的目标一样，都希望市场起主导作用，把企业搞活，但不同模式效果截然不同。"休克疗法"倾向于全面否定过去的体制，在此过程中，新的机制尚未建立，涉及金融业的法律法规都直接从西方国家照搬引入。在国内缺乏相应的经济背景、实践经验以及人才储备的背景下，这么做可能导致业界和公众一般都很难理解，往往是部分先理解的人占到很大便宜，从中牟利，最终可能导致贫富差距过大，偏离改革初衷。另外，"休克疗法"不太倾向救助濒临倒闭的金融机构，苏联的金融机构在"休克疗法"后基本全垮了，之后国内先后成立了1 000多家私有制的商业银行，几乎没有一家是国有的，都是小银行，这种市场结构不利于抵御金融危机冲击。同时，像中国这么大的国家全世界也没有几个，在如何处理中央与地方关系等问题方面，可借鉴的国际经验比较少，诸多改革很难参照标准模式一步到位，只能坚持走渐进式改革道路。

相比而言，我国的渐进式改革更符合人的一般认识规律。从过去的计划经济转向市场经济体制并谋划下一步发展时，总有个逐步转变、逐步适应的过程，很多传统思想理念很难在短期消除。有的时候，往前走两步甚至会往后退一步，但总体仍是向前的。从金融和实体经济关系的角度看，通常实体经济的改革开放步子走得快一些，或者说实体经济改革开放发展到一定程度，金融业就要加快推进自身的改革开放，跟上实体经济改革开放的步伐，更好地提供金融服务。反之，如果在实体经济的企业改革还没有充分展开，企业还没有获得充分自主权、公司治理还没有充分建立的情况下，金融企业要实现自主经营、建立现代企业制度、形成规范的公司治理等，也是不现实的，有的时候甚至会因为实体经济遭受重创，一些金融改革不得不暂停。另外，从我国实践来看，"摸着石头过河"还体现在对自下而上式改革的重视，因为很多改革造

成的影响可能很大，"试错"成本很高，采取小范围试点，可以减少这种成本，一旦发现有问题，也可以很好地控制风险、吸取经验教训。

坚持渐进式改革，还体现在协调配合，把握改革发展的节奏和机会窗口方面。从过去经验看，一般会先提出一个单子，列出需要推进的重大的改革开放任务，同时研究其横向配合关系和优先顺序。例如，有些工作需要财税部门配合，有些则需要商务部门配合，还有些需要外交部门或者国际组织配合等。实际上，经济转轨过程中推进金融改革，各项政策的选择、设计和配套的形成过程也是各方面达成共识的过程。

新世纪以来，尤其是党的十八大以来，在党中央、国务院的正确领导下，我国金融改革发展蹄疾步稳，重要领域和关键环节改革取得突破性进展。金融体系市场化、双向开放水平明显提高，现代化金融体系更加完善，对经济社会平稳健康发展形成了有力支撑。展望未来，中国特色社会主义进入新时代，我国社会主要矛盾已经转化为人民日益增长的美好生活需要和不平衡不充分的发展之间的矛盾，金融体系改革发展开放面临诸多新的挑战和任务。我们坚信在党中央、国务院的坚强领导下，中国金融事业的巨轮将继续扬帆远航，行稳致远，再创金融改革发展新辉煌！

《新世纪中国金融改革与发展丛书》编委会
2017 年 11 月

中国外汇市场的政策框架及管理取向[①]

潘功胜

推动中国金融市场的改革开放，提升跨境贸易和投资的便利化水平，服务于对外开放新格局，服务实体经济；同时在一个复杂多变的世界中，防范跨境资本流动的过度冲击，维护金融市场的稳定，是我们的双重使命。

全球跨境资本流动的动态演进

跨境资本流动是经济全球化的伴生物，有助于推动资金在全球范围内有效配置，并且带动先进技术和管理经验的传播和流动，有助于全球经济增长。同时，跨境资本流动具有逐利性、顺周期和易超调等特点，短期内资本的大规模无序波动可能对经济金融带来冲击。从历史上看，新兴经济体曾多次出现跨境资本"大进大出"，引发系统性金融风

[①] 本文原载于 2017 年 5 月《当代金融家》，略有文字修改。本书编委会谨以此文作为本书导读。

险。当资本大量流入时，压缩了新兴经济体货币政策的操作空间，推升了资产价格，一定程度降低了新兴经济体推动经济改革和结构转型的动力。当资金大规模流出时，可能导致货币贬值、金融市场剧烈动荡、金融体系脆弱性增加，进而引发系统性金融风险。

本世纪以来，全球跨境资本流动主要经历了两大阶段。第一个阶段是2000—2013年，国际资本高强度流入新兴经济体。2008年国际金融危机前，资本流入主要是因为新兴经济体经济增长速度较快，资本回报率较高；国际金融危机后，资本流入则是因为主要发达经济体实施量化宽松货币政策，国际市场流动性泛滥。第二个阶段是2014年以来，国际资本开始从新兴经济体流出。主要是随着新兴经济体经济增长放缓，发达国家货币政策分化，特别是随着美联储退出量化宽松货币政策并启动加息，跨境资本流动开始转向。目前全球经济增长仍面临较大不确定性，主要国家都面临不少风险因素，国际金融市场波动、跨境资本流动扑朔迷离，跨境资本流动的流量、流速、流向、结构都处于动态的变换之中。

国际金融危机后，国际社会的一个重要共识，就是国际宏观经济和宏观审慎政策合作的重要性。主要经济体进行政策调整时，应充分考虑其对全球经济的溢出效应，共同维护金融稳定。国际货币基金组织总裁拉加德2016年在中国发展高层论坛演讲时指出："全球一体化程度的加深提高了产生溢出效应的可能性——通过贸易、金融或者信心的影响。随着一体化继续推进，有效合作对国际货币体系的运转至关重要。这要求所有国家集体行动。"近年来，国际社会在G20、IMF、FSB等框架下也开始努力推动协调合作。在这种大环境下，脆弱的经济体应积极推动结构性改革、优化经济和进出口结构、促进国际收支平衡、实现经济可持续增长；各国政策当局应实施恰当的宏观审慎政策，对金融体系的顺周期波动与跨市场风险传播进行宏观、逆周期的调节，防范系统性风险。

中国跨境资本流动的特征及变化

受全球资本流动格局的变化影响，本世纪以来，中国跨境资本流动呈现出两个阶段的特征。第一个阶段是2000—2014年上半年，中国经常账户和资本账户双顺差，外汇储备规模快速上升，资金大规模流入中国。国际金融危机前，直接投资流入规模较大；国际金融危机后，证券投资、外债等其他投资资金占比开始提升。第二个阶段是2014年下半年以后，中国经常账户呈现顺差，但资本账户出现逆差，且资本账户逆差开始大于经常账户顺差，跨境资本开始流出，外汇储备由升转降。从时间、流向等方面看，中国与全球跨境资本流动格局保持高度一致。

两个值得关注的变化：一是市场主体对外资产快速增长。以前中国对外资产基本由官方外汇储备形成，官方对外资产占比最高时超过70%。近年来，中国对外资产发生了结构性变化，通过外汇储备形成的官方对外资产下降，市场主体持有的对外资产上升，截至2016年底，官方、民间持有的外汇资产各占50%。二是市场主体对外债务减少。前几年美联储实行量化宽松货币政策，美元利息成本较低，中国企业借入了较多外债；近两年，美联储退出量化宽松货币政策并逐步加息，美元利率有所上升，美元汇率有所走强。同时，中国的国内利率有所下降，在低利率环境下，中国企业从国内融资更容易，开始倾向于加快偿还美元外债，降低高杠杆经营和货币错配风险。2016年一季度，中国企业本外币全口径外债从2014年底的1.8万亿美元下降至1.4万亿美元，其中外币外债由9 000亿美元降到7 500亿美元。2016年二季度以来，中国企业外债去杠杆化进程告一段落，外债规模开始回升。

当前外汇市场总体趋稳：从2015年底开始，外汇市场一度出现了较严重的"跨境资本流出—外汇储备持续下降—人民币贬值压力增大"的负向螺旋，外汇市场形势异常严峻复杂。人民银行、外汇局等部门通过推进人民币汇率形成的市场化改革，增强汇率弹性；完善跨境资本流动的宏观审慎管理框架，逆周期调节跨境资本流动；强化微观市场监管，严厉打击外汇违法违规活动；推动金融市场开放等多种措施，有力维护了外汇市场稳定和国家经济金融安全。加上国内经济发展呈现稳中向好态势，全球经济延续复苏势头，金融市场异常波动下降，国际主要货币汇率变化，上述各因素共同作用，当前外汇形势总体趋稳。2017年以来，一是外汇储备余额连续九个月回升。截至2017年10月末，我国外汇储备规模为31 092亿美元，较2016年末增加987亿美元。二是银行结售汇和境内外汇供求保持基本平衡。2017年1—10月，银行结售汇逆差1 101亿美元，同比下降57%。三是人民币对一篮子货币基本稳定，对美元汇率稳中有升。2017年以来人民币对美元汇率中间价累计升值4.5%。

未来跨境收支具有良好的稳健基础：一是党的十九大胜利召开，国内外对中国经济社会发展信心进一步增强。供给侧结构性改革深入推进，未来中国经济增长将更有质量、更有效率。二是中国经常账户顺差保持在合理区间，2016年经常账户差额占GDP的比例为1.8%。三是金融市场相关改革和对外开放稳步实施，境外投资者投资中国资本市场更加积极。四是人民币汇率形成机制更趋完善，市场主体持续单向的升值或贬值预期将明显减弱，有助于熨平跨境资金的大幅波动，促进外汇供求的总体平衡。五是中国外汇储备充裕。六是世界贸易和经济持续复苏有利于中国经济。

中国对外直接投资和外商来华直接投资

中国对外直接投资

中国对外直接投资近年出现快速增长，2016年增速超过40%。中国对外直接投资的快速增长体现了综合国力的提升、对外开放程度的提高、"一带一路"倡议和国际产能合作以及简政放权稳步推进等，有利于推动中国经济转型，促进世界和被投资国经济增长，实现互利共赢、共同发展。

但中国对外直接投资中有一些非理性和异常的投资行为，如大额非主业投资、"母小子大"、快设快出行为等。有的企业在自身高负债的情况下，依然大额举债到海外开展收购；还有的市场主体在对外直接投资的包装下，非法转移资产。

中国政府一直鼓励企业参与国际经济竞争与合作，参与"一带一路"共同建设和国际产能合作，促进国内经济转型升级，深化中国与世界各国的互利合作，遵循"企业主体、市场原则、国际惯例和政府引导"的对外投资管理原则。外汇管理也支持国内有能力、有条件的企业开展真实、合规的对外投资活动。但汲取20世纪80年代日本对外投资快速增长的经验和教训，中国企业走出去，走得"快"不等于走得"好"，走得"稳"才有可能走得"好"。对外投资并购像一束带刺的玫瑰，美丽芳香，但小心刺破双手；有时候像沙滩上捧起的沙子，看上去抓住了，但是最终从手心滑落。2017年以来，中国对外直接投资逐步回归理性，结构更加优化，质量有所提升。

外商来华直接投资

2016年，中国吸引外资规模在全球排名第三位，在新兴经济体排名第一位，外商投资结构逐步升级改善，流入高附加值服务业和高新技术制造业的外资继续增长。考虑到中国经济的增长、结构性改革的推进以及庞大的市场潜力，中国仍是对长期资本具有吸引力的投资目的地之一。

利用外资是中国对外开放的基本国策和开放型经济体制的重要组成部分。习近平主席在2017年达沃斯世界经济论坛的主旨演讲中指出，

"中国将积极营造宽松有序的投资环境"。外汇管理政策方面，外商来华直接投资基本可兑换，资本金意愿结汇，增资、减资、转股、撤资等真实合规的资金汇兑和支付不受限制。

其中，外商投资企业利润汇出是经常项目，属于可兑换范畴。外商投资企业利润可用于境内再投资，也可自由汇出。利润汇出需符合真实性、合规性要求，包括按照中国《公司法》要求，需对以前年度亏损进行弥补，要提供董事会利润分配决议、经审计的财务报告、在中国的完税证明。这四个条件不是新条件，而是一直存在并且具备合理性的要求。

中国外汇管理的政策框架及取向

党的十九大是在全面建成小康社会决胜阶段、中国特色社会主义进入新时代的关键时期召开的一次十分重要的大会，明确提出要"推动形成全面开放新格局"、"实行高水平的贸易和投资自由化便利化政策"。外汇管理部门将认真学习好、领会好、贯彻好党的十九大精神，以习近平新时代中国特色社会主义思想为指引，进一步增强做好外汇管理工作的责任感、使命感和紧迫感，紧紧围绕服务实体经济、防控金融风险、深化金融改革三项任务，确保党的十九大和全国金融工作会议精神在外汇管理领域得到贯彻落实。

下一阶段，外汇管理各项工作要坚持三项基本原则：一是坚持服务于国家对外开放新格局，服务实体经济，推动金融市场的双向开放。二是防范跨境资本流动风险，维护国家经济金融安全。三是坚决贯彻全面从严治党要求，切实加强党风廉政和干部队伍建设。基于上述三项原则，中国的外汇管理政策有下述几个基本内涵：

第一，进一步提升跨境贸易投资自由化便利化水平，推动形成全面开放新格局。用新理念统领外汇领域改革开放，实行高水平的贸易和投资自由化便利化政策，坚持经常项目可兑换原则，依法支持、保障真实合规的经常项目国际支付与转移，促进外贸新业态发展，优化外商来华直接投资的外汇管理环境，全面提升外汇管理服务实体经济的效率和水平。

第二，深化汇率市场化改革，稳步实现资本项目可兑换。深化人民币汇率形成机制改革。完善汇率形成机制，增强人民币汇率弹性，保持人民币在合理均衡水平上的基本稳定。发挥汇率的决定性作用，利用汇率在外汇供求中的"自动调节器"功能，促进国际收支基本平衡。适应我国经济和金融市场对外开放的需要，稳妥有序推进金融市场双向开放和资本项目可兑换。

第三，完善跨境资本流动的宏观审慎管理与微观市场监管体系，维护国家金融稳定和经济安全。把防范金融风险放在更加重要的位置，切实防范跨境资金流动风险，维护外汇市场平稳健康和国家经济金融安全。

第四，促进外汇市场发展，夯实人民币汇率市场化的微观基础。建立健全开放的有竞争力的境内外汇市场，增加外汇市场的深度，丰富交易工具，扩大交易主体。坚持实需原则，增加外汇期权产品类型，适时推出外汇期货。建立分层、包容的交易平台，完善外汇市场基础设施建设。

第五，加强外汇储备运营能力建设，确保安全性、流动性和保值增值。加强中长期战略摆布，审慎优化货币和资产结构，确保外汇储备的保值增值。统筹开展多元化运用，支持"一带一路"建设。科学把握流动性管理，维护外汇市场稳定，保障国家经济金融安全。

第六，坚决贯彻全面从严治党要求，切实加强党风廉政和干部队伍建设。以党章为根本遵循，把党的政治建设摆在首位，思想建党和制度治党同向发力，统筹推进党的各项建设，抓住"关键少数"，坚持"三严三实"，坚持民主集中制，严肃党内政治生活，严明党的纪律，强化党内监督，发展积极健康的党内政治文化，坚决纠正各种不正之风，以零容忍态度惩治腐败，不断推动全面从严治党向纵深发展。建设高素质专业化外汇管理干部队伍，营造风清气正的良好用人环境。

中国外汇储备的经营与管理

近年来，面对复杂多变的国际经济金融环境，人民银行、外汇局在党中央、国务院领导的正确领导下，始终坚持长期、战略眼光，加强中长期战略摆布，审慎优化货币和资产结构，实现了外汇储备保值增值。截至2017年10月末，中国外汇储备规模为31 092亿元。与国际主要经济体相比，中国外汇储备规模位居第一，并且远超过第二名，占全球外汇储备的近30%。

一个国家持有多少外汇储备算是合理的水平？国际、国内没有统一标准，需要综合考虑一国的宏观经济条件、经济开放程度、利用外资和国际融资的能力以及经济金融体系的成熟程度等。无论是以传统的指标衡量，还是以国际货币基金组织经济学家提出的综合指标衡量，中国外汇储备都是充足的。

影响中国外汇储备变动的因素主要有三个：一是汇率折算和资产价格的变动。中国外汇储备以美元计价报告，非美元外汇储备折算成美元，汇率会对储备变动产生影响，储备投资的债券、股票等资产价格每个月都在变动，成为影响外汇储备变动的重要因素。二是多元化运用，比如设立丝路基金、中拉产能合作基金、中非产能合作基金等，外汇储备出资后，需要从外汇储备数据中扣除。三是人民银行在外汇市场的操作。

中国外汇储备的经营管理坚持安全性、流动性、保值增值原则，进行审慎、规范、专业的投资运作，优化并动态调整投资组合和投资策略，尊重国际市场规则和惯例，维护和促进国际金融市场的稳定与发展。

目 录

第一章 新世纪以来中国外汇管理体制演变 …… 1

第一节 2000—2004 年：提出"均衡管理"的理念 …… 3
第二节 2005—2008 年：服务人民币汇率形成机制改革 …… 9
第三节 2009—2015 年：推进外汇管理理念和方式"五个转变" …… 16
第四节 2016 年至今：有效应对外汇市场冲击 …… 23
第五节 新世纪以来外汇管理改革的历史成就 …… 31

第二章 深化经常项目外汇管理自由化便利化改革 …… 40

第一节 经常项目外汇管理改革历程 …… 40
第二节 改革货物贸易外汇管理 …… 43
第三节 改革服务贸易外汇管理 …… 55
第四节 推进个人外汇管理改革 …… 63

第三章 稳步有序推进资本项目可兑换 …… 71

第一节 新世纪以来资本项目可兑换历程 …… 72
第二节 直接投资实现基本可兑换 …… 80

第三节 深化证券投资可兑换改革 …………………………… 89
第四节 推进其他投资可兑换改革 …………………………… 95

第四章 稳步推进外汇市场深化发展 …………………………… 107

第一节 外汇市场概述 ………………………………………… 107
第二节 我国外汇市场发展历程 ……………………………… 116
第三节 我国外汇市场运行现状 ……………………………… 122

第五章 健全国际收支统计与监测体系 ………………………… 132

第一节 国际收支统计理论和国际标准 ……………………… 132
第二节 中国国际收支统计框架的发展 ……………………… 139
第三节 新世纪以来中国国际收支统计监测成就 …………… 145

第六章 加强外汇检查执法 ……………………………………… 158

第一节 新世纪以来我国外汇检查改革历程 ………………… 158
第二节 创新外汇非现场检查 ………………………………… 163
第三节 加强金融机构、企业和个人外汇检查 ……………… 166
第四节 打击地下钱庄等违法违规外汇交易 ………………… 174

第七章 加强和完善外汇储备经营管理 ………………………… 181

第一节 新世纪以来外汇储备规模发展历程 ………………… 181
第二节 外汇储备经营管理的国际经验 ……………………… 188
第三节 我国外汇储备的经营管理 …………………………… 195

第八章 提升外汇管理信息化水平 ……………………………… 206

第一节 加快外汇管理信息化建设 …………………………… 206
第二节 推进外汇管理系统与数据整合 ……………………… 218

第九章　未来外汇管理改革展望 ………………………… 227

第一节　未来中国外汇管理改革环境 ……………………… 227
第二节　未来外汇管理体制改革思路 ……………………… 231

附录一　大事记 ……………………………………………… 241

附录二　相关重要文献选编 ………………………………… 282

分析全球经济不平衡的若干视角 …………………………… 282
中国外汇体制演进的路径回顾 ……………………………… 299
推进资本项目可兑换的概念与内容 ………………………… 310
如何应对国际上对中国经济金融政策的评议 ……………… 327

参考文献 ……………………………………………………… 345

专栏

专栏1　资本项目可兑换与跨境资本流动管理 …………… 36
专栏2　我国海关特殊监管区域外汇管理演变 …………… 53
专栏3　新世纪以来我国跨境服务贸易外汇收支变迁和发展趋势 …… 60
专栏4　个人结售汇年度便利化额度基本满足居民合理用汇需求 …… 66
专栏5　我国对外直接投资进入快速发展阶段 …………… 87
专栏6　从外债预警指标体系看我国的外债风险 ………… 103
专栏7　国际外汇市场监管改革的新动向 ………………… 114
专栏8　银行结售汇头寸管理的发展历程 ………………… 119
专栏9　我国银行间外汇市场交易模式之争 ……………… 128

专栏 10 《国际收支和国际投资头寸手册》(第六版)标准下的
国际收支统计 …………………………………… 143
专栏 11 金融机构检查和处罚的国际经验 ……………………… 169
专栏 12 我国地下钱庄典型交易模式及其潜在风险 …………… 177
专栏 13 外汇储备的功能和经营原则 …………………………… 182
专栏 14 国际货币基金组织衡量外汇储备规模的新标准 ……… 193
专栏 15 优化外汇储备多元化运用服务实体经济 ……………… 203
专栏 16 个人结售汇业务的信息化发展之路 …………………… 207
专栏 17 建设国际收支平衡管理信息系统 ……………………… 210
专栏 18 跨境资本流动管理的国际实践 ………………………… 233

第一章
新世纪以来中国外汇管理体制演变

外汇管理是一国货币当局或其他授权机构,对外汇收支、买卖、借贷、转移以及外汇市场等的管理。我国外汇管理的职责主要包括：负责经常项目、资本和金融项目的资金收付和汇兑管理,负责国际收支、对外债权债务统计监测,负责外汇市场发展和监管,承担国家外汇、黄金储备以及其他外汇资产的经营管理,并依法实施外汇检查和处罚等。

1949年新中国成立之初,我国实行严格的计划经济,国家对外贸和外汇实行统一经营,外汇收支实行指令性计划管理。这一时期,所有的外汇收入必须售给国家,用汇则实行计划分配。1978年改革开放以来,外汇管理体制沿着社会主义市场经济体制改革的方向,不断增强市场在外汇资源配置中的决定性作用。1994年外汇管理体制改革,取消了外汇双轨制,建立了全国统一的外汇市场。1996年,我国正式接受《国际货币基金组织协定》第八条款义务,实现了经常项目完全可兑换。

站在新世纪的起点上,外汇管理积极适应我国加入世界贸易组织、人民币汇率形成机制改革、人民币国际化等重大战略部署,持续推进重点领域和关键环节的改革，提升了外汇管理的有效性和履职能力。总体来看，新世纪外汇管理改革基本解决了长期制约我国经济发展的外汇短缺难题，更好地满足了市场主体利用国际国内两个市场、两种资源的需要，外汇管理统筹便利化和防风险的理念深入人心，外汇管理服务实体经济的效率和水平明显提高，保障经济金融安全的能力不断增强，为国家成功抵御2008年国际金融危机以及平抑外汇市场波动发挥了十分重要的作用。新世纪以来，外汇管理紧紧围绕党中央、国务院的战略部署，凝聚改革动力、勇于开拓创新，结合不同发展阶段的改革重点，形成了各具特色的外汇管理探索，丰富了我国改革开放的实践。总体来看，结合新世纪以来我国外汇环境的深刻变化以及人民币汇率形成机制改革等重大金融事件，我国外汇管理体制改革历程大致可分为四个阶段。

第一阶段（2000—2004年），外汇管理逐渐走出计划经济时期形成的外汇短缺管理思路，提出了国际收支平衡的管理目标和"均衡管理"的监管理念。2003年成立中央汇金投资有限责任公司，运用外汇储备向中国银行等四家商业银行注资，开启了外汇储备多元化运用的先河。第二阶段（2005—2008年），以2005年7月人民币汇率形成机制改革为起点，外汇管理以服务汇率市场化为目标出台了一系列政策措施，改革成果以新修订的《中华人民共和国外汇管理条例》形式固定下来。第三阶段（2009—2015年），遭遇了国际金融危机，外汇管理部门坚持用改革统领外汇管理工作，提出外汇管理理念和方式的"五个转变"，外汇管理重点领域和关键环节改革取得了新进展。第四阶段（2016年至今），我国外汇市场经历了2015年下半年以来一轮高强度的外部冲击。防范跨境资本流动风险，为改革开放创造健康稳定良性的市场环境，成为外汇管理的重要任务。

总体来看，虽然在不同时期外汇管理体制改革面临的环境、阶段性目标和重点各有不同，但十七年外汇管理体制改革的内在逻辑从来没有改变：建立与社会主义市场经济体制相适应的外汇管理体制始终是外汇管理坚定不移的目标，统筹平衡好促进贸易投资便利化和防范跨境资本流动风险始终是外汇管理体制改革的工作着力点，坚持用改革创新的办法服务实体经济、深化外汇管理改革、防范外汇领域风险始终是外汇管理体制改革的中心工作。这是理解新世纪以来外汇管理体制改革的关键。

第一节 2000—2004年：提出"均衡管理"的理念

新世纪伊始，经济全球化快速发展，世界经济增长强劲，国际贸易投资更趋活跃。抓住这个有利战略机遇期，2001年底我国正式加入世界贸易组织（WTO），全方位对外开放格局基本形成。这一时期，我国开放型经济持续迅速发展，对外贸易和利用外资都迈上新台阶。受此影响，我国外汇形势走出了亚洲金融危机的阴霾，国际收支保持经常项目、资本和金融项目双顺差，外汇储备出现了较快增长。2002年11月召开的党的十六大，宣告社会主义市场经济体制初步建立，首次把国际收支平衡作为宏观调控的主要目标之一，标志着我国进入完善社会主义市场经济体制和扩大对外开放的新的历史阶段。党中央、国务院强调要紧紧抓住21世纪头20年的重要战略机遇期，进一步健全现代市场体系，全面深化金融体制改革，优化金融资源配置。在人民币汇率形成机制改革启动之前，我国外汇管理率先发力，遵循均衡管理的思想，逐渐把管理重心转到促进贸易投资便利化上来。

这一时期，外汇管理改革的主要思路：外汇管理部门全面落实党中央、国务院的工作部署，按照完善社会主义市场经济体制和履行加入世界贸易组织承诺的要求，树立国际收支均衡管理的理念，加快转变外汇管理方式，不断深化外汇管理体制改革。一是改变"宽进严出"的管理模式,围绕国际收支基本均衡的目标,不断拓宽跨境资本双向流动渠道,保持外汇市场的供求关系平衡。二是与国际惯例和市场规则接轨,推动外汇管理简政放权,创造公平竞争的市场环境。三是转变外汇管理方式,减少事前审批、淡化行政管理,积极促进贸易投资便利化。

一、以进出口核销改革为重点,探索经常项目外汇管理改革

顺应我国对外贸易规模高速增长的新形势,经常项目外汇管理改革坚持经常项目可兑换的原则,不断提高便利化程度,大幅简化相关凭证和程序,探索进出口核销制度改革,放宽经常项目外汇账户限额,提高居民个人购汇额度,切实满足市场主体经常账户项下合理的用汇需求。

(一)推进以贸易便利化为重点的进出口核销改革

这一时期,先后推出了"出口收汇核销网上报审系统"和中国电子口岸(出口收汇和进口付汇系统),实现了进出口核销数据的电子化采集、共享和监管。依托上述系统,企业可通过互联网办理出口收汇核销手续,降低了管理成本。在系统科技化改造的基础上,外汇管理部门开展差额核销、总量核销等进出口核销制度改革试点,为改革事前货物流与资金流逐笔对应的管理模式打下了基础。

(二)不断简化服务贸易用汇审核手续

将审核权限交给银行,允许等值5 000美元以下服务贸易售付汇不再提交税务凭证;允许因交易方式灵活而无法逐笔提供合同、发票的小额服务贸易售付汇免交相关凭证。

（三）多次放宽居民个人用汇范围和额度

为满足个人合理的经常项目用汇需求，多次调整境内居民个人经常项目下因私购汇指导性限额，将个人购汇额度逐步提高至等值5 000美元和等值8 000美元；大幅度简化个人自费留学项下购汇凭证；允许境内居民个人外币卡在境外用于经常项目下的消费；并将个人因私购汇业务从中国银行扩大到所有中外资外汇指定银行。

二、建立合格机构投资者制度，稳妥推进资本项目可兑换

这一时期，随着我国外汇形势趋于平稳，人民币资本项目可兑换改革再次提上议事日程。外汇管理部门顺应外汇形势变化，按照"先长期后短期、先直接后间接、先机构后个人"的思路，推进资本项目可兑换改革。在开放程度较低的领域，比如证券投资渠道，通过引进合格机构投资者制度，积极探索风险可控的跨境投资双向开放的渠道。

（一）改进直接投资外汇管理

在流入端，重点是强化外商直接投资真实性审核。这一时期，改革外商直接投资企业资本金结汇制度，将原由外汇管理部门直接审批的外商投资项下外汇资本金结汇授权给符合条件的外汇指定银行直接办理。推出了以强化真实性审核为核心的外资企业验资询证管理，规范境内机构和个人以特殊目的公司形式在境外从事股权融资和境内进行返程投资行为，防止外汇资金通过直接投资渠道异常流入。

在流出端，探索支持企业"走出去"的外汇管理政策。2002年，取消了境外直接投资外汇风险审查、利润汇回保证金制度；允许企业使用多种外汇资金来源，允许先行汇出前期费用。2005年，提高对外直接投资年度购汇总额度，对境内银行为对外直接投资企业提供融资性

对外担保实行年度余额管理，帮助"走出去"企业解决后续融资问题。

（二）探索跨境证券投资开放新渠道

2002年，在证券投资流入方面，建立合格境外机构投资者制度（QFII），允许境外投资者通过合格的境外机构渠道、在一定额度内投资国内证券市场，探索建立风险可控的跨境证券投资对外开放渠道。此外，进一步完善境外上市公司外汇管理，延长境外上市公司募集资金调回境内的时限，允许境外募集资金经国家外汇管理局批准存放境外并投资于境外开户行发行的保本结构型产品，缓解境外上市资金调回结汇压力。

（三）完善外债管理

针对新世纪以来我国外债余额持续较快增长、短期外债占比快速上升的情况，外汇管理部门重点加强企业贸易信贷、银行贸易融资等外汇流入管理，抑制外债规模过快增长，防范外债风险。2003年，将外资银行对外举债纳入外债管理范畴。2004年，对外资银行外债规模进行总量控制，并明确外资银行发放的外汇贷款（出口押汇除外）不得结汇。将企业180天（含）以上、等值20万美元（含）以上延期付款纳入外债登记管理。

三、加强统计信息标准化建设，提升国际收支统计申报能力

这一时期，中国国际收支统计在数据采集方式、编制方法、发布频率和准确率等方面均已达到或接近国际先进水平。

（一）成功加入数据公布通用系统（GDDS）

2002年4月，我国正式加入国际货币基金组织的数据公布通用系

统，提高中国宏观经济统计数据的透明度，推进统计方法和制度改革，提高宏观经济统计数据的国际可比性，为国家宏观经济决策提供科学依据，这一进步被誉为实现了"统计入世"。

（二）提高国际收支涉外收入申报时效

国际收支涉外收入申报时限自2001年9月1日起由25个工作日缩短到10个工作日后，从2003年1月1日起实施国际收支涉外收入5个工作日内申报。提高国际收支统计申报数据的时效，有助于把握中国涉外经济发展的最新动态，更好地发挥国际收支统计数据对宏观经济决策和企业经营决策的支持作用。

（三）完善国际收支统计制度

2003年，发布了国际收支统计间接申报非现场核查制度，修订了《国际收支统计申报办法实施细则》，实现贸易信贷抽样调查的制度化。这些制度建设都使新形势下国际收支统计申报更加规范，有法可依。

四、落实外汇领域反洗钱职责，规范外汇市场秩序

随着中国经济进入快速发展通道，外汇市场持续出现供大于求的局面，投机套利的跨境资本通过各种灰色或违法违规渠道流入境内，扰乱外汇市场秩序。对此，外汇管理部门保持对违法违规外汇交易高压打击态势，积极探索建立外汇领域反洗钱机制，促进外汇市场健康稳定发展。

（一）建立外汇领域反洗钱工作机制

外汇管理部门制定《外汇领域反洗钱信息分类管理和核查工作管理规定》，开发了外汇管理反洗钱信息管理系统，并与相关部门联合签

署外汇领域反洗钱合作协定,填补了外汇管理在这一领域的空白。在2005年外汇反洗钱工作机制与人民银行反洗钱机制合并前,外汇管理部门通过反洗钱系统共监测大额、可疑外汇资金交易632万笔、累计监测金额2.05万亿美元。

(二)严厉打击以"地下钱庄"为代表的非法买卖外汇活动

外汇管理部门加强外汇业务合规性检查,加大对非法买卖外汇、逃骗汇等各种违法行为的打击力度。持续与公安等部门合作,在重点地区开展集中整治,捣毁有组织的"地下钱庄"和非法买卖外汇黑窝点,严厉打击非法买卖外汇活动。2002—2004年,全国外汇管理部门与公安机关共打掉"地下钱庄"及非法买卖外汇窝点近200个,共查处各类外汇违法违规案件约1.6万起,处罚款2.6亿元人民币。

五、围绕投资基准管理,提升外汇储备经营专业化水平

为适应外汇储备规模快速增长和进一步规范化、专业化经营的需要,自2001年起外汇储备建立了以投资基准为核心的管理模式。围绕投资基准,进一步完善投资决策程序和风险管理框架,健全风险分析框架、指标体系和风险预警系统,积极开展各项经营活动。深入研究,积极优化货币和资产结构。为适应大规模投资经营需要,进一步完善了储备经营管理的各个环节,同时,加强对国际经济、金融形势、金融市场热点和突发事件的研究分析,积极探索和拓展外汇储备使用渠道和方式。2003年,外汇储备通过中央汇金投资有限责任公司向进行股份制改革的试点银行注资,促进中国银行、中国建设银行、中国工商银行、交通银行四家国有商业银行股份制改造顺利完成并成功上市。

第一章 新世纪以来中国外汇管理体制演变

第二节 2005—2008 年：服务人民币汇率形成机制改革

　　这一时期的前两年，世界经济金融在全球流动性宽松的环境下保持平稳发展势头，直到 2007 年年中美国房地产价格泡沫破裂引发了次贷危机，并在 2008 年演变成为国际金融危机。发达国家和新兴经济体的力量对比发生了显著变化。国际金融危机深刻地改变了国际经济的力量对比，我国综合国力大幅提升，对外开放迈上新台阶，进出口总额位居世界第二位，利用外资水平长期保持在世界前列。受此影响，我国国际收支继续保持经常项目、资本和金融项目"双顺差"格局，外汇储备规模大幅增长，人民币汇率升值压力加大。这一时期也是我国金融对内对外开放加快推进的时期。根据党中央、国务院的部署，2005 年 7 月 21 日，人民银行启动人民币汇率市场化形成机制改革，开始实行以市场供求为基础、参考一篮子货币进行调节、有管理的浮动汇率制度。配合汇率形成机制改革需要，外汇管理加快重点领域改革，为汇率市场化改革保驾护航。

　　这一时期，外汇管理改革的主要思路：围绕人民币汇率形成机制改革，理顺外汇供求关系，发挥市场在外汇资源配置中的作用。一是坚持可兑换原则，进一步放宽经常项目持有和使用外汇的限制，深入推进经常账户便利化改革，有序推进资本项目可兑换，满足市场主体持有和使用外汇的便利。二是加强外汇市场培育，丰富外汇交易方式，增加避险产品，扩大市场主体，夯实汇率形成机制改革的微观基础。三是坚决维护正常的外汇市场秩序，在服务实体经济、便利正常合理用汇需求的同时，严格执行真实性合规性的管理原则，强化对经常项目和资本项目外汇流入的真实性审核，打击各类违法违规交易。2008 年，结合前期外汇管理体制改革取得的丰硕成果，修订《中华人民共和国外汇管理条例》。

一、配合汇率形成机制改革，大力加强外汇市场建设

健全高效的外汇市场是传递汇率信号、优化外汇资源配置的基础。以2005年人民币汇率形成机制改革为契机，通过扩大市场主体、增加交易方式、推出外汇衍生产品、改进汇价管理体系等多项配套措施，大力发展外汇市场。

（一）拓展外汇市场交易主体

从2005年8月起，允许更多符合条件的非银行金融机构和非金融性企业按实需原则进入银行间外汇市场交易。截至2008年末，中化集团、中石化财务公司等四家"两非"机构进入银行间市场。总体上，我国外汇市场交易主体不断丰富，银行间即期外汇市场、远期市场、外汇掉期市场和货币掉期市场会员数量稳步增长。

（二）完善外汇市场交易机制

2005年，借鉴国际经验，在银行间外汇市场引入人民币对外币做市商制度，市场流动性得到加强。2006年，在即期市场引入人民币对外币询价交易制度，丰富外汇交易方式，增强了交易灵活性和便利性。2007年，上线新一代外汇交易系统，提供更便捷、更高效的交易平台。2008年，推出了询价交易的净额清算。上述举措较好地满足了外汇市场主体的需要，有利于理顺外汇供求关系。

（三）丰富外汇市场交易品种

在银行间外汇市场推出人民币对外汇远期和掉期交易以及交叉货币交易。丰富外汇零售市场的避险产品，推广银行对客户的远期结售汇

业务，推出银行对客户的外汇掉期业务。除人民币对美元、欧元、港币、日元四种即期交易产品外，新增外币间买卖业务。

（四）放宽银行结售汇头寸和牌价管理

2006年，调整银行结售汇头寸的管理政策，允许做市商将远期敞口纳入结售汇综合头寸进行统一管理，并将权责发生制管理原则推行至全部外汇指定银行，允许银行远期交易头寸到即期外汇市场平盘，促进了远期、期权等外汇衍生产品的发展。放宽对银行挂牌汇价的管理政策，将银行对客户美元现汇、现钞挂牌汇价改为最大买卖价差分别为1%和4%的非对称管理，允许一日多价，取消银行对客户非美元货币挂牌汇价的价差幅度限制，提高银行自主定价能力，充分发挥外汇市场价格发现功能。

二、调整限额管理制度，大力推进经常项目便利化改革

这一时期，外汇管理部门以便利化改革为重点，提高市场主体持有和使用外汇的自由度，进一步提升外汇管理服务经济的能力。

（一）取消经常项目外汇账户限额管理

这一时期，长期困扰我国经济发展的外汇资源短缺问题得到了极大缓解，给经常项目外汇账户管理改革创造了条件。2005年，机构境内经常项目外汇账户可保留的现汇提高到上年经常项目外汇收入的80%。2006年，取消开户事前审批，允许企业按上年经常项目外汇收入的80%和经常项目外汇支出的50%之和核定限额，可保留外汇额度进一步提高，允许有进口支付需求的企业提前购汇。2007年，完全取消了企业经常项目外汇账户限额管理，境内机构可根据经营需要自行保留经常项目外汇收入。

（二）对个人实行5万美元便利化结售汇额度

2005年提高境内居民个人经常项目下因私购汇指导性限额并大幅简化购汇凭证。2006年，改进居民个人购汇管理方法，实行年度总额管理，取消购汇核销限制。2007年2月，正式实施《个人外汇管理办法》，系统地规范了个人外汇收支、结售汇、外汇账户及个人外汇业务等各个环节，充分便利了个人外汇收支。

（三）进一步改进和完善进出口核销制度

从2005年开始，简化进出口核销手续，扩大出口收汇差额核销范围，方便企业办理核销业务。2007年，确立新的货物贸易收付汇核查制度法规框架，探索非现场总量核查、现场核查、分类管理等新的监管方法和途径，为核销管理制度改革奠定了基础。

三、放宽对外投资渠道，稳妥有序推动人民币资本项目可兑换

2005年7月人民币汇率形成机制改革，成为推动人民币资本项目可兑换进程的重要力量。这一时期，虽然面临美国次贷危机等严重的外部冲击，但作为我国金融业对内对外开放的重要举措，在有效防范风险的前提下，人民币资本项目可兑换仍稳妥有序推进，尤其是在证券投资等长期监管较为严格的领域，开放的大门已经打开。

（一）继续推进直接投资外汇管理改革

自2006年以来，外汇管理部门进一步推进境外直接投资外汇管理改革，扩大境内企业境外直接投资外汇来源，取消购汇额度限制，对外直接投资的相关业务不再需要办理外汇审批，直接投资可兑换程度大幅提高，进一步满足企业境外投资发展需要。

(二)推出合格境内机构投资者制度(QDII)

为有序引导跨境资本流出,在总结 QFII 制度改革经验的基础上,我国推出了证券投资流出方向的新制度——合格境内机构投资者制度。2006 年,允许银行、保险公司、证券经营机构以自有资金或代客资金(购汇)开展境外证券投资。2007 年,拓宽 QDII 主体范围,提高投资额度,扩大产品范围。同时,审慎把握 QDII 审批节奏,督促投资主体加强风险提示和信息披露,促进合格境内机构投资者项下资金平稳有序流动。

(三)扩容合格境外机构投资者制度(QFII)

为了满足境外投资者的需要,2005 年 7 月和 2007 年 12 月,合格机构投资者总额度两次扩容,从 40 亿美元到 100 亿美元再到 300 亿美元,释放了制度红利。同时,提高单家 QFII 投资额度,进一步完善资金汇兑和账户管理,支持和鼓励境外中长期投资者在境内进行证券投资。引导 QFII 合理调整资产摆布,改善主体结构,促进国内资本市场发展。

(四)开放境内机构到境外市场发行债券

2007 年出台《境内金融机构赴香港特别行政区发行人民币债券管理暂行办法》,为国内机构"走出去"发债提供政策支持,满足了国内企业利用境外低成本资金的要求。2007 年 6 月,国家开发银行在香港发行"国开行债券2009",成为第一家在境外发行人民币债券的金融机构。

四、完善统计监测基础性工作，提高数据透明度和数据质量

推进新版国际收支统计监测系统建设，规范统计制度、丰富统计产品，不断提升国际收支统计监测分析水平。

（一）升级国际收支统计监测系统

从 2006 年开始开展新版国际收支统计监测系统试点和推广。新系统整合境内银行涉外收付相关凭证，降低单证成本，减轻市场主体的负担；实现与银行系统自动转换，从源头上保证国际收支统计间接申报以及贸易进出口核销数据的完整性和准确性。

（二）加强统计制度与法规建设

2008 年，依据国际货币基金组织拟发布的《国际收支和国际投资头寸手册》（第六版），研究改进中国国际收支统计制度；建立中资金融机构外汇资产负债统计月报制度，加强机构投资风险评估。

（三）公布《中国国际收支报告》

从 2005 年起向社会公布《中国国际收支报告》，之后每半年公布一次。报告主要分析我国国际收支变化特点，评价国际收支运行的总体情况和存在的问题，并预测国际收支趋势和下一阶段政策取向，便于社会各界了解国际收支全貌。

五、严防"热钱"流入，维护外汇市场正常交易秩序

面对外汇资金大量净流入和外汇储备较快增长的局面，外汇管理部门加强跨境资本流入的真实性审核，强化重点领域风险管理，切实防

范"热钱"等异常跨境资本投机套利，维护正常的外汇市场秩序。

（一）加强对外资进入房地产市场的管理

2006年，出台规范外资进入房地产市场的政策，要求境外机构和个人购买境内商品房需符合自用、自住原则。2007年，会同商务部联合发布《关于进一步加强、规范外商直接投资房地产业审批和监管的通知》，加强对外资房地产的管理，严格限制返程投资设立或并购房地产企业，严格限制外资房地产企业借用外债，等等。

（二）严厉打击违法违规外汇交易

根据形势变化，开展应对和打击"热钱"专项行动，针对出口多收汇、出口少收汇、进口多付汇、进口少付汇、"网络炒汇"、非法买卖核销单、韩元地下流通等违法违规行为，开展专项检查和核查，摸清了异常跨境资本流动的基本情况，查处了大量违法违规案件。与公安机关持续保持对地下钱庄的高压打击态势。

六、探索适应大规模外汇储备经营管理的体制机制，维护国家经济金融安全

随着外汇资金净流入的增长，外汇储备规模不断扩大，外汇管理开始积极探索构建适应大规模外汇储备经营管理的体制机制，确保外汇储备资产的安全性、流动性和保值增值。搭建了较为完整的业务架构，完善包括北京总部、驻外机构等在内的经营平台，逐步健全外汇储备经营体制机制。2007年次贷危机爆发后，及时启动紧急应对机制，采取审慎而果断的应对措施，及时分析、判断和处置各种风险。确保外汇储备资产总体安全和国家经济金融稳定。同时，按照"依法合规、有偿使用、提高效益、有效监管"的原则，支持和配合国家发展战略部署，

协助和配合国家发债购汇成立中国投资有限责任公司，参与各种形式的国际合作，积极探索和拓展外汇储备多层次使用的渠道和方式。

第三节 2009—2015 年：
推进外汇管理理念和方式"五个转变"

2009 年以来，国际金融危机持续发酵，出现了欧洲债务危机等较大的外部冲击，全球经济复苏乏力。我国经济继续保持了较高增速，成为全球第一货物贸易大国和主要对外投资大国，成为全球经济增长的"发动机"。这一时期，受内外各种因素共同影响，我国的跨境资本流动经历了从持续流入到逐渐回落的过程。2009 年至 2013 年末，欧美日等发达经济体实施多轮量化宽松政策导致全球流动性过剩，致使过剩资金继续流向我国，国际收支继续保持双顺差格局。从 2014 年起，发达国家货币政策分化，随着美联储退出量宽政策，美元指数持续走强，跨境资本回流美国，我国外汇形势趋向基本平衡，国际收支转向经常项目顺差、资本和金融项目逆差"一顺一逆"的格局。面对经济形势的新情况、新特点，党的十八届三中全会明确提出，经济体制改革的核心问题是处理好政府和市场的关系，使市场在资源配置中起决定性作用，推进依法行政和简政放权，扩大金融业对内对外开放，有序提高跨境资本和金融交易可兑换程度。外汇管理牢牢把握全面深化改革主线，围绕促进贸易投资便利化，深入推进重点领域和关键环节的改革。

这一时期，外汇管理改革的主要思路：外汇管理部门按照扩大金融业对内对外开放的总体思路，系统总结改革经验，提出了推进外汇管理理念和方式"五个转变"的工作思路。一是管理方式上，从强调重审批转变为重监测分析。逐步从较为依赖审批和核准的管理方式转变为重点加强跨境资金流动的监测分析和预警。二是管理流程上，从强调重事前监管转变为强调事后管理。逐步从事前逐笔审核转变为事后核查和重点查处。三是管理主体上，从强调重行为管理转变为更加强调主体管理。逐步从按交易行为和业务性质监管转变为以经济主体为单位进行管理。四是管理理念上，从"有罪假设"转变为"无罪假设"。逐步从事前排查经济主体外汇收支的真实性转变为事后举证查处违法违规经济主体。五是管理原则上，从"正面清单"转变为"负面清单"。逐步从"法无明文授权不可为"转变为"法无明文禁止即可为"。

一、全面推进外汇管理简政放权，切实支持实体经济发展

简政放权是深化外汇管理改革、转变政府职能的重要抓手。这一时期，外汇管理部门通过做"减法"加以归并和整合，大幅取消行政审批，不断清理外汇管理法规，提高外汇管理体系的透明度和便利化。

（一）大幅取消行政审批项目

行政审批带有较强的计划管理色彩。这一时期，取消行政审批改革的力度很大，既通过改革建立新制度，取消旧的行政审批事项，也有在原有的管理政策框架下，通过优化监管流程简化事前要求，更多依靠事中事后监管分析。2009—2015年间，外汇管理部门共取消28项行政审批，事前监管方式显著减少，市场主体外汇资源配置效率大幅提高。

（二）推进外汇管理法规清理

这项工作的意义不仅在于提高外汇管理政策的透明度，降低市场主体的成本，而且有利于规范权力运行、严格依法行政，防范权力寻租。2009年，外汇管理部门公开发布了《外汇管理概览》，帮助社会公

众了解外汇管理框架和法规体系。同时，外汇管理部门系统性组织法规清理，用一个规范性文件整合替代过去若干个法规文件。例如，2014年发布的《银行办理结售汇业务管理办法》，用"一个部门规章＋五个规范性文件"将过去零散的银行结售汇业务法规整合起来，形成完整的法规体系。截至2015年末，外汇管理现行有效法规减少到222件。

二、取消进出口核销制度，提升贸易便利化水平

货物贸易和服务贸易占到跨境收支总量的75%，是经常项目改革的重点。这一时期，在充分准备、前期试点的基础上，货物贸易外汇管理改革取得了实质性进展，服务贸易改革实现零审批，实现了改革红利的集中释放。

（一）实施货物贸易外汇管理制度改革

按照"先进口、后出口；先试点，后推开"的思路，2010年推出进口核销改革，2011年在7省市进行进出口核销改革试点。2012年8月，经国务院批准，联合海关、税务部门在全国推广。改革取消了货物贸易外汇收支逐笔核销，代之以总量核查、动态监测、分类管理，绝大多数守法合规企业贸易外汇收付可在银行柜台直接办理。改革后，每年约4 500万笔进出口收付汇逐笔核销被取消，企业经营的便利程度大幅提升。

（二）改革服务贸易外汇管理制度

2013年，在借鉴货物贸易外汇管理制度改革经验的基础上，实施服务贸易外汇管理改革，全面取消事前审批，所有服务贸易收付汇业务改由银行办理。其中，单笔等值5万美元以下的无需审单；等值5万美元以上的，大幅简化单证审核。改革后，每年约1 500万笔服务贸易用

汇无需审单，企业经营的便利程度大幅提升。

三、加快推进重点领域改革，资本项目可兑换程度大幅提升

随着我国深度融入全球经济，经济主体全球配置外汇资源意愿增强。外汇管理顺应对外开放的新环境，坚持以改革促开放，切实提高了资本项目用汇的便利化程度，提升了资本项目可兑换的"含金量"。

（一）实现直接投资基本可兑换

这一时期，直接投资改革重点包括两个方面：一是大幅简化外商直接投资外汇管理，除企业设立登记外，大部分业务可直接到银行办理，节约了企业的时间和成本。二是深化对外直接投资外汇管理改革，将资金来源和汇出核准由事前审批改为事后登记，扩大外汇资金来源，简化汇出手续，支持有实力的企业"走出去"。改革后，办理直接投资兑换业务的时间大幅下降。

（二）扩大跨境证券投资双向开放程度

这一时期，证券投资改革重点包括三个方面：一是推出人民币合格境外机构投资者制度（RQFII），允许在香港的基金管理公司、证券公司等募集香港的人民币资金，开展境内证券投资业务。二是实施上海证券交易所与香港联交所股票交易互联互通机制（简称沪港通）。三是实施内地与香港基金互认，标志着我国资本和金融项目中集体投资类的证券投资的两个子项——"居民在境外发行"和"非居民在境内发行"实现可兑换。

（三）跨境融资可兑换程度稳步提升

这一时期，债权债务项下改革重点包括两个方面：一是开展外债宏

观审慎管理改革试点。2015年，外汇管理部门率先在北京、深圳和张家港开展外债比例自律宏观审慎试点，允许企业在一定范围内自主借用外债，缓解企业"融资难、融资贵"问题。二是改进跨境担保外汇管理。2014年，外汇管理部门颁布了新修订的《跨境担保外汇管理规定》，将内保外贷等全口径的跨境担保都纳入监管范畴，取消全部跨境担保事前审批，统一中外资企业内保外贷政策。改革后，更好地满足新形势下"走出去"企业的融资需要。

四、大力发展外汇市场，人民币汇率形成的市场化基础日益夯实

在有效防范跨境资本流动冲击的同时，外汇管理部门大力发展外汇市场，进一步提升外汇市场深度和广度，使市场在外汇资源配置中的决定性作用进一步增强。

（一）增强外汇市场价格发现功能

在外汇零售市场上，取消银行报送每日挂牌汇价日报表的要求，取消银行对客户美元挂牌买卖价差限制。在外汇批发市场上，扩大人民币对美元双边汇率的波动区间，扩大全国性和做市商银行结售汇综合头寸上下限，便利银行管理汇率风险。

（二）丰富外汇市场交易主体和避险工具

2011年，在零售市场上推出银行对客户的人民币外汇货币掉期业务，在零售市场和批发市场推出人民币对外币期权业务。除人民币对外币期货产品外，外汇市场主要避险工具都已完备。不断丰富外汇市场交易主体，允许境外央行等主体参与银行间外汇市场，引导不同需求的主体有序进入外汇市场，理顺外汇市场供求关系。

五、完善国际收支统计制度，推进外汇管理系统和数据整合

这一时期，外汇管理部门以系统和数据整合、完善国际收支统计制度为抓手，构建监测分析跨境资金流动的全天候雷达体系。

（一）推进系统和数据整合

这一阶段，原有的31个外汇管理业务系统被整合为3个平台上的多个应用系统，银行端和企业端的外汇业务系统分别下降到4个和3个。通过应用门户整合，实现了企业、银行一个门户入网，一站式办事，便利化程度大幅提升。

（二）完善国际收支统计制度

实施符合《国际收支和国际投资头寸手册》（第六版）标准的《对外金融资产负债及交易统计制度》和涉外收支交易分类与代码，开发运行相关数据采集和分析系统。按新标准公布国际收支平衡表和国际投资头寸表，全面修订国际收支平衡表和国际投资头寸表编制方法及模板，进一步提高数据透明度和发布时效性。

六、精准打击外汇违法违规行为，维护外汇市场秩序

这一时期，依托信息科技系统，加大非现场检查分析力度，找准跨境资金异常流入的重点主体和主要渠道，严厉打击外汇领域违法违规行为，提升外汇检查工作的针对性和有效性。

（一）利用非现场分析系统提高精准打击能力

一是开发运用新系统开展非现场检查。建立和推广外汇非现场检

查系统，使检查部门能够进行跨区域、跨主体和跨业务的立体监测，精准锁定外汇违规嫌疑主体，及时进行检查处罚，显著提升了监管的威慑力。二是创新完善监测分析方法。货物贸易外汇管理引入"敏感样本企业库""企业财务数据分析方法"等新的监测方法，着重提升信息系统的综合分析和数据挖掘功能，提高涉嫌违规企业筛选的精确度。三是运用大数据提升监测预警有效性。利用大数据、云计算技术，可以迅速从几十万家涉外企业中监测分析出异常交易情况，为现场核查、检查提供数据和线索支撑。

（二）加大外汇违法违规行为监督和检查力度

紧扣形势变化，针对重点渠道和主体开展专项外汇核查和检查。这一时期，外汇管理部门开展"出口不收汇""贸易多付汇""购付汇重点企业"、境外直接投资登记和资金汇出、内保外贷履约等专项核查和融资租赁、贸易融资等专项检查，累计有948家企业注销货物贸易外汇收支企业名录，1 335家企业被降低分类管理等级，222家被移交检查。严厉打击地下钱庄、网络炒汇等外汇违法活动。

七、创新外汇储备经营管理方式，服务实体经济发展

在成功应对国际金融危机考验的基础上，适时总结危机应对经验。推进外汇储备多元化投资，构建多层次、系统化的投资基准体系，经营管理向更具战略体系、更加市场化的方向发展。我国外汇储备经营管理取得了良好的经营成绩，得到国际同业的高度认可和赞誉。优化外汇储备经营管理机构和驻外机构布局，2011年成立外汇储备委托贷款办公室，按照市场化原则支持实体经济发展；2014年牵头成立丝路基金，积极支持国家战略，促进我国深度参与国际合作。

第四节 2016年至今：有效应对外汇市场冲击

这一时期，国内外经济环境发生了深刻变化，全球经济增长趋缓，我国经济步入新常态。从外部看，美国经济率先复苏，进入加息周期，美元指数不断走强，国际金融市场波动加剧。从内部看，我国经济正面临速度换挡节点、结构调整节点、动力转换节点，经济发展步入新常态。伴随着经济下行压力，金融业出现部分"脱实向虚"倾向，金融领域的风险隐患不容忽视。外汇市场是我国金融市场的重要组成部分，从2015年下半年开始我国外汇形势发生了深刻变化，国际收支由延续多年的双顺差格局转变为"经常项目顺差、资本和金融项目（不含储备资产）逆差"的格局，跨境资金从净流入转为基本平衡再到净流出。

党中央、国务院高度重视金融风险和金融安全问题。党的十八大以来，习近平总书记多次对金融工作作出重要论述。在第五次全国金融工作会议上，习近平总书记明确指出，防止发生系统性金融风险是金融工作的永恒主题。要把主动防范化解系统性金融风险放在更加重要的位置，强化监管，提高防范化解金融风险能力。外汇管理部门深刻领会党中央、国务院的重要精神，坚持底线思维，强调问题导向，深刻领会习近平总书记关于金融安全的重要论述，牢固树立金融是实体经济的血脉，为实体经济服务是金融的宗旨，也是防范金融风险的根本举措的金融发展理念，把防范化解外汇领域的各种风险隐患放到更加重要的位置，坚持综合平衡、科学监管，切实维护国际收支平衡和外汇市场稳定。

这一时期，外汇管理改革的主要思路：全面把握新世纪以来我国外汇形势格局变化的两阶段特征，坚持统筹"一个平衡、两项基本原则"。"一个平衡"是统筹平衡好促进贸易投资便利化和防范跨境资本流动风险的关系;"两项基本原则"是：一方面要坚持服务实体经济,服务改革开放,坚定不移地支持和推动金融市场的双向开放,提升跨境贸易和投资便利化水平;另一方面是把防范跨境资本流动风险放在外汇管理工作的重要位置,防止跨境资本无序、高强度流动对宏观经济和金融稳定带来的冲击,维护外汇市场稳定和国家经济金融安全。

在外汇管理实践中,上述管理思路具体表现为五个方面的内涵：一是坚持在现有外汇管理和政策框架下监管,不走资本管制的老路;二是坚持经常项目可兑换原则,对真实合法的汇兑和转移支付不予限制;三是坚持改革开放的原则,综合考虑外汇形势特点,把握改革方向、力度和节奏,按照既有利于当前又有利于长远的原则推进重点领域改革开放,以增加外汇市场有效供给释放改革红利、有效维护外汇市场稳定;四是坚持真实性合规性审核原则,强化外汇管理执法,严厉打击外汇领域违法违规行为,维护正常的外汇市场秩序;五是坚持转变外汇管理方式,综合运用行为监管和功能监管的新理念,行业自律和展业原则的新方法,引入预期管理和市场引导,完善宏观审慎跨境资本流动管理框架和事中事后微观监管体系。

一、审慎稳妥推动外汇管理重点领域改革,不断提升贸易投资便利化水平

面对外汇市场受到的高强度冲击,外汇管理部门坚持改革开放的理念不动摇,按照既有利于眼前,平衡外汇收支和防范跨境资本流动风险,又有利于长远,推动金融市场开放和资本项目可兑换的原则,侧重推进流入端改革,起到了用改革红利对冲风险、促进外汇市场平衡的作用。

（一）推动银行间债券市场双向开放

允许境外机构投资者投资银行间债券市场，便利境外投资者参与境内债券投资。截至 2016 年末，已有 180 家境外机构、基金在人民银行上海总部注册备案。

（二）扩大证券市场双向开放

坚持便利化原则，实施合格境外机构投资者（QFII）和人民币合格境外机构投资者（RQFII）外汇管理改革，完善政策框架，推动境内资本市场开放。支持沪港、深港股票市场交易互联互通，进一步拓宽了跨境金融投资渠道。

（三）建立健全开放有竞争力的境内外汇市场

在银行间外汇市场推出标准化远期和期权交易，试点开展外汇掉期冲销业务，增加市场活跃程度。允许银行为机构客户办理差额交割的远期结汇业务，满足企业管理外币资产汇率风险的需要。引导有代表性的境外合格机构进入银行间外汇市场，引进境外机构参与境内外币拆借业务，丰富银行间外汇市场交易主体。继续支持和推动外汇市场自律，保障外汇市场运行秩序。2017 年，配合境内债券市场开放的需要，允许银行间债券市场境外机构投资者参与境内外汇衍生品市场，便利债券投资项下汇率风险管理，增强债券市场吸引力。

（四）完善全口径跨境融资宏观审慎管理

将全口径跨境融资宏观审慎管理政策推广至全国，允许企业在与其资本或净资产挂钩的跨境融资上限内，自主开展本外币跨境融资。此项政策便利中小企业及民营企业有效利用境外低成本融资，进一步降低成本、激发市场活力。

二、深化外汇管理简政放权,促进贸易投资便利化

外汇管理部门牢牢把握金融服务实体经济的本质要求,为市场主体提供有序、透明、高效的用汇环境。

(一)深化外汇管理"放管服"

继续推进外汇管理法规清理,规范外汇管理行政审批办理,提高外汇管理公共服务质量和效率。支持跨境电子商务综合试验区发展。允许银行为符合条件的企业办理电子单证审核,促进贸易便利化。

(二)便利资本项目结汇

完善资本和金融项目资金流入结汇管理。将外商投资企业资本金意愿结汇推广到全国,扩大稳定性外汇资金流入规模。全面实施外债资金意愿结汇管理,便利市场主体跨境融资。统一并大幅缩减资本项目外汇收入意愿结汇负面清单。扩大境内外汇贷款结汇范围,允许具有出口背景的境内外汇贷款办理结汇,解决部分中小型外贸企业融资难题。

三、防范跨境资金流动风险,维护金融稳定和国家经济安全

从2015年底开始,外汇市场出现了较严重的"跨境资本流出—外汇储备持续下降—人民币贬值压力增大"的负向螺旋,外汇市场形势异常严峻复杂。人民银行、外汇局会同相关部门采取一系列稳定外汇市场的综合性措施,有效打破了外汇市场负向螺旋,维护了外汇市场稳定和国家经济金融安全,经受住了跨境资本流出冲击的考验。

(一) 加强真实性合规性审核

出台一揽子措施，细化真实性、合规性审核标准。规范离岸转手买卖、经常项目提前购汇管理，进一步明确和细化单证审核及办理要求；规范直接投资利润汇出和外债提前还款管理，明晰办理依据和审核材料等。

(二) 强化对境外直接投资的管理

2016年，我国直接投资出现了拐点，对外直接投资首次超过实际利用外资。对外直接投资有利于促进我国产业结构升级，参与国际产能合作，实现互利共赢。但非理性对外直接投资加大了企业的经营风险，引发国际担忧，也恶化了我国外汇市场环境。有鉴于此，外汇局会同国家发展改革委、商务部等相关部门，分类管控、合理引导并购类境外投资有序流出，密切关注房地产等"五类行业"以及大额非主业投资等"四种现象"，促进对外投资健康有序发展。

(三) 完善个人购汇信息报告制度

在坚持保障个人合理用汇需求的同时，2017年初强化个人购汇的真实申报义务和法律责任，对个人申报进行事中事后抽查并加大惩处力度，对社会公开发布典型违规案例，有效震慑了个人违规购汇等行为。2017年5月，进一步完善银行卡境外提现和大额消费信息采集。

(四) 创新完善事中事后管理方式

配合人民银行，支持建立外汇市场自律机制，推动银行执行外汇管理政策法规，自觉接受自律机制文件约束。利用自律机制平台，指导银行学习同业"最佳实践"，落实外汇业务展业要求，切实强化金融机构防范风险主体责任。

四、国际收支统计制度趋于完备，提高统计监测的科学化水平

这一时期，随着人民币加入国际货币基金组织特别提款权（SDR）货币篮子，外汇管理部门积极接受国际统计新标准，提升国际收支统计的科学化和透明度。同时，加强跨境资金流动监测分析，为防范跨境资金流动风险、制定宏观政策提供参考。

（一）国际收支统计制度体系更加完善

修订并发布《对外金融资产负债及交易统计制度》，将境外上市的非金融企业纳入申报主体，扩展申报主体的范围。发布《通过银行进行国际收支统计申报业务指引》，完善和细化通过银行进行国际收支统计申报的要求和流程，以适应银行外汇业务创新的需要；完成间接申报规范性文件的清理整合，形成了完整的间接申报制度体系。发布并实施新版《贸易信贷调查制度》，将贸易信贷调查频度由季度提高至月度。

（二）全面弥合二十国集团（G20）第一阶段数据缺口

首次公布我国对外证券投资资产分国家地区数据以及中国银行业对外金融资产负债数据。按季度向国际清算银行（BIS）提供居民原则的本地银行业统计（LBSR）和国民原则的本地银行业统计（LBSN）数据。2016年12月，国际清算银行正式将我国数据纳入全球汇总数据。随着国家外汇管理局在国际货币基金组织的协调证券投资调查（CPIS）、国际清算银行的本地银行业统计（LBS）等方面陆续达标，涉及国际收支统计的二十国集团（G20）第一阶段数据缺口已经完全弥合，标志着我国国际收支统计透明度迈上新台阶。

五、加大执法检查和处罚力度，有效维护外汇市场正常秩序

以银行为切入点，重点关注企业外汇业务真实性，严查各类外汇违规违法问题，严厉打击地下钱庄，遏制异常违规资金流动，有效震慑了外汇领域违法犯罪活动。

（一）加大金融机构检查和处罚力度

抓住银行这一关键环节，在全国范围内开展了包括银行异地大额售汇、内保外贷履约、合格境内机构投资者外汇业务、第三方支付机构外汇业务等多个专项和专案检查。通过没收违法所得、暂停相关外汇业务、公开披露、责令追究相关人员责任等方式，加大对银行违规违法行为的处罚和警示力度，有效提升金融机构外汇业务合规水平。

（二）严厉打击地下钱庄及其交易对手

与人民银行、公安部、最高人民检察院、最高人民法院等部门联合开展打击利用离岸公司和地下钱庄转移赃款专项行动，打掉多个地下钱庄。严惩通过地下钱庄非法交易的主体，有效维护外汇市场秩序。深挖地下钱庄背后的外汇违规行为，针对已查处地下钱庄案件中所涉及"客户"开展专项检查，压缩地下钱庄生存空间。

（三）推进外汇市场信用体系建设

制定外汇行政许可和行政处罚信息公开工作制度，以查询方式向社会公开外汇行政许可和行政处罚信息。加强部门间的协调配合，推进信用信息采集、共享、使用、公开等环节的管理，积极参与守信联合激励和失信联合惩戒机制。

六、加强外汇储备经营管理，确保安全性、流动性和保值增值

围绕国家战略大局，认真做好外汇储备的经营管理各项工作，保障储备资产的安全，实现经营收益的稳定增长，为国家经济金融安全稳定提供坚实保障。

（一）实现外汇储备资产保值增值

面对国际金融市场大幅波动和大规模外汇储备经营的挑战，外汇储备经营始终坚持长期、战略眼光，加强中长期战略摆布，做好流动性安排，审慎优化货币和资产结构，基本形成了适应大规模外汇储备和我国国情的经营管理理念和模式，确保外汇储备的安全性、流动性和收益性。

（二）支持和配合国家发展战略

为"一带一路"搭建资金平台，在开展委托贷款的基础上，牵头设立了丝路基金和中非产能合作基金，向中投国际、国新国际、国家开发银行和中国进出口银行注资，并以多种形式支持中非发展基金、中国欧亚基金、中阿基金等双边基金。坚持市场化方式服务国家战略，形成权责清晰、目标明确、层次丰富、产品多样的外汇储备运用体系，实现中长期财务可持续和较好的投资回报，为中国与相关国家和地区的经贸合作、多边双边互联互通提供投融资支持，为国家对外战略和实体经济发展提供大量资金支持。

第五节　新世纪以来外汇管理改革的历史成就

回顾新世纪以来外汇管理十七年的改革历程，外汇管理坚持以改革开放统领外汇管理全局工作，核心是处理好政府和市场的关系，牢牢坚持社会主义市场经济的改革方向，不断增强市场在资源配置中的决定性作用，让市场主体充分利用国际国内两个市场、两种资源，提高服务实体经济的能力。

外汇管理坚持从宏观大局出发，更好发挥政府的作用，努力平衡好贸易投资便利化和防范跨境资本流动风险的关系。以深入推进"放管服"改革为切入点，加快外汇管理方式转变，不断摸索外汇领域宏观管理和微观监管的新思路、新方法。

总体来看，新世纪十七年外汇管理改革，为基本解决长期制约我国经济发展的外汇短缺难题发挥了重要作用，外汇管理服务实体经济的能力不断增强，充裕的外汇储备和不断完善的外汇管理政策框架发挥了平抑外汇市场供求关系的作用，切实维护国家经济金融安全。

一、经常项目支付转移更加便利

外贸发展是我国对外开放的重要内容，其中货物贸易是重中之重，占经常项目总额近八成。过去，货物贸易外汇收支需逐笔核销，手续繁琐。为提升贸易便利化程度和外汇监管效率，2012年8月，经国务院批准，外汇局在全国推开货物贸易外汇管理制度改革，使95%的合规企业正常贸易收付更加便利，监管重点放在少数异常重点企业。改革后，企业平均每年节省工资7万余元，银行办理业务时间平均每单从20分钟以上缩短至9分钟。服务贸易外汇管理改革取得新进展。过去，服务贸易外汇收支实行事前审批，企业需准备大量材料，奔波多个部门，办事效率较低。2013年9月，外汇局全面取消服务贸易事前审批。改革后，每年近1 500万笔服务贸易收付汇业务无需审单，办理成本显著下降，银行单证量大幅减少，企业办业务效率明显提升，单笔业务办理时间由20分钟缩短至5分钟。

二、直接投资可兑换达到新高度

直接投资是引进外资和中国企业"走出去"的重要渠道。过去，直接投资项下外汇账户开立及入账等需外汇局核准，外商直接投资需经会计师事务所到外汇局进行验资询证审核和登记，影响企业投资效率。近年来，直接投资外汇管理大幅简化，取消35项、简化合并14项行政审核，便利企业跨境投资资金运作，直接投资外汇管理实现基本可兑换。以对外直接投资为例，资金来源和汇出核准由事前审批改为事后登记，全国平均业务办理时限由20个工作日减为5个工作日，有些省份可当日办理。

三、资本市场开放实现新跨越

证券投资是资产全球化配置的重要领域。过去，跨境证券投资渠道有限，便利化程度较低。为推进证券市场有序开放，外汇局牢牢把握外汇形势趋向均衡的有利时机，按照"均衡监管、双向流动"的思路，完善合格境外机构投资者（QFII）和合格境内机构投资者（QDII）制度，在此基础上，推出人民币合格境外机构投资者（RQFII）制度。支持境内商品期货市场开放和交易便利，简化交易涉及的账户开立、资金汇兑及数据报送等要求，配合境外交易者和境外经纪机构从事境内特定品种期货交易。推动银行间债券市场对外开放，允许银行间债券市场境外机构投资者在具备资格的境内金融机构办理人民币对外汇衍生品业务，对冲境外汇入资金投资银行间债券市场产生的外汇风险敞口，提供多样化的交易工具和交易机制选择，便利外汇风险管理。支持内地与香港公开募集证券投资基金互认，设定总额度，鼓励以人民币计价和跨境收付，建立系统化数据统计和报送程序。

四、跨境融资管理服务实体经济打开新局面

外债是拓宽境内主体融资来源的重要渠道。过去，金融机构外债实行余额指标管理，外资企业按照"投注差"原则管理，中资企业则受严格限制，审核手续复杂。为进一步促进企业融资便利，外汇局大力推进外债和跨境担保管理改革。在管理方式上，基本取消外债、跨境担保事前审批，相关业务可直接到银行办理，基本构建起以事后登记为主的对外债权债务管理框架。2017年，外汇局进一步配合人民银行实施全口径跨境融资宏观审慎管理，允许企业在净资产的一定倍数内借用外债。

五、外汇市场发展迈上新台阶

近年来，外汇局不断夯实外汇市场基础，进一步优化外汇市场服务。一是丰富交易品种，满足多样化汇率风险管理需求。由即期交易和部分银行试点的远期交易两类，扩大至外汇掉期、货币掉期和期权产品，具备了国际市场基础产品体系。交易币种也由原先仅有人民币对美元、欧元、日元和港币4种交易货币逐步增加至涵盖我国跨境收支的主要结算货币。二是扩大市场主体，构建多元化的市场主体层次。截至2017年6月末，共有即期市场会员601家，远期、外汇掉期、货币掉期和期权市场会员分别为167家、167家、138家和96家，即期市场做市商 32 家，远掉期市场做市商 27 家。三是健全基础设施，促进市场运行提效率防风险。2009 年，银行间外汇市场开始对场外交易尝试集中净额清算，并于 2014 年正式启动中央对手方清算业务，在降低清算风险和提高交易效率方面发挥了积极作用。

六、跨境资本流动管理框架日渐成熟

新世纪以来，外汇管理部门始终把防范跨境资本流动风险放在更加重要的位置。防止跨境资本无序流动对宏观经济和金融稳定带来冲击，维护外汇市场稳定，为改革开放创造良好的市场环境。外汇管理没有走资本管制的老路，积极探索跨境资本流动管理的新思路，加强监测分析为防风险奠定了重要基础。密切跟踪形势变化，将监测分析的重点从单向监测流入转到双向监测流出和流入上来，提高了形势预判的科学性和及时性。加快数据和系统整合为防风险提供技术支撑。建立了全口径的跨境资金流动基础数据库，整合各业务系统数据，实现数据集中共享；搭建跨境资金流动监测分析平台，着重提升系统综合分析和数据挖掘功能；进一步完善国际收支监测预警系统，双向监测国际收支失衡风险，为全方位监测市场主体外汇资金运作，及时发现跨境资金异常波动提供数据保证和系统支撑。

七、"他律＋自律"的外汇监管框架初步形成

2014 年，外汇局指导中国外汇交易中心组织银行间外汇市场做市商制定发布《银行间外汇市场职业操守和市场惯例指引》，明确金融机构在银行间外汇市场的基本交易规则，规范外汇批发市场发展。2016 年，外汇局配合人民银行建立全国及省级外汇市场自律机制，组织银行制定并自律实施《银行外汇业务展业原则》，基本涵盖货物贸易、贸易

融资、服务贸易、直接投资、外债、跨境担保、企业境外放款、银行境外贷款、人民币和外汇衍生产品业务、个人外汇业务等主要外汇管理业务，维护银行外汇零售市场秩序。至此，涵盖批发市场和零售市场的外汇市场自律机制基本建立，标志着中国外汇市场由过去的以他律为主转向他律和自律并重。

八、外汇管理依法行政达到新水平

坚持依法行政和简政放权，加快外汇管理职能转变和管理机制创新。发展社会主义市场经济要求加快政府职能转变，处理好政府和市场的关系，依法界定政府和市场的边界，用法律规范行政权力运行，为市场发挥配置资源的决定性作用创造条件。在改革实践中，外汇管理部门坚持正确的权力观和利益观，规范行政决策、行政执法和加强行政权力监督。大幅削减行政审批项目，取消经常项目和直接投资项下绝大部分审批管理，将工作重心转向事后监测和分析，防控跨境资本大进大出风险。对于少数重点风险领域仍然保留的行政管理，以规范和约束自由裁量权为重点，明确业务办理依据、权限、过程和结果等重要内容，规范行政决策，为市场主体创造公平竞争的良好环境。在外汇执法过程中，摒弃"有罪假定"思路，强化程序意识，改进执法方式，严格责任追究。

九、提高政策透明度，建立引导外汇市场预期和微观主体行为的新机制

国际金融危机的教训表明，信息透明不一定能消除金融风险，但信息不透明一定会加大金融风险。随着我国经济金融日益开放和市场化，外汇收支规模迅猛增长，在市场机制尚未健全、市场主体尚不成熟的情况下，信息不充分可能加大跨境资金流动风险。外汇管理部门一方面增加数据披露范围和频率，及时发布分析报告，帮助社会正确认识形势，有效引导市场预期，平抑外汇市场可能产生的大幅波动。另一方面，详细解读外汇管理政策，针对社会关注的热点话题及时释疑解惑，正确引导社会舆论，增进社会对外汇管理的理解和支持，有助于企业、个人等微观主体了解外汇形势和政策变化，作出理性选择。同时，加大政务公开力度，及时发布QFII投资额度等审批结果，便于公众了解审批动态，加强社会对政府行政权力运用的监督。

▼ 专栏1

资本项目可兑换与跨境资本流动管理

新世纪以来，我国外汇管理体制改革取得了巨大成就。伴随着汇率形成机制改革、人民币国际化以及"一带一路"建设等重大改革深入推进，人民币资本项目可兑换取得了积极进展，金融业双向开放格局逐渐形成。总体来看，人民币资本项目可兑换符合市场化改革的方向，有利于充分利用国际国内两个市场、两种资源，提高资源配置效率。但社会也有些不同的观点。尤其是2015年下半年以来，我国外汇市场面临较大的外部冲击，出现了强化资本管制的声音。对国际货币基金组织（IMF）等机构观点的梳理，有助于我们理解资本项目可兑换和跨境资本流动管理的关系。

一、2008年国际金融危机以来IMF对资本流动采取更加平衡的立场

20世纪70年代以来，IMF支持资本项目可兑换，放松跨境资本流动汇兑限制。随着布雷顿森林体系解体，全球掀起金融自由化浪潮。IMF明确鼓励成员国大力推行资本项目自由化改革，在经常项目可兑换的基础上，实现资本项目可兑换。1997年亚洲金融危机期间，IMF甚至把资本项目开放作为危机救助的药方和前提条件之一。

2008年国际金融危机以来，IMF采取更加平衡的立场，既支持资本项目可兑换，也认可在需要的情况下实施跨境资本流动管理的必要性。吸取20世纪90年代拉美债务危机和1997年亚洲金融危机的教训，特别是2008年国际金融危机的教训，IMF在支持资本项目开放的同时，强调在跨境资本流动大进大出的情况下，各国可以采取综合、全面、平衡的管理组合拳。

IMF扩充了跨境资本流动管理框架：（1）日常主要依靠汇率自由浮动，发挥市场在外汇供求中的决定性作用，平抑跨境资本流动不平衡；（2）运用利率、公开市场操作等货币政策工具，对跨境资本流动进行逆周期调节；（3）通过外汇市场干预（运用外汇储备），投放或回收外汇流动性；（4）在汇率低估、外汇储备不足等情况下，运用无息准备金、类托宾税等宏观审慎逆周期工具，调节跨境资本流动；（5）在国际收支危机等特殊情况下，必要时可启动国际收支保障条款，实施临时性的资本管制。

IMF的跨境资本流动管理工具箱包括资本管制在内的多种政策，但这并不意味着IMF支持无条件使用资本管制手段。IMF认为，资本管制的使用需要有前提条件，比如宏观经济高度不确定、宏观经济政策调整空间有限或时滞很长；汇率、利率、公开市场干预、宏观审慎等工具都应该成为比资本管制优先考虑的政策手段；要尽量提高资本管制的针对性、透明度和非歧视性。

二、资本项目可兑换不等于对跨境资本流动放任不管

经济合作与发展组织（OECD）是鼓励资本自由流动的国际性组织，其成员国均承诺取消跨境资本流动的汇兑限制。但OECD也强调，取消汇兑限制不意味着对跨境资本流动放任不管。

允许成员国以负面清单方式，保留交易环节的限制。根据OECD《资本流动自由化通则》，成员国可根据自身经济金融情况，在加入OECD前，以负面清单的方式保留对直接投资、房地产、资本市场证券业务等项目的限制政策。

成员国实施资本管制需满足相关要求。一是在汇率、利率、外汇市场干预等宏观措施失效的情况下，才能考虑限制性措施；二是实施限制性措施应避免对外商直接投资和商业信贷产生负面影响；三是限制性措施是临时性手段，不能长期使用；四是实施限制性措施需履行严格的报告或审批程序，接受问责和国际评估。

三、跨境资本流动管理不能和资本管制画等号

2008年国际金融危机后，IMF为应对跨境资本大进大出的问题，提出了资本流动管理工具（Capital Flow Managements，CFMs）的概念，它包括外汇市场干预、宏观审慎跨境资本流动管理工具以及资本管制等数量型政策工具。在跨境资本流动管理工具中，IMF更倾向于多运用宏观审慎的跨境资本流动管理工具。与资本管制相比，宏观审慎的跨境资本流动管理具有暂时性、透明性和非歧视性，核心是对居民和非居民要一视同仁，不搞歧视性的汇兑安排。

除了宏观审慎的跨境资本流动管理工具外，反洗钱、反恐融资、反避税"三反"政策也是资本项目可兑换后跨境资本流动管理要严格遵循的监管要求。

四、发达国家和发展中国家的跨境资本流动管理有差异

发达国家外汇管理职能化整为零。资本项目可兑换后，发达国家不再集中进行汇兑监管，防范跨境资本流动冲击的职责分散到经济活动的多个领域。如美国、德国等发达国家采取宏观审慎和微观审慎相结合的管理手段，防范货币错配、期限错配等金融风险或顺周期行为。

发展中国家普遍保留较为严格的外汇管理。不论是否宣布资本项目可兑换，发展中国家依然面临跨境资本大规模流动的冲击。因此，发展中国家在放开资本流动限制的同时，仍然采用较为严格的外汇管理措施和有针对性的宏观审慎工具应对跨境资本流动风险。发展中国家保留对跨境交易的"痕迹追踪"管理，通过业务登记、行政审批、交易申报、征收托宾税等方式进行管理。

第二章
深化经常项目外汇管理自由化便利化改革

新世纪以来的经常项目外汇管理,在坚持真实性审核的基础上,根据国家经济社会发展和国际收支形势变化,分阶段科学调整管理方向和重点,逐步完善优化管理方式和手段,积极推动管理方式改革和创新,促进贸易投资便利化。经过不断探索,经常项目外汇管理方式逐渐告别过去"宽进严出"、逐笔核销、事前审批、限额管理的旧模式,形成以事前对交易行为真实性合法性进行判定、事中事后监测管理为基础的新管理体系,较好地适应了新世纪我国涉外经济金融发展的要求,维护了国际收支平衡,推动了实体经济的健康运行。

第一节 经常项目外汇管理改革历程

根据《国际货币基金组织协定》第三十条规定,经常性交易的支付,指不用作资本转移目的的支付,包括(但不限于)以下各项:一是所有有关对外贸易(货物与服务)、劳务及正常短期银行信贷业务的应付款项；二是应付贷款利息及其他应付投资净收入；三是数额不大的偿还贷款本金或摊提直接投资折旧的支付；四是数额不大的家庭生活开支汇款。

一、经常项目可兑换

自 1996 年 12 月 1 日起，我国接受《国际货币基金组织协定》第八条款义务，实行人民币经常项目下可兑换，避免限制经常性支付。一是未经国际货币基金组织同意，各成员国不得对国际经常性交易的支付和资金转移实行汇兑限制（第 2 款 a）。二是避免采取歧视性货币做法（第 3 款）。除协定规定或基金组织批准外，任何成员国都不可采取歧视性货币安排或多重货币做法。三是兑付外国持有的本国货币（第 4 款）。成员国对其他成员国持有的本国货币，如其他成员国提出申请，且可说明这部分货币结存系由最近的经常性交易所获得或为了支付经常性交易所必需，则应予兑回（此项货币的获得违反被要求购买的成员国的外汇规定的除外）。1997 年初，我国修订颁发了《中华人民共和国外汇管理条例》，规定国家对经常性国际支付和转移不予限制。

经常项目可兑换具有以下特点：一是适用于不同国家居民之间的交易支付，不适用于国内交易。如成员国规定境内禁止外币计价结算，不违反可兑换承诺。二是适用于支付转移，不适用于交易本身。如成员国可以禁止某些进口（或进口数量）并禁止使用外汇支付这些进口。三是适用于付款，不适用于收款。如要求居民必须将参与国际交易过程中获得的外汇调回本国或结汇，不违反可兑换承诺。四是非政府实施的行为不构成汇兑限制。

二、经常项目外汇管理的主要内容和原则

（一）经常项目外汇管理的主要内容

从国际收支统计类别上区分，经常项目收支主要分为货物贸易、服务贸易、初次收入和二次收入。从国际收支统计类别和管理对象上区分，我国经常项目外汇管理主要分为货物贸易、服务贸易及个人外汇管理，其中初次收入、二次收入主要体现在服务贸易和个人外汇管理中。

（二）经常项目外汇管理的原则

真实性审核是经常项目外汇管理一直坚持的基本原则。目前，我国已实现经常项目可兑换，但在资本项目尚未完全开放的情况下，仍有必要识别对外支付和转移的资金性质，对国际支付和转移的真实性、合法性进行单据审核，防范资本项下资金借道经常项目渠道流动，以保证资本项目管理的有效性。《中华人民共和国外汇管理条例》第十二条明确规定："经常项目外汇收支应当具有真实、合法的交易基础。经营结汇、售汇业务的金融机构应当按照国务院外汇管理部门的规定，对交易单证的真实性及其与外汇收支的一致性进行合理审查。"实行可兑换后的经常项目外汇管理始终坚持真实性审核管理原则，审核范围包括经常项目对外收入、对外支出、结汇、售汇、境内划转以及外汇账户开立等内容，不仅涉及居民和非居民，涉及对公单位和个人，还涉及海关特殊监管区域，承担了维持经常项目交易正常秩序的重要使命。

经常项目外汇管理坚持统筹便利化和防风险的原则。经常项目外汇管理既要防风险，也要便利化，二者相辅相成。一方面，通过有效的经常项目外汇管理，能够监测和掌握经常项目外汇资金流动的规模、特点和趋势，遏制和打击非法资金跨境流动。另一方面，在经常项目可兑

换框架内不断推进贸易便利化，履行我国加入世界贸易组织的庄严承诺。经常项目外汇管理在发挥其监管作用的同时，必须按照贸易便利化的要求，对真实性审核的内容、形式和手段进行创新，形成高效、便捷的管理模式，为对外贸易和交往发展提供优质的服务。

三、经常项目外汇管理改革历程

新世纪以来的经常项目外汇管理，既见证了我国对外贸易飞跃式的发展，也经历了次贷危机后国际资本大周期变化。新世纪以来的经常项目外汇管理始终坚持便利化和防风险相统筹的原则，根据国家经济社会发展和国际收支形势变化，科学调整管理方向和重点，在大力促进贸易便利化的同时，切实防范跨境资金异常流动风险，维护国家经济金融安全。经过新世纪以来十余载的探索和努力，经常项目外汇管理告别了过去"宽进严出"、逐笔核销、事前审批、限额管理的旧模式，形成了以事前对交易行为真实性合法性的判定、事中事后监测管理为基础的新管理体系。通过数据动态监测分析，对办理经常项目外汇收支业务的主体实行分类管理。对于绝大多数合规主体，给予最大程度的便利。对于少数异常违规主体，强化监督检查，严厉打击非法资金借道经常项目渠道流动。

第二节 改革货物贸易外汇管理

货物贸易也称为有形商品贸易，用于交换的商品主要以实物形态表现，是以国境为标准划分的国际进出口贸易。货物贸易外汇管理的对象是货物贸易项下的收支活动。货物贸易收支是一国出口商品所得收入和进口商品所付支出的总称。近些年，货物贸易收支占我国跨境收支总量的三分之二左右，货物贸易外汇管理对维护我国国际收支平衡具有十分重要的意义。

新世纪以来的货物贸易外汇管理可以总结为"两套制度、三个阶段"。第一套制度是成形于20世纪90年代的进出口核销制度，第二套制度是当前实施的以进出口货物流与收付汇资金流总量核查为核心的货物贸易外汇管理制度。从阶段划分看，第一阶段是2001年我国加入世界贸易组织后，为更好地适应对外贸易快速发展，外汇管理部门在技术和法规配套等方面对进出口核销制度进行了完善。第二阶段是2005年汇率形成机制改革后，人民币持续升值，外汇收支形势发生了变化，货物贸易外汇管理加强了资金流入方向的管理，进出口核销制度向均衡管理方向调整。第三阶段是2012年8月，外汇管理部门在全国范围推出货物贸易外汇管理制度改革，取消进出口核销制度，实施新的"总量核查、动态监测、分类管理"方式，货物贸易外汇管理进入新的阶段。

一、第一阶段（2000—2005年）：进出口核销制度完善期——督促和鼓励出口收结汇，支持对外贸易发展

20世纪90年代初期，我国尚处于外汇短缺阶段，为防止不法企业逃、套、骗汇以及将外汇截留境外，我国建立了进出口核销制度，即对货物进出口与其外汇收支进行逐笔对应。从出口来看，以出口货物的价值为标准，对是否有相应外汇收回境内实行监督审核；从进口来看，对国内进口单位在付出外汇后是否有等值的货物进口进行监督审核。同时，在具体操作上，企业凭外汇局发放的核销单在海关办理进出口报关手续，在税务部门办理出口退税手续。

新世纪初期，在外汇短缺状况尚未得到根本改善的情况下，贸易外汇管理的重点仍然是督促和鼓励企业出口收结汇。2001年加入世界贸易组织后，我国外贸规模急剧扩张，相应地，国家也放宽了进口付汇限制。同时，外汇管理部门从技术和配套法规层面，对进出口核销制度进

行了微调，使制度日趋完善。

（一）鼓励企业出口收结汇

2001年，为鼓励出口，外汇管理部门放松出口收汇有关监管政策。一方面，大幅降低中资企业开立外汇结算账户的条件，中资企业开立外汇结算账户的条件调整为年出口收汇额等值200万美元、外汇支出额等值20万美元以上，并允许保留一定比例①的外汇。另一方面，允许出口收汇荣誉企业和出口收汇达标企业，按实际出口业务需要领取出口收汇核销单，允许企业按月集中办理出口收汇核销手续，提高了守法合规企业出口的自由度，为企业提供了更为宽松的经营环境。

（二）进一步完善出口收汇核销管理

2003年，为便利出口企业及时收汇，外汇管理部门对核销企业按风险等级实行分类管理，新增自动核销、批次核销和总量核销三种模式，为企业提供远程核销、代转核销、网上核销等多种服务，减少了企业到外汇局现场办理核销的次数。

同时，为配合新的核销机制，外汇管理部门在全国推广使用"出口收汇核报系统"，企业可在系统上自行报告出口收汇情况。外汇管理部门通过该系统分别从"国际收支统计监测系统"和"中国电子口岸出口收汇系统"获取出口收汇和出口报关信息，核对企业资金流、货物流及企业报告信息，验证其出口收汇真实性。出口收汇核报系统的运行，标志着出口收汇核销管理模式开始由逐笔核销向总量核销转变，体现了外汇管理手段和水平的提升，使出口收汇核销制度成为较为完善和成熟的管理制度。

---

① 限额为企业上年度出口收汇累计额或外汇支出累计额中较小额的25%。

（三）大幅简化进口付汇核销手续

为进一步简化进口付汇核销手续，2004年，外汇管理部门明确进口企业在履行进口付汇申报及到海关报关的义务后，即自动完成货到付款项下贸易进口付汇核销工作。此后，对于实际付汇与进口报关金额不一致的情况，外汇管理部门按照进口实际到货金额，制定相应的核销报审管理办法，解决了因客观原因存在差额而不能办理进口付汇核销报审手续的问题，切实便利进口企业办理付汇核销。

（四）跨部门联网监管，加强真实性审核

2001年，国家外汇管理局与海关总署依托口岸电子执法系统，共同开发了出口核销单联网核查系统。该系统建立了出口收汇核销单电子底账，使海关和税务部门能够在出口报关和出口退税环节，对出口核销单进行联网数据核查，有力打击了不法企业利用虚假单证进行逃汇、骗税等违法违规行为。同时，企业出口后还可通过该系统实现网上递交核销单，不需到外汇局送交纸质核销单存根，并可在网上对核销单各项信息进行综合查询，企业办理出口业务更加便利。到2003年，进口报关单联网核查系统也开始运行，企业办理进出口收付汇核销的便利程度得到极大提高。

二、第二阶段（2005—2012年）：进出口核销制度调整期——树立均衡管理理念，加强和改进出口收结汇监管

2005年7月，我国实施人民币汇率形成机制改革，建立了以市场供求为基础、参考一篮子货币进行调节、有管理的浮动汇率制度。此后，人民币持续升值，国际收支呈现大额顺差，我国外汇短缺状况得以根本改变。2008年国际金融危机爆发后，人民币升值压力进一步加剧，

国际资本大量涌入中国。在此背景下，货物贸易外汇管理也由外汇短缺时期的"宽进严出"不对称管理，逐渐向"均衡管理，统筹兼顾"的管理方式转变。总体来说，这一时期的货物贸易外汇管理坚持有效监管与便利化相结合的原则，重点改进和完善贸易外汇资金流入和结汇管理，同时研究和调整进出口收付汇核销制度。

（一）加强和改进收结汇管理

2005年，外汇管理部门实行出口收汇待核查账户管理，加强对经常项目下外汇资金流入的真实性审核，规范出口预收货款和转口贸易收汇行为。2006年，将贸易收汇与出口明显不符的企业列为"关注企业"，重点对列入"关注企业"名单以内的收汇企业加强管理，这些企业凭与逐笔收汇相对应的报关单等有效凭证或相关商业单据，方能办理经常项目外汇资金结汇。

2008年国际金融危机后，为应对国际游资及异常资金大量流入态势，外汇局、商务部和海关总署联合推出出口收结汇联网核查制度，即要求所有出口企业开立出口收入待核查账户（以下简称待核查账户），企业出口收汇需先进入待核查账户，等待银行核验后方可结汇或划转至经常项目外汇账户。银行通过出口收结汇联网核查系统对企业收汇进行核验，与出口货物总值以及企业贸易信贷登记相匹配的外汇收入才可办理结汇或资金汇出。2011年，外汇管理部门将转口贸易收结汇纳入联网核查，转口贸易外汇收入也应进入待核查账户，并实行先支出后结汇及收付汇比例管理的政策。

（二）允许出口收入存放境外

为缓解人民币升值压力，提高境内企业资金使用效率，支持企业"走出去"，2011年，在前期北京、广东（含深圳）、山东（含青岛）、江苏四省（市）开展试点的基础上，外汇管理部门在全国推广出口收入存放境外政策，对境内企业出口收入存放境外实行开户登记制度和规模管理，允许企业将真实、合法交易背景下的出口收入留存境外。政策出台后，企业能够更加灵活地调配资金，资金利用效率大幅提高。

(三) 加强延期付汇登记管理

2005年后，随着人民币进入单边升值通道，进口延期付汇出现与实际贸易进口相脱节的情况。由于延期付汇本身具有到期无可推卸的清偿责任，一旦人民币升值预期发生改变，延期付汇可能会造成资金集中清偿，引发金融风险。为有效防范风险，外汇管理部门对延期付汇进行动态总量监控，规范进口延期付汇和远期付汇等贸易融资行为。对于货到汇款项下凭单笔报关单未付汇金额在等值50万美元（含）以上、预计付汇日期超过报关单进口日期90天（含）的进口货物报关单办理付汇的，进口企业需持相关单证到当地外汇局办理延期付汇登记手续。同时，银行在收付汇和核销环节加强对进口延期付汇、远期付汇等贸易融资行为的真实性审核。

(四) 逐步改革进出口核销制度

随着我国市场环境变化及相关法律法规的调整，核销制度所依存的宏观环境和体制基础发生较大改变。"逐笔核销、事前备案、现场核查、行为监管"的管理方式已不能完全适应迅速发展的对外贸易形势，与《外汇管理条例》有关规定不匹配，与市场运行机制的客观要求不协调，以行政手段为主的直接管理模式亟待调整。2006年，外汇管理部门明确了从事前逐笔核销向事后总量核查、从直接管理到间接管理、由行为监管到主体监管的转变方向，并着手相关法规和系统建设。2010年，确立"先进口、后出口"的改革路线图，遵循"稳妥安排、循序渐进"的原则，于同年底实施了进口核销改革，主要措施包括进口总量核查、进口付汇非现场监测预警、现场核查、进口主体分类监管等，大幅简化了企业付汇手续，给银行、企业的业务办理提供了极大便利，降低了社会成本。

2011年，在总结进口核销改革经验的基础上，外汇管理部门将核销改革的范围从进口扩展到出口，形成了进出口核销整体改革方案，并分步实施。一是 2011 年 5 月，国务院批准国家外汇管理局、国家税务总局优化升级出口收汇与出口退税信息共享机制。二是 2011 年 9 月，外汇管理部门全面整合贸易外汇管理的政策措施，制定《货物贸易外汇管理试点指引》及实施细则。三是 2011 年 11 月，货物贸易外汇监测系统试点运行。四是 2011 年 12 月，外汇局联合税务总局、海关总署，在江苏等 7 个省（市）正式启动货物贸易外汇管理制度改革试点。

三、第三阶段（2012 年至今）：现行货物贸易外汇管理制度形成——事中事后管理为主，便利化与防风险相结合

2012 年 8 月，在前期成功试点的基础上，国家外汇管理局、海关总署、国家税务总局联合发布公告，正式在全国推广货物贸易外汇管理制度改革，现行货物贸易外汇管理框架基本建立。

表 2-1　　　　　　改革前后货物贸易外汇管理思路对比

项目		改革前	改革后
管理理念		有罪推定（一一对应）	无罪推定（总量对应）
管理方式		逐笔行为管理	主体管理
		现场办理	非现场监测核查为主，现场办理为辅
		事前登记/备案，事后核销	事后监测管理为主，保留部分事前手段（针对 B/C 类企业）
		针对全部名录企业	分类管理
目标		流入单向管理	总量均衡管理

（一）确立货物贸易事中事后监管新体系

货物贸易外汇管理改革取消逐笔核销，取消收付汇事前审批（仅保留B/C企业），建立了全新的事中事后总量核查监管体系，减少了对微观经济活动的干预，大部分企业的日常业务不再需要到外汇局办理。实践中，外汇管理部门利用电子化系统全方位采集货物贸易外汇交易数据，设置监测预警指标，动态进行非现场监测；总量对比企业的进出口货物流与资金流，筛选存在可疑交易的企业，有针对性地进行现场核查；对于认定存在违规的企业，纳入B/C类进行严格监管，实施精准打击；正常合规的企业充分享有收付汇便利，绝大部分业务可直接在银行办理。"总量核查、动态监测、分类管理"的新监管体系使外汇管理找到了贸易便利化与风险监管的平衡点，不仅使市场主体真正受惠得益，也支持了外贸持续增长。

表2-2　　　　改革前后货物贸易外汇管理内容对比

项目	改革前	改革措施	改革后
出口收汇	企业持单位介绍信、开户申请书、身份证、工商营业执照等材料到外汇局办理核销员备案	取消核销员备案	企业只需持申请书、营业执照等到外汇局办理名录登记
	到电子口岸办理IC卡，到外汇局领取核销单	取消核销	不必领取IC卡，无需领取核销单
	办理出口报关手续，并通过电子口岸系统提交核销单信息	取消在电子口岸提交核销单信息	直接办理出口报关手续
	银行确定贸易性质后收汇入待核查账户，进行联网核查后结汇或转出	无需联网核查；2016年4月起A类企业出口收汇暂不进入待核查账户	确定贸易性质后收汇入待核查账户直接结汇或转出（其中A类企业出口收入2016年4月起暂不进入待核查账户）
	企业按贸易方式不同整理单证，到外汇局一一对应，逐笔核销	取消逐笔核销手续	非现场总量核查企业货物流与资金流总体匹配情况；异常企业进行现场核查

第二章　深化经常项目外汇管理自由化便利化改革

续表

项目	改革前	改革措施	改革后
进口付汇	银行需进行联网核查，并在审核一系列进口单证后，为企业支付货款	无需联网核查	A类企业仅需审核原单证一种即可办理支付业务
	企业按贸易方式不同整理单证，到外汇局一一对应，逐笔核销	取消逐笔核销手续	非现场总量核查企业货物流与资金流总体匹配情况；异常企业进行现场核查
贸易信贷	贸易信贷登记，包括合同登记、提款登记、注销登记	全流程3次登记转变为事中1次报告	部分贸易进出口及收付汇实际发生后，企业通过监测系统网上提交贸易信贷报告
出口退税	须在货物出口之日起180天内，向税务部门提供盖有核销专用章的出口收汇核销单、报关单和增值税专用发票等相关单证办理出口退税	退税和外汇管理脱钩	凭发票和报关单即可办理退税

（二）改革便利化成效显著

货物贸易外汇管理改革大幅降低了企业相关财务和用工成本，优化了银行业务办理流程，营造了宽松的市场环境，使大部分守法合规企业充分享受到货物贸易外汇管理改革的政策便利。

一方面，企业成本下降，资金周转加快。调查显示，企业在银行办理单笔贸易收汇和付汇业务平均时间大幅缩短，出口收汇入待核查账户后基本可实现当日转出，资金周转速度明显加快；出口退税周期相对缩短；企业往返外汇管理部门和银行之间的"脚底成本"大幅下降，投入贸易外汇收支业务的人力资源减少三分之一。另一方面，银行流程优化，服务水平提升。调查显示，改革后银行单笔收、付汇业务办理时间分别节省了70%和85%，柜台人员及单证留存成本每年减少约50%，银行人力成本和其他相关费用显著降低。

(三) 改革不断向纵深推进

近年来,外汇管理部门通过不断完善配套制度和系统,创新监管手段,将货物贸易外汇管理改革不断向纵深推进。具体包括:一是在分类管理的基础上,增强管理的精准度,提高企业分类期限弹性,实现对企业分类的动态调整,鼓励企业合法经营。二是完善优化现场核查制度安排,建立敏感样本企业库、重点企业定点联系制度,加强与市场的沟通和联系。三是深入实施企业负责人约谈制度,加强风险提示函制度管理。四是升级完善货物贸易外汇监测系统,丰富系统数据资源,增加系统监测功能,支持货物贸易监测分析朝完整化、专业化、精细化的方向发展。

(四) 持续推进贸易便利化

改革后,货物贸易外汇管理持续推进贸易便利化。2013年,外汇管理部门完善海关特殊监管区域管理,在保留区内政策优惠的同时,将区外已经简化的经常项目外汇管理政策推广至区内;同时,取消海关特殊监管区域外汇登记及年检,便利企业和银行操作。同年,外汇局配合商务部,在浙江省义乌市试行市场采购贸易方式,此后分三批扩大试点,促进了外贸创新发展。2014年,为支持贸易多元化发展,给予境内个体工商户外汇收支便利化政策,允许境内个体工商户开立个人外汇结算账户,并简化个人贸易收结汇单证。同年,完善边境贸易外汇管理,取消边境贸易账户行政许可,加快边境贸易经营主体资金周转。2015年,简化对上海自贸区经常项目外汇收支手续,由银行完全按照"展业三原则"办理货物贸易业务。

▼ 专栏2

我国海关特殊监管区域外汇管理演变

海关特殊监管区域，是由地方政府提出申请，报请国务院批准设立的，实行封闭监管的特定区域，主要包括保税区、出口加工区、保税物流园区、保税港区、综合保税区、跨境工业区六大类型。2016年，全国海关特殊监管区域进出口、跨境收支总额均达到6 000亿美元左右。海关特殊监管区域外汇管理政策管理思路和管理重点的调整历程经历了四个阶段。

一、第一阶段：初步探索，海关特殊监管区域外汇管理体系初步建立（1991—2000年）

1990年保税区设立后，外汇局立即跟进，对保税区外汇收支进行全面规范，实行整体相对宽松、自由的外汇管理政策，如允许保留经常项下外汇收入、不实行进出口核销等，极大地促进了保税区进出口贸易的增长。亚洲金融危机期间，一些不法分子利用当时宽松的海关特殊监管区域外汇管理政策从事逃骗汇活动，为此外汇局及时对相关外汇政策进行调整，采取对进出口贸易收支实行真实性审核等一系列政策措施，严厉打击逃汇、套汇、骗汇等违法违规行为，有效地遏制了外汇违法活动。

二、第二阶段：跟进发展，海关特殊监管区域外汇管理体系进一步完善（2000—2007年）

根据海关特殊监管区域实行"放开一线、管住二线"的海关监管模式，外汇政策本着外汇收支贸易真实性的原则，实行资本项目管理严、经常项目管理宽，不同类型区域有所不同的管理。2000年，对外汇账户、收结汇、售付汇等进行了规范，有力支持了出口加工区经济的建设和发展。2001年，允许保税区内企业人民币注册资金、经海关等部门批准的出口加工产品内销及物流分拨企业内销所得人民币资金，经外汇局审核可以购汇。2002年10月，资本项目外汇管理与区外基本统一，放宽了区内企业的账户管理和购汇限制，对符合区域功能拓展、有利于区域经济健康发展的业务继续给予政策倾斜和优惠。2005年，首次允许资金流与物流不一致的贸易方式对外付汇，有力地支持了海关特殊监管区域功能的开发和拓展。

三、第三阶段：整合政策，海关特殊监管区域外汇管理体系逐步统一（2007—2013年）

这段时期，为适应保税港区、综合保税区等新型海关特殊监管区域迅速发展及其功能进一步拓展和转型的需要，海关特殊监管区域外汇管理在有效监管的前提下，适当增加经济自由度。2007年，外汇局继续保留区内外汇管理的优惠政策，拉平了与区外"倒挂"的外汇政策，补齐了原区内政策的短板，统一各类海关特殊监管区域的外汇管理政策，取消大量审批手续。

四、第四阶段：全面提升，海关特殊监管区域外汇管理体系持续优化（2013年至今）

这一时期，区域内新业务、新企业类型不断涌现。2013年，外汇局根据区内外改革情况对海关特殊监管区域外汇政策进行修订，删除"核销"等内容，进一步简化单证审核要求，促进贸易投资便利化，提升服务实体经济发展的水平。

（五）支持跨境电子商务和互联网支付发展

近些年，随着电子商务及互联网支付的蓬勃发展，跨境电子商务外汇支付的需求也日益增加。为积极贯彻落实"十二五"规划发展电子商务的要求，支持跨境支付业务发展，国家外汇管理局于2013年在上海、北京、重庆、浙江、深圳 5 个地区 17 家支付机构，率先开展跨境电子商务外汇支付业务试点，允许支付机构通过银行为小额电子商务交易双方提供外汇集中收付和结售汇服务。2014 年新增北京地区 5 家支付机构开展跨境电子商务外汇支付试点。参与试点的支付机构可以为境内机构和个人集中办理小额购物和机票、酒店、留学等项目的跨境外汇资金收付及相关结售汇业务。

在总结前期试点经验的基础上，国家外汇管理局按照"试机构、不试地区"的原则，将支付机构跨境外汇支付业务试点地区范围扩大至全国，允许有实际需求、经营合规且业务和技术条件成熟的支付机构参与跨境外汇支付业务试点。同时，为进一步便利跨境交易，将试点项下货物贸易单笔交易限额提高至等值 5 万美元，与服务贸易单笔交易限额持平，并将服务范围由 B2C 扩大到部分 B2B 业务。此外，还放宽了支付机构开立外汇备付金账户户数的限制。

支付机构跨境外汇支付试点业务是对传统银行支付业务的有益补充，满足了企业、个人在跨境电子商务交易过程中快捷支付的需求。试点业务的开展及扩大，弥补了传统银行支付业务留下的空白。以往只能通过银行办理的小额购物、机票、酒店、留学等跨境外汇收付及结售汇业务，目前可以通过支付机构办理。从支付时限来看，通过试点支付机构跨境电子商务支付基本可在 1 个工作日完成，快于原来通过境外支付机构所需的平均 7 个工作日，大幅缩短了业务办理时间。试点业务便利了企业及个人跨境支付结算，支持了我国跨境电子商务的快速发展和经济结构转型，有助于提升我国支付机构国际竞争力。

第三节　改革服务贸易外汇管理

服务贸易是一种跨越国界进行服务交易的商业活动，主要包括旅游、运输、信息服务等项目。服务贸易外汇管理是对服务贸易外汇收支的管理。随着近几年以资本密集、技术密集和知识密集为特征的新兴服务贸易逐渐发展壮大，金融、技术、信息通讯等服务成为服务贸易新的主体。由于服务贸易具有无形特征，外汇收支缺乏相应的货物流信息进行比对，管理主要依靠对外汇收支凭证真实性、合规性的审核。

改革开放后，我国服务贸易发展迅猛，增速远快于同期货物贸易。20世纪90年代，服务贸易外汇管理制度基本确立。针对我国外汇短缺的情况，在当时及此后很长一段时间里，服务贸易外汇管理重点防范外汇资金流出，对售付汇进行逐笔事前审核，对外汇资金流入的管理则相对宽松，境内机构申报后可直接办理入账或结汇。

新世纪以来的服务贸易外汇管理改革总体可分为两个阶段。以2013年为界，第一阶段，由于国家外汇短缺的状况已发生改变，服务贸易外汇管理调整工作思路，持续推进售付汇审核简化工作，不断提高业务办理便利程度。第二阶段，"十二五"规划提出扩大服务业开放，并明确加快发展服务业是推进经济结构调整、产业结构优化升级的重大任务，同时，外汇收支形势变化也要求对服务贸易收支实现均衡管理。鉴于此，服务贸易外汇管理实施改革，大幅简政放权，形成全新的事中事后监管体系。现行服务贸易外汇管理更加注重监测分析工作，日常工作重心向事中事后监测、分析和管理转移。

一、第一阶段（2000—2013年）：逐步放宽服务贸易售付汇管理，促进服务贸易便利化

2001年，我国加入世界贸易组织，服务贸易对外开放程度提高。为支持对外贸易快速发展，外汇管理部门持续完善服务贸易外汇管理。通过数次政策修订与完善，在规范服务贸易外汇收支管理的同时，不断简化服务贸易售付汇审核单证，扩大银行在服务贸易售付汇方面的审

核权限，为机构办理服务贸易外汇收支业务提供了极大的便利。

(一) 不断简化审核凭证，调整下放业务审批权限

为完善服务贸易售付汇管理，便利企业进行正常经营，2003年，外汇局允许银行对等值5万美元（含）以下的小额服务贸易售付汇进行审核，并明确了所需审核的单证。大额服务贸易售付汇，等值5万美元至50万美元（含）的，企业在当地外汇局进行审核即可；只有售付汇金额超过等值50万美元的，才需报国家外汇管理局审核。

2006年，外汇局进一步调整服务贸易售付汇审核权限，将银行审核权限由等值5万美元（含）以下放宽至等值10万美元（含）以下。将10万美元以上的审核权限全部下放外汇局分局，国家外汇管理局不再审核服务贸易售付汇业务。同时，再次简化服务贸易售付汇审核凭证，明确对境外机构支付等值5万美元（含）以下，对境外个人支付等值5 000美元（含）以下服务贸易项下费用的，境内机构和个人凭合同或发票，即可在银行办理购付汇手续，无需再提供税务证明。

(二) 促进跨国公司发展，给予支持性政策

经济和贸易投资全球化的发展，特别是我国加入世界贸易组织后一系列政策的放宽，为跨国公司发展提供了良好的政策土壤，跨国公司在经济发展中发挥的积极作用愈加突出。为进一步改善跨国公司经营环境，促进涉外经济发展，2003年，外汇管理部门探索并试点实施了跨国公司非贸易售付汇管理规范，允许北京、上海、深圳三地符合规定条件的跨国公司及其境内关联公司，在向境外直接汇出或支付由境外总公司或境外关联公司代垫的外籍员工工资福利津贴、向境外支付本公司分摊的专利使用费等非贸易费用时，可直接到银行办理外汇账户支付或用人民币购汇支付。之后，外汇管理部门进一步推进外汇资金集中运营管理框架下的经常项目外汇收支便利化措施，为涉外经济发展

提供更大的政策支持。

二、第二阶段（2013年至今）：实施服务贸易外汇管理改革，确立事中事后监管新体系

2013年，服务贸易外汇管理改革正式在全国推出。服务贸易外汇管理改革以转变政府职能、推进贸易便利化为出发点，对现有管理模式和管理理念进行了调整，构建起服务贸易外汇收支便利化与风险管理相结合的新型服务贸易外汇管理制度，进一步提高了外汇管理效率，降低了社会成本，满足了我国服务贸易发展的需要。

（一）改革大幅简政放权，审核工作均改由银行进行

改革后，外汇管理部门不再审批企业的服务贸易外汇收支业务，将业务审核权限全面交给银行，企业直接在银行办理，大大缩短了企业业务办理的环节。外汇管理部门对单证审核的要求也进行了简化，服务贸易外汇收支单笔等值5万美元（含）以下的，银行原则上可不审核交易单证；对于单笔等值5万美元以上仍需审核单证的业务，外汇管理部门将单证审核要求进行简化与合并，原来办理业务时需提供的主管部门核准件、备案文件以及部分商业单证，改革后绝大部分都被取消。相应地，服务贸易外汇管理法规也进行整合，此前52项法规文件被废止，办理服务贸易业务的依据更加清晰和透明，便于银行和企业理解与使用。

表2-3　　　　服务贸易外汇管理改革前后内容对比

	改革前	改革措施	改革后
法规体系	服务贸易项下有效法规52个	《服务贸易外汇管理指引》《服务贸易外汇管理指引实施细则》	废止了52项法规，由《服务贸易外汇管理指引》和《服务贸易外汇管理指引实施细则》代替

第二章 深化经常项目外汇管理自由化便利化改革

续表

	改革前	改革措施	改革后
业务权限	境内机构非贸易购付汇真实性审核行政许可（因公出国团组超1万美元、专利权许可等）	所有服务贸易收支业务均可在银行办理	取消境内机构非贸易购付汇真实性审核行政许可
审单金额	单笔付汇金额等值3万美元以上需审单	单笔收汇、付汇金额等值5万美元以上需审单	调整小额收付汇交易单证审核金额上限
管理方式	银行对付汇进行单向审核	银行对收、付汇双向审核，实现均衡管理	改变了原来重流出、轻流入的管理方式
前置要求	部分业务付汇前银行需审核相关主管部门（商务、工商、广电等）的审批手续	付汇时无需提供相关主管部门核准件或备案文件	取消对绝大部分主管部门核准、备案文件的前置审核要求
涉税凭证	付汇前需办理税务证明	单笔等值超过5万美元对外付汇仅提供税务备案表	取消税务证明，改为税务备案，涉税凭证办理时间大幅缩减

服务贸易改革在促进贸易便利化方面效果显著。改革后，企业在办理服务贸易外汇收支业务时，不再需要派专人到外汇管理部门办理行政许可，往返的人力和财务成本大大降低。抽样调查结果显示，约88%的境内机构服务贸易交易无需审单。5万美元以下小额收支办理时间由改革前的约20分钟降至5分钟左右，5万美元以上大额收支办理时间则由改革前的约30分钟降至10分钟左右。

（二）现行服务贸易事中事后监管新体系确立

改革后，服务贸易外汇管理由事前以单证审核和限额管理为重点的管理，转变为事前便利、事后监管的管理；由对逐笔交易的具体监管，转变为对外汇交易主体的综合监管；由全面监管转变为重点主体监管。外汇管理部门建立了宏观—中观—微观相互衔接的服务贸易非现场监管体系，做到宏观研判形势、中观把握结构、微观盯住违规；外汇管理人员则根据宏观形势变化，设置相应的风险监测指标，通过服务贸易外汇监测系统对风险集中度高的交易进行重点监测，发现异常微观交易主体后，对其开展有针对性的现场核查，外汇监管的有效性大大提升。

▼ 专栏3

新世纪以来我国跨境服务贸易外汇收支变迁和发展趋势

20世纪90年代前，服务贸易外汇收支以旅游、运输、劳务出口为主，呈现顺差态势。进入新世纪以来，服务贸易领域显著扩大，特别是随着服务贸易的对外开放步伐加速，我国在金融服务、保险服务、咨询服务等领域的跨国购买增加，居民生活水平的提高，带动旅游、留学支出增长迅猛。从长期数据看，尽管国际经济金融环境多次震荡，但我国服务贸易外汇收支实现稳定增长，在经常项目中的比重保持平稳，并呈现连年逆差且逆差逐年扩大的格局。

一、服务贸易外汇收支规模增长强劲，占经常项目比重保持平稳

2001年至2016年，我国服务贸易外汇收支规模从784亿美元扩大至6 610亿美元，增长7.4倍，年均增长率达15%，占经常项目外汇收支比重保持平稳，平均占比为12%。其中，服务贸易外汇收入从2001年的392亿美元增至2016年的2 084亿美元，年均增长率为12%；服务贸易外汇支出从2001年的393亿美元增至2016年的4 526亿美元，年均增长率为18%。服务贸易增长势头强劲，主要原因是在国家政策的大力支持下，我国服务贸易稳步发展，特别是加入世界贸易组织之后，服务贸易市场开放的力度和范围逐渐加大。

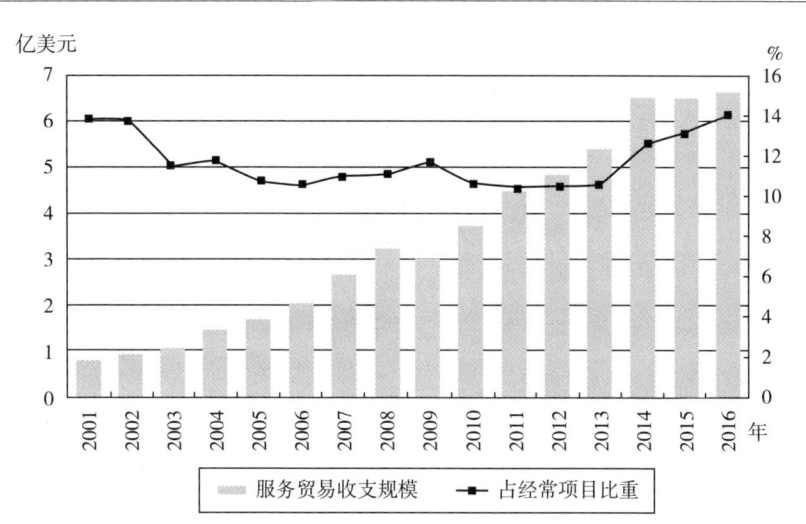

数据来源：国际收支平衡表。

专栏图 3-1　服务贸易收支规模及占经常项目比重

二、服务贸易收支规模仍具优势，但服务贸易结构趋于改善

2001年至2016年，旅行、运输服务等传统服务贸易项目的规模优势持续巩固。2016年，受"出境游"持续升温影响，旅行外汇收支规模3 055亿美元，较2001年的317亿美元增长8.6倍，占服务贸易总规模的比重为46%；运输外汇收支规模1 144亿美元，较2001年的160亿美元增长6.2倍，占服务贸易总规模的比重为17%，占比呈逐年下降态势。同时，高附加值服务贸易收支规模快速增长，2001年至2016年，电信、计算机和信息服务、知识产权使用费的年均增长率分别为26%、19%和27%，均超过服务贸易年均增长率，体现出强劲的发展潜力。

三、服务贸易外汇收支逆差持续扩大，逆差增速逐年回落

2001年至2016年，我国服务贸易大部分年份为逆差，逆差规模由1亿美元扩大至2 442亿美元，年均增速为68%。自2009年起，我国服务贸易开始连年逆差，长期逆差一方面反映了我国服务贸易国际竞争力相对较低，缺乏比较优势；另一方面也体现出我国居民收

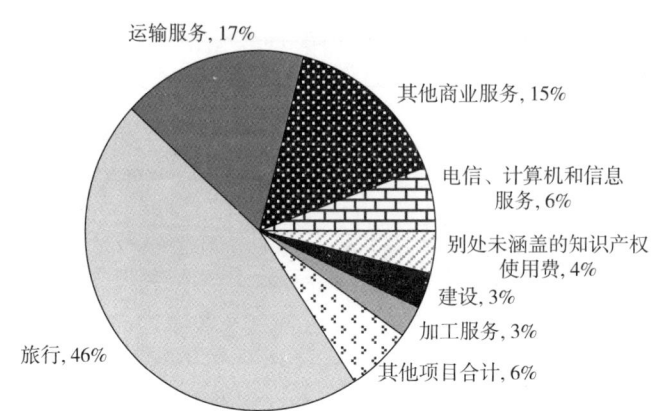

数据来源：国际收支平衡表。

专栏图3-2　2016年服务贸易收支规模结构分析

入水平提高带来的消费升级，而外汇管理推出的便利化措施，也推动了服务贸易支出增长。

四、逆差结构中旅行支出逆差贡献度始终位居首位，个人项下逆差是造成服务贸易持续逆差的主要原因

近年随着居民可支配收入和生活水平的提高，部分国家签证政策的逐步宽松，赴境外旅行、留学热潮与日俱增，旅行（包含旅游及留学等）外汇收支差额由2001年顺差39亿美元扩大至2016年逆差2 167亿美元，2016年旅行逆差占服务贸易总逆差的89%，是服务贸易逆差的最大来源。其次分别为运输服务、知识产权使用费，2016年逆差额分别为468亿美元、228亿美元。近五年来，个人项下逆差年均占服务贸易逆差的65%，成为服务贸易逆差的主要来源。与主要逆差项目相比，服务贸易主要顺差项目如加工服务，其他商业服务，电信、计算机和信息服务，其顺差规模相对较小，2016年顺差额分别为184亿美元、147亿美元和127亿美元。

第四节　推进个人外汇管理改革

个人外汇管理以个人主体为管理对象，立足于满足个人正当合理的用汇需求，涉及收付汇、结售汇、现钞和账户管理等，重点在结售汇环节。

20 世纪 90 年代，我国外汇较为短缺，为鼓励侨汇流入，允许包括境外居民在内的个人开立境内外汇账户，自由汇入并持有外汇资金。同时对个人购汇和携带外币现钞出境仍采取较为严格的监管措施。1996 年我国经常项目实现可兑换后，个人外汇业务开始区分经常项目和资本项目，个人经常项目外汇业务按照可兑换原则管理，个人资本项目外汇业务按照可兑换进程管理。到 1999 年，我国取消了因私用汇一年供汇一次的限制，同时明确了携带外汇出境监管措施。

进入新世纪，随着我国加入世界贸易组织，以及对外开放程度不断扩大，个人用汇规模逐年快速增长，我国对购汇的限制逐渐放松，个人购汇手续和凭证也不断简化。2007 年，为适应个人外汇管理形势的巨大变化，满足个人不断增长的用汇持汇需求，我国实施个人外汇管理改革，颁布《个人外汇管理办法》和《个人外汇管理办法实施细则》，建立了以个人结售汇年度便利化额度管理为核心、个人结售汇管理信息系统为支撑的个人外汇管理新体系。近几年，依托互联网发展的个人用汇形式日新月异，大数据时代下的个人外汇管理面临新的挑战，外汇管理因势而变，在丰富业务办理渠道、完善个人外汇管理政策措施、提升事中事后监管能力等方面不断创新。

一、第一阶段（2000—2007 年）：逐步放宽购汇限制性管理，提升结汇便利化程度

随着我国经济发展和对外开放程度的加深，居民个人收入不断提高，用汇需求与日俱增。为满足持续增加的用汇需求，这一阶段的个人外汇管理政策主要集中在购汇方面：一是逐年放宽个人购汇限制性额度。逐步由 2 000 美元放宽到 2 万美元。二是逐渐扩大允许购汇的范围。对于境外留学、境外邮购、境外直系亲属救助等供汇逐步放宽或取消限制，拓宽购汇业务项目范围。三是推进简化购汇手续。逐步减少外汇局审批手续，简化审批单证。2006 年外汇局提出个人购汇年度总额概念，年度总额内购汇的手续大大简化，凭本人真实身份证明并向银行申报用途后即可购买。

表 2-4   2000—2007 年个人购汇改革一览表

时间	改革措施	备注
2001 年	留学供汇范围由出国（境）攻读正规大学本科以上扩大到预科以上（含预科）；取消了仅供第一学年学费和生活费的限制，对整个留学期间的学费和生活费予以全部供汇	留学人员可直接到授权银行办理购汇的金额从 2 000 美元提高到 2 万美元
2002 年	居民个人购汇种类统一为 16 类，实行统一的限额管理；简化部分购汇项目的审核凭证，并解决了居民个人异地购汇问题	大多数项目限额为 2 000 美元；自费出国（境）留学的限额为 2 万美元；境外邮购、境外直系亲属救助和赴港澳地区及"其他"项目的限额为 1 000 美元
2003 年	提高居民个人经常项目下的购汇限额；自费出国（境）学习人员的供汇范围由原来的大学预科以上人员扩大到所有自费出国（境）学习人员	出境前购汇指导性限额由原来等值 2 000 美元提升为：出境时间半年以内的每人每次购汇等值 3 000 美元，半年（含）以上的每人每次购汇等值 5 000 美元，没有实际出境行为的用汇限额为等值 3 000 美元

第二章　深化经常项目外汇管理自由化便利化改革

续表

时间	改革措施	备注
2005 年	进一步提高境内居民个人经常项目下因私购汇指导性限额； 大幅度简化境内居民个人的购汇凭证，特别是自费留学项下购汇凭证； 允许境内居民个人购汇偿还持境内外币卡在境外进行经常项目下消费所形成的透支款，且购汇金额无数量限制	出境时间半年以内的及出境时间半年以上的购汇限额由原来的等值 3 000 美元和等值 5 000 美元分别提高至等值 5 000 美元和等值 8 000 美元； 自费留学人员购汇时预交人民币保证金降低至每笔 2 000 元
2006 年	提出个人购汇年度总额概念。年度总额内购汇的手续大大简化，凭本人真实身份证明并向银行申报用途后即可购汇，超过额度的可凭用汇需求证明材料按需购汇	对境内个人购汇实行 2 万美元年度总额管理政策

同时，随着境内居民个人对外交流日益增加，居民个人合法外汇收入也呈增长态势，我国对个人结汇也采取便利化措施。2004 年，外汇局明确居民个人一次性结汇金额在等值 1 万美元（含）以下的，凭真实身份证明直接到银行办理，一次性结汇金额在等值 1 万美元以上、5 万美元以下的，由银行审核有关收入合法性的证明材料后予以办理，一次性结汇金额在等值 5 万美元以上的，经外汇局审核真实性后到银行办理。

二、第二阶段（2007 年至今）：以结售汇便利化额度为基础的个人外汇管理

随着对外开放和个人对外交往程度不断提升，外汇管理部门率先在个人外汇管理方面推出改革，建立了以结售汇便利化额度为核心的现行个人外汇管理体系，实现了个人外汇业务的均衡管理。之后外汇管理部门不断优化完善个人外汇管理方式方法，通过多种途径和手段便利个人办理外汇业务，充分满足了个人合理用汇需求。

（一）在真实性的基础上，满足和便利个人用汇

2007年，我国正式实行个人外汇管理改革，全面、系统地规范了个人外汇收支、结售汇、外汇账户及个人外汇业务等各个环节。个人外汇管理坚持真实性审核原则，以结售汇年度便利化额度为核心，从多方面满足和便利个人用汇。

实行个人结售汇年度便利化额度管理。结汇和购汇的年度总额统一规定为等值5万美元。在便利化年度总额之内的境内个人用汇，经常项目用汇仅凭身份证件即可办理；便利化额度之外，个人在提供相关证明材料，证明用汇真实、合法后，可在银行直接办理，不必提交外汇局审核。

▼ 专栏4

个人结售汇年度便利化额度基本满足居民合理用汇需求

进入新世纪后，我国居民生活水平日益提高，个人用汇规模快速增长，用汇方式愈加多元，个人外汇管理也随之不断简化手续和凭证，自2007年起实行等值5万美元的个人结售汇年度便利化额度管理政策，惠及国人双向用汇和境外来华人员结汇，基本满足了个人主体合理用汇需求。

一、实施年度便利化额度的背景

根据经常项目可兑换原则和我国资本项目开放的实际，个人有关留学、旅游等经常项目用汇需求和购买B股等法律允许的资本项目用汇需求，只要能够证明真实性的，均可以办理用汇手续。但在实际操作中，与针对企业机构的管理不同，如果每一笔结汇或购汇都需个人提供证明材料，会造成诸多不便。

为适应我国个人对外经济交往的实际需要，支持个人合理依法持有与使用外汇，便利银行和个人操作，外汇局将境内个人年度购汇总额由以前的2万美元提高到5万美元，更好地满足境内个人的用汇需求。与此同时，对境内个人和境外个人结汇也实行5万美元年度总额管理，改变了过去"宽进严出"的管理模式，体现了资金流出入均衡管理的原则。

二、年度便利化额度的确定

个人结汇和购汇年度便利化额度的水平，由国家金融安全和大众实际需要两方面因素综合确定，并保持相对稳定。在考虑国家金融安全因素时，我国的金融发展水平、外汇储备规模、国际金融形势等都在考虑范围之内；而大众实需则主要是考虑老百姓的平均用汇水平，对于少数群体大额异常的用汇需求，则不在也不应当在考虑范围之内。年度便利化额度不能太低，太低不能满足大众实需；也不能太高，太高会冲击和削弱宏观金融和外汇管理的效果，有可能成为大额资金跨境流动的渠道。当前个人结售汇年度5万美元的额度，与当前社会经济发展水平相适应，既能满足大部分个人的需求，也能满足抵御金融风险的要求。

三、便利化额度政策的管理思路

等值5万美元的年度便利化额度以内的个人结售汇业务，凭有效身份证件直接在银行办理；超过年度便利化额度的，经常项目项下凭有效身份证件及有交易额的真实性证明材料在银行办理，无需外汇局事前审核。以境外留学费用为例，个人可凭入学通知和注明学费标准的材料办理。

四、政策便利了绝大多数主体用汇

从数据来看，等值5万美元的个人结售汇年度便利化额度是适合的，满足了绝大多数个人的用汇需求。2010年以来，超过年度额度

> 办理结汇和购汇业务的个人在全部用汇个人中的占比基本稳定在1‰~3‰。2016年全国超过99.7%的个人购汇金额在年度5万美元以内,且近两年全国个人人均购汇金额稳中有降,显示年度5万美元的便利化购汇额度能够满足绝大多数个人的用汇需求。

多种方式满足个人合理用汇。针对不同的用汇方式,采取有针对性的差异化管理措施,支持银行卡、支付机构账户等多种方式满足用汇需求,为个人提供便利。以银行卡为例,当个人在境外使用银行卡时,中国银联及发卡行按照要求对接受刷卡的境外商户类型进行技术筛选,将商户类别码分为完全禁止类、金额限制类和完全开放类,凡属于已实现可兑换的合法项目,持卡个人均可以在境外刷卡消费,还款时直接以人民币偿还,发卡行自动购汇还款,不占用个人结售汇年度便利化额度。

便利个人多渠道办理外汇业务。随着我国金融服务水平的不断提高和互联网技术的不断进步,社会大众已经不满足于到银行柜台办理个人外汇业务的传统方式。近年来,个人外汇管理大幅推进电子银行渠道建设,方便个人通过网上银行、手机银行和自助终端等非柜台渠道进行结售汇操作。目前,电子银行渠道的结售汇已占个人结售汇总额的七成以上,大大减少了个人往返银行的成本及排队等待时间。

(二)实施事中事后管理,规范个人外汇业务

与过去事前限额监管不同,现行个人外汇管理主要通过事中事后监测核查实施管理。

强化升级系统应用,提升监测核查能力。2007年,外汇局在2002年"境内居民个人购汇管理信息系统"的基础上,升级启用了"个人结售汇管理信息系统",为实行个人结售汇年度便利化额度管理提供了

技术保障。个人结售汇管理信息系统能够对个人结售汇数据实时采集，对结售汇业务明细数据进行查询，并对经常项下异常结汇和购汇进行重点核查，以提高银行办理业务的合规性和数据报送的准确性。同时，该系统具有对个人结售汇数据进行统计分析的功能，可将宏观形势分析与微观主体监管紧密结合起来，及时筛查、发现异常交易及主体，实现精准打击。

2016年，在对"个人结售汇管理信息系统"进一步升级完善的基础上，"个人外汇业务监测系统"建成上线，新的系统实现了个人项下外汇收支、结售汇、现钞存取等数据的全口径采集，强化了非现场监测分析，开启了以个人主体为核心的全面监测和联动管理。

实施个人主体分类，加强重点监管。针对部分企业和个人借用他人额度，通过"化整为零"分拆方式违规实现资金跨境流动的现象，2009年和2011年，外汇管理部门相继出台政策，进一步规范和明确业务办理要求，遏制个人分拆结售汇行为，建立银行端个人分拆结售汇"关注名单"筛查管理。自2016年起，外汇管理部门对个人分拆结售汇行为进行统一筛查，将分拆结售汇和异常大额收付汇、存提钞等规避额度及真实性管理的个人列入"关注名单"管理，取消其在关注期内的便利化额度，增加审核单证要求。而对于多数守法合规个人，外汇管理给予便利化额度，满足个人用汇需求。这种便利化与风险管理有机结合的管理方式，有效引导了个人合规办理外汇业务，震慑了违法违规个人。

充分依托银行，加强监管互动。个人结售汇年度便利化额度管理政策实施后，外汇管理部门逐渐将单证审核权力下放至银行，把银行挺在外汇管理的第一线。外汇管理部门通过日常监测和定期核查，加强与银行的沟通和政策传导；在保证报送数据质量的基础上，强化对银行办理业务合规性的把控，引导银行重视风险管控；通过银行考核、约谈或情况通报等方式对违规办理个人业务的银行进行处罚，督促银行严格按照展业原则对交易的真实性与合理性进行尽职审查。

(三) 改进和加强个人外汇管理,严厉打击违法违规行为

改进个人外汇信息申报管理。随着我国对外开放程度不断提高,个人用汇明显增多。为提升国际收支统计质量、满足经济金融分析的需要,同时加强与国际组织在反洗钱及反恐融资等方面的合作,进一步增强金融交易透明度,从2017年1月1日起,外汇局对个人购汇申报管理进行完善。个人办理购汇业务时应认真阅读并如实、完整申报,作出承担相应法律责任的承诺。虚假申报、骗汇、欺诈、违规使用和非法转移外汇资金等违法违规行为,将被列入"关注名单",依法纳入个人信用记录、予以行政处罚、进行反洗钱调查、移送司法机关处理等。

加强现钞管理。实践中,我国外币现钞存取执行单日额度,外币现钞携带实行携带证和申报管理制度。目前,个人单日在银行存入等值5 000美元以上外币现钞需提供来源证明(携钞入境申报单或原银行提钞证明),提钞等值1万美元以上需经外汇局核准。个人购汇提钞和现钞结汇也参照上述标准办理。此外,个人还可通过特许兑换公司每天购买5 000美元现钞。在携带现钞方面,个人携带外币现钞入境实行申报制,出境实行携带证管理制度。携带等值5 000美元以上的外币现钞入境均需申报,出境需出示携带证,其中5 000美元至1万美元的携带证由银行开立,1万美元以上的携带证由外汇局开立。

第三章
稳步有序推进资本项目可兑换

新世纪以来，按照党中央、国务院关于推进资本项目可兑换的统一部署和要求，外汇管理部门不断深化外汇管理体制改革，推动资本市场双向开放，有序提高跨境资本和金融交易可兑换程度，建立健全宏观审慎管理框架下的外债和资本流动管理体系，稳妥有序推进人民币资本项目可兑换，大力提升外汇管理服务实体经济能力。随着资本项目可兑换的稳步推进，我国市场主体的交易自由度有序提升，资本项目交易主体已在我国乃至全世界经济中成为一股重要力量。数十万家外商投资企业和超过万家以上的境外企业对于全球跨境直接投资的贡献举世瞩目；来自数十个国家或地区的数百家合格境外机构投资者（QFII）和人民币合格境外机构投资者（RQFII）境内证券投资额度合计达到2 000亿美元，100家合格境内机构投资者（QDII）境外证券投资额度达到近900亿美元，近200家境内企业通过境外上市募集资金超过2 500亿美元，沪港通、深港通、债券通以及基金互认等新型资本市场双向开放机制方兴未艾；我国外债规模余额增加到超过1.4万亿美元，成为国际资本市场重要的融资方。

外汇管理体制改革与创新

第一节　新世纪以来资本项目可兑换历程

通常所说的资本项目实际上是国际收支平衡表中用来记录国际资本流动的"金融和资本账户",反映跨境资本的输入和输出,也就是一国同其他国家或地区的金融资产交易,表现为一国对外金融资产和负债的变动。资本项目包括资本账户和金融账户。其中,资本账户包括居民与非居民之间的应收和应付资本转移以及居民与非居民之间非金融非生产金融资产的取得和处置;金融账户记录涉及金融资产与负债以及发生于居民与非居民之间的交易。

一、资本项目可兑换

与《国际货币基金组织协定》对"经常项目可兑换"有明确定义不同,对于资本项目可兑换,国际上迄今尚无严格、标准的定义。中国人民银行行长周小川在《人民币资本项目可兑换的前景和路径》一文中指出,"IMF 没有关于资本项目可兑换的明确定义,也未当裁判员,各国就有自由裁量、自主选择的空间"。一般而言,资本项目可兑换是指取消对跨境资本交易(包括转移支付)和汇兑活动的限制。因此,资本项目可兑换是一项系统工程,不仅涉及与资金流动、货币兑换直接相关的金融、外汇部门,还涉及与资本交易、资本市场直接相关的其他经济管理部门。具体来讲,资本项目可兑换的内涵可从以下几方面把握。

(一) 资本项目可兑换不可简单套用经常项目可兑换的定义方法

除了管理的交易对象不同外,资本项目可兑换与经常项目可兑换还有两个重要区别：首先，资本项目可兑换既包括取消对资本项目交易行为的限制，也包括取消对资本项目汇兑行为的限制，而经常项目可兑换只要求取消汇兑限制。其次，经常项目可兑换只要求取消对经常性国际支付和转移的限制，而不管对内支付和转移，但资本项目可兑换应包括取消对外和对内支付和转移的限制。

（二）资本项目可兑换过程具有国别差异性

由于基本国情和历史因素的差异，各国资本项目可兑换的路径选择和进程是多样的。部分拉美国家资本项目可兑换进程较快，如智利在1977—1981年间，迅速放开资本项目。相比之下，以韩国、新加坡为代表的新兴市场经济国家和部分发达国家的金融自由化进程则显得较为渐进。德国在1958年即开始了资本账户自由化进程，但直到1981年才完全取消管制；日本、澳大利亚、法国和意大利等国的资本项目开放进程也大多持续了10年以上。从已有的改革经验、当前的国情基础以及未来的发展目标看，我国应坚持渐进式的改革道路。

（三）资本项目可兑换是相对的

综观世界各国的资本项目交易和汇兑安排，既没有绝对的开放和自由，也没有绝对的管制，即使那些已经实现资本项目可兑换的国家，仍维持了对部分资本项目交易的管制。据统计，70%以上的国际货币基金组织成员对直接投资、不动产交易和资本市场证券交易都有不同程度的限制。例如，美国是公认资本项目自由化程度较高的国家，但其仍存在一些限制条款，如对非居民购买证券存在行业限制、对居民对外直接投资存在国别限制等。

（四）资本项目可兑换与审慎监管之间并不矛盾

国际资本市场一体化趋势日益加强，增加了发展中国家资本账户开放过程中的风险，为防止国家经济特别是金融部门受到资本急剧流动的冲击，需要保留或建立风险比例管理要求、信息披露要求等审慎性管理措施，这些措施并不影响一国货币的可兑换。事实上，美国、欧洲等发达国家都具有一套较为完整的审慎性监管体系。

需要强调的是，资本项目可兑换的基础是合法的国际收支交易。因此，基于洗钱、避税、恐怖融资等目的而进行的非法国际收支交易或者汇兑行为，依然会被禁止。

二、新世纪以来推进资本项目可兑换的必要性

资本项目可兑换作为我国对外开放一项重要的政策措施，可以起到"以点带面"的作用，对于促进新一轮改革和开放意义重大。

（一）资本项目可兑换有助于打造中国经济升级版

人民币资本项目可兑换是我国对外开放的一项重要政策措施，也是我国经济转型升级的重要组成部分。推进资本项目可兑换，有利于完善社会主义市场经济体制，更大程度、更广范围发挥市场在资源配置中的基础性作用，更好满足市场主体对外投融资的需求，全面提高开放型经济水平；有利于进一步深化改革，促进经济发展方式转变和经济结构调整，破除国际收支平衡的体制机制障碍，实现经济内外平衡、协调、可持续发展，提高国家创新能力和国际竞争力。

（二）资本项目可兑换有利于增强我国在国际大宗商品定价中的主动权

目前，我国钢、煤、水泥、化肥、棉布等百余种工业产品产量位居世界第一，既是主要工业制成品的重要供应国，也是原油、铁矿石等重要原材料及能源的主要需求国。推进资本项目可兑换，允许更多国内外经济主体参与国内大宗商品的人民币计价和交易，有利于加快在国内

形成具有较强国际影响力的原油、铁矿石、煤炭等大宗商品市场,推动国内现货和期货市场做大做强,逐步提升我国在国际商品市场上的定价权,避免受制于人,增强可持续发展的后劲。

(三)资本项目可兑换有利于增强我国金融业整体抗风险能力

目前,我国商业银行仍偏重于传统存贷业务,中间业务比重和产品创新相对不足。推进资本项目可兑换,有助于打通国内外金融市场,引入国际金融市场的竞争机制以及先进的金融理念,促进各类金融机构公平有序竞争,推动金融机构加快金融创新步伐、丰富金融产品种类、提高金融服务水平,不断满足国内企业和个人日益增长的金融服务需求,加快推进多层次的现代金融市场体系建设,实现实体经济与金融经济的协调发展。

(四)资本项目可兑换有利于提升人民币的国际地位

美国、欧洲等发达经济体的资本项目可兑换,从根本上解决了其境外美元或欧元通过贸易投资渠道回流的制度障碍,奠定了其国际主要货币的地位。推进资本项目可兑换,有利于增强人民币在交换媒介、计价单位、价值贮藏等方面的吸引力,提振境外经济主体持有和使用人民币的信心和积极性,增加人民币在国际金融市场、贸易投资计价结算中的使用比重,提升人民币的国际形象和地位。

当然,资本项目可兑换也存在着一定的风险。宏观上,主要是随着国内外资本市场的联系日益密切,跨境资本流动的波动性加剧,可能出现资本外逃或短期资本大量流入,一定条件下可能对国内经济金融稳定带来冲击。微观上,国内银行和企业等机构可能在外债方面由于币种或期限不匹配出现偿付风险。

三、推进资本项目可兑换的思路与举措

周小川行长明确指出"我国推进人民币资本项目可兑换的工作，是从 1993 年党的十四届三中全会首次提出要'实现人民币可兑换'开始的"。① 与建立社会主义市场经济体制相适应，党的十四届三中全会首次明确提出"逐步使人民币成为可兑换的货币"。1996 年 12 月，我国正式宣布接受《国际货币基金组织协定》第八条款义务，实现人民币经常项目可兑换。当时基于国际经验，多数国家实现经常项目可兑换以后，经过一段时间便逐步实现资本项目可兑换。为此，我国也开始研究推进人民币资本项目可兑换问题。但 1997 年亚洲金融危机爆发，国际货币基金组织等国际组织对资本项目可兑换进行了重新反思，加之我国经济金融形势比较严峻，人民币资本项目可兑换被暂时搁置。

总体来看，新世纪初始，人民币资本项目的可兑换程度不高，行政管理色彩浓厚，大部分资本项目交易都需要事前审批。具体表现为：除国务院另有规定外，资本项目外汇收入均需调回境内；境内机构（包括外商投资企业）的资本项目下外汇收入均应在外汇指定银行开立外汇专用账户，经外汇管理部门批准后才能结汇；资本项目下的购汇和对外支付，均需经外汇管理部门核准后方可在银行办理购付汇。

2000 年以来，根据我国经济发展和对外开放的客观需要，人民币资本项目可兑换总体按照"先流入后流出、先长期后短期、先直接后间接、先机构后个人"的思路稳步推进。具体来看，资本项目管理以有序稳步放松资本项目交易限制、引入和培育资本市场工具为主线，在风险可控的前提下，依照循序渐进、统筹规划、先易后难、留有余地的原则，分阶段、有选择地逐步推进资本项目可兑换，促进国民经济全

---

① 资料来源：周小川在 2011 年人民银行第 70 次学术讲座上的讲话。

第三章　稳步有序推进资本项目可兑换

面、协调、可持续发展。具体分为以下两个阶段：

第一阶段（2001—2008年）：人民币资本项目可兑换全面推进。这一阶段，资本项目可兑换呈现全方位开放和双向均衡推进的特点。

稳步推进资本项目全面开放。开放重点从过去的直接投资领域逐步扩展至对外债权债务、证券投资等众多领域。例如，在其他投资领域，建立了以登记为主的外债管理制度；在证券投资领域，先后推出了合格境外机构投资者制度（QFII）和合格境内机构投资者制度（QDII），大大提升了资本市场开放程度。

加快外汇管理从"宽进严出"向均衡管理转变。加强资本流入监测与管理，更加注重拓宽资本流出渠道，促进国际收支基本平衡。例如，在直接投资领域，大力支持境内企业"走出去"，取消境外投资购汇额度限制，允许前期费用汇出，鼓励境内母公司或银行为境外投资企业提供融资支持；加强外商投资企业外汇资本金结汇使用管理，规范跨境并购行为；在证券投资领域，有序拓宽对外金融投资渠道，推出合格境内机构投资者制度，支持社保基金、银行、证券、保险等各类机构对外证券投资；在资本转移领域，允许个人移民合法拥有和非居民合法继承的境内财产购汇汇出。

总体来看，与加入世界贸易组织之前相比，有关对外直接投资、资本市场开放、个人财产转移等方面的管制有较大程度放松。由于资本项目可兑换是有序推进的，这期间我国推进资本项目可兑换兼顾便利化与防风险，对资金大进大出渠道有所限制，例如在跨境证券投资、个人借贷、衍生交易、对外短期借款等方面保持较为严格的管制。这对防止资金大进大出，维护经济金融安全发挥了重要作用。

第二阶段（2009—2016年）：人民币资本项目可兑换程度大幅提升。2008年爆发的国际金融危机给世界经济格局和国际金融体系带来深刻变化，对我国经济发展方式和金融体制改革提出了更高的要求。资本项目可兑换作为中国金融改革的一个重大制度变革，对于维护和促进国际收支平衡，推进利率和汇率形成机制市场化，推动国内金融市场向纵深发展，进而促进中国由经济大国走向经济金融强国具有重要的战略意义。这一阶段，人民币资本项目可兑换随着外汇管理改革的深入推进驶入快车道，呈现"放""管"结合，"破""立"并举的特点。

一方面，放松管制、简政放权，大幅度减少对跨境资本和金融交易的汇兑限制，有序拓宽资金跨境流动渠道。这一时期，直接投资、外债、跨境担保等领域的行政审批大幅削减或取消，额度管理逐渐减少，以登记为核心的新的外汇管理框架基本建立；证券市场开放进一步深化，人民币合格境外机构投资者制度（RQFII）顺应人民币国际化需要及时推出，资本项目可兑换程度大幅提升。

另一方面，积极探索新的事中事后监管手段，建立健全宏观审慎管理框架下的外债和跨境资本流动管理体系。为满足市场主体不断增长的贸易和投资便利化需求，充分发挥市场在外汇资源配置中的决定性作用，外汇局在全面开放经济框架下重新审视外汇管理工作，2009年明确提出新时期深化外汇管理改革要实现外汇管理理念与方式的"五个转变"，逐渐将管理重点由事前审批转向事中事后监管，并引入负面清单管理模式，进一步满足和便利境内企业经营与资金运作需要，促进跨境投融资便利化。

四、人民币资本项目可兑换程度显著提升

自1996年起，国际货币基金组织开始按照经合组织关于资本交易的分类框架，来描述各国汇兑安排与汇兑限制中的资本项目交易管制状况。主要包括对资本和货币市场工具的管制、对衍生工具和其他交易工具的管制、对信贷业务的管制、对直接投资的管制、对直接投资清盘的管制、对不动产交易的管制、对个人资本流动的管制等。按照上述分

类方法,并结合我国资本项目外汇管理现状,可将资本和金融交易项目分为七大类40项。

经过新世纪以来持续深入的改革,人民币资本项目可兑换已经取得显著成效。外汇局按照可兑换、基本可兑换、部分可兑换和不可兑换四类进行评估的相关结果表明:截至2016年末,在40项资本和金融项目交易中,我国实现可兑换、基本可兑换、部分可兑换的项目共计37项,占全部交易项目的92.5%。其中,直接投资外汇管理已实现基本可兑换,跨境证券投资渠道不断拓展,外债管理基本建立起宏观审慎管理的政策框架。目前,资本项目开放度较小部分主要集中在衍生工具交易以及个人资本交易两大方面。

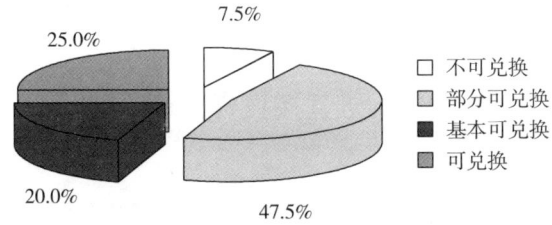

图3-1 人民币资本项目可兑换程度

从新世纪以来人民币资本项目可兑换的历程看,作为转轨中的新兴市场国家,我国资本项目很难实现百分之百的自由可兑换。周小川行长在《人民币资本项目可兑换的前景和路径》一文中指出:"在确定(人民币资本项目可兑换)目标的过程中,我想有三个原则需要予以明确。一是有必要对私人和公共对外债务试行宏观审慎管理,防止出现大的货币错配;二是有必要对金融跨境交易进行必要的监控;三是有必要对短期投机性跨境资本流动进行适当的管理。"经过新世纪以来十七年的改革,人民币资本项目可兑换稳妥有序推进,就像周小川行长预期的那样,"人民币距离实现可自由兑换的目标并没有那么遥远"。

第二节 直接投资实现基本可兑换

按照国际货币基金组织的定义，直接投资指一经济体的居民对另一经济体的居民企业实施了管理上的控制或重要影响。按照投资方向划分，分为外商直接投资和对外直接投资。外商直接投资是指外国投资者（包括境外机构和个人）通过新设、并购等方式在境内设立外商投资企业或项目，并取得所有权、经营管理权等权益的行为。对外直接投资是指境内机构通过新设（独资、合资、合作）、并购、参股等方式在境外设立或取得既有企业或项目所有权、控制权或经营管理权等权益的行为。

一、新世纪以来我国推进直接投资改革的时代背景

1978年以来，我国推行改革开放政策，由于我国外汇资源较为短缺，利用外资成为促进我国经济发展的重要手段。至新世纪初的20多年间，我国利用外资构成发生了重大改变：1979年至1991年间，我国以借用外债为主，外商直接投资比例不到一半，但处于上升势头；从1992年开始，外商直接投资比重开始超过对外借款，逐渐成为我国利用外资的主要形式。

2000年以前，资本项目外汇管理政策的制定基本上是围绕"宽进严出"展开的，直接投资外汇管理也以鼓励流入、限制流出为导向，着重在吸收和利用外资方面放松管制，而对资金流出严加监管；在管理模式上，行政审批色彩较浓。

2000年以来，随着生产技术进步和经济全球化发展，世界经济结构与国际资本流动发生了深刻变化，投资贸易的便利化趋势加快。同样，规模日益庞大而且影响日益重要的跨境直接投资成为我国经济发

展的一个显著特点,也在积极影响我国的国际收支。一方面,外商直接投资稳步增长。国际收支平衡表显示,2002 年到 2015 年,外商直接投资流入增加 2 004 亿美元,增长 4.06 倍。另一方面,对外直接投资也呈现快速增加态势。2002 年到 2015 年,对外直接投资流出增加 1 853 亿美元,增长 74.12 倍。

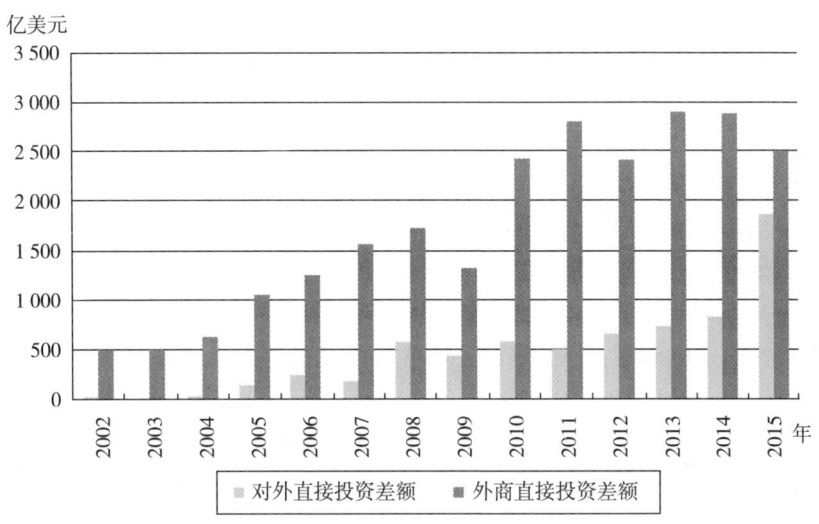

数据来源:国家外汇管理局。

图 3－2　外商直接投资和对外直接投资数据

同时,随着我国加速融入经济全球化,外商直接投资等资本项下资金流入逐年增长,资本项下开始出现持续大额顺差。此时,摆在监管者面前的,不再是一味地吸引外资,而是如何利用国内国际两个市场、实现资源的合理配置。为此,资本项目管理的重心开始转向鼓励资金有序流出和防止投机性资金流入,以促进国际收支基本平衡。面对国际国内经济金融形势以及跨境资金流动对经济金融安全提出的新挑战,外汇局不断丰富实践、总结经验、放管结合,以促进贸易投资便利化为突破口,不断深化改革,积极构建"引进来"和"走出去"均衡管理的外汇政策体系,稳步推动跨境资本和金融交易开放,有序提高人民币资本项目可兑换和便利化程度，直接投资外汇管理率先实现了基本可兑换。

二、推进直接投资外汇管理改革的思路与举措

直接投资可兑换的重点和落脚点是提升直接投资外汇管理效率，促进贸易投资便利化。为此，直接投资外汇管理改革不断简化和优化管理流程，构建以登记为核心的直接投资外汇管理框架，以最终实现直接投资可兑换。同时，面对持续加大的国际收支平衡压力，直接投资外汇管理积极构建"引进来"和"走出去"均衡管理的外汇政策支持体系，完善直接投资项下资金流出入和汇兑管理，进一步提升跨境直接投资便利化程度。

（一）不断深化外商直接投资外汇管理改革

随着外汇管理体制改革的不断深化和国际收支形势的发展变化，外商直接投资（FDI）外汇管理制度逐步建立并不断完善。FDI项下实际汇兑管制程度在整个资本项目外汇管理中相对较低，但由于政策主体框架成形于亚洲金融危机发生前后，整体上仍留有较为浓重的危机管理特征，体现为减缓资金流动性的政策意图较明显，在资金跨境出入方面设置的管理环节较多、管理链条较长。外商直接投资的各个主要环节（登记、账户开立、资金划转、汇兑等）几乎都需要企业事先到外汇局逐笔办理登记或审批，导致外汇管理的社会成本较高。这一管理框架在此后维持了较长时间，直至2012年，外汇局虽然曾多次出台FDI项下简政放权政策，但由于原有管理框架没有根本性改变，以下放审批权限为主的改革方式无法根本解决管理环节过多、管理成本过高的问题。

2000—2008年，建立完善FDI外汇管理框架。我国现行的外商直接投资外汇管理框架建立于1994年汇率并轨及1996年外商投资企业纳入银行结售汇体系之后。当时FDI外汇管理主要着眼于以下三个目标：

一是确保外国投资者在境内投资的真实性、合规性；二是优化境内投资环境，促进外资的有效利用；三是从外汇管理角度提高外资统计的准确性和及时性，防范与化解相应的金融风险，促进国际收支平衡。相应地，FDI外汇管理的主要内容包括：外商投资企业外汇登记，资本金账户及外国投资者专用外汇账户等FDI项下各类外汇账户管理，外商投资企业验资询证和外资外汇登记制度，境内原币划转、外汇资金结汇、境内再投资、对外购付汇等FDI项下的核准业务，外商投资企业联合年检，等等。此外，2008年进一步强化了资本金支付结汇制度，要求外商投资企业在办理资本金时提交上一笔结汇资金支付的发票等凭证。

2009—2013年，构建以登记为核心的FDI外汇管理框架。2008年直接投资外汇业务信息系统全国推广，大大提升了直接投资外汇管理的工作效率、服务水平以及统计、监测和分析预警能力，为后期直接投资外汇管理改革的深化奠定了坚实的基础。经过多年的准备，2012年底，外汇局发布了《关于进一步改进和调整直接投资外汇管理政策的通知》，进一步改进和调整直接投资外汇管理，对既有政策进行了重大调整，旨在建立与扩大开放相适应、管理效率更高且社会成本较低的FDI外汇管理模式。

新的管理框架以FDI基本信息登记和外国投资者权益确认登记为核心。通过登记设定外商投资企业外汇资金流入限额以及相应的结汇条件，全部取消企业后续开户、资金汇入、结汇、资金划转、购汇、汇出等审批事项，由银行查询外汇局相关业务系统中的登记信息后直接为企业办理，银行办理业务后再通过外汇局相关业务系统反馈相关跨境资金流动和汇兑信息，外汇局借此开展统计监测和事后监管工作。此次改革中，外汇局共取消了35项行政审核，简化合并了14项行政审核，直接投资项下行政审批事项大幅减少。

2013年，外汇局进一步简化并整合了外商直接投资所涉及的外汇登记、账户开立与使用、资金收付及结售汇等环节的外汇管理政策。至此，我国 FDI 外汇管理以登记为主的政策框架基本形成。

2014—2016 年，进一步简化 FDI 外汇管理。2013 年中国（上海）自由贸易试验区的设立，标志着中国主动实施新一轮高水平对外开放。《中国（上海）自由贸易试验区总体方案》明确了自由贸易试验区的五项主要任务和措施，提出在风险可控的前提下，可在试验区内对人民币资本项目可兑换等方面创造条件进行先行先试。为落实十八届三中全会关于构建开放型经济新体制的总体部署，深化金融改革，扩大对外开放，外汇局在上海自贸区开展了包括"下放直接投资外汇登记业务至银行办理"等在内的一系列改革试点。

2015 年 6 月，在总结改革试点经验的基础上，外汇局进一步推进 FDI 外汇管理改革，并将资本金意愿结汇政策在全国推广。具体措施包括：取消境内直接投资项下外汇登记核准，改由银行按照相关外汇管理规定直接审核办理；简化 FDI 项下外国投资者出资确认登记管理，取消 FDI 项下外国投资者非货币出资以及收购中方股权出资确认登记，并将外国投资者货币出资确认登记调整为货币出资入账登记；外商直接投资外汇资本金实行完全意愿结汇管理。至此，FDI 验资询证制度完成历史使命。取消 FDI 外汇年检，改为实行 FDI 存量权益登记，同时放宽登记时间和登记渠道，进一步便利企业权益申报。

上述新政实施后，外商直接投资外汇管理实现了基本可兑换。从宏观层面看，新政的实施有利于降低社会成本，进一步促进直接投资便利化，切实服务涉外经济发展。从微观市场主体角度看，上述政策受到银行和企业的普遍欢迎。银行通过为企业提供包括外汇登记、账户开立和资金汇兑在内的全流程服务，可以吸引和维持优质客户，有利于自身业务发展和服务水平提升。企业缩短了直接投资登记的办理流程，简化了业务管理环节，降低了往返外汇局与银行之间的"脚底成本"。改革后，外商投资企业外汇登记业务、外国投资者出资确认登记业务平均耗时较改革前分别减少 16.7% 和 66.7%。

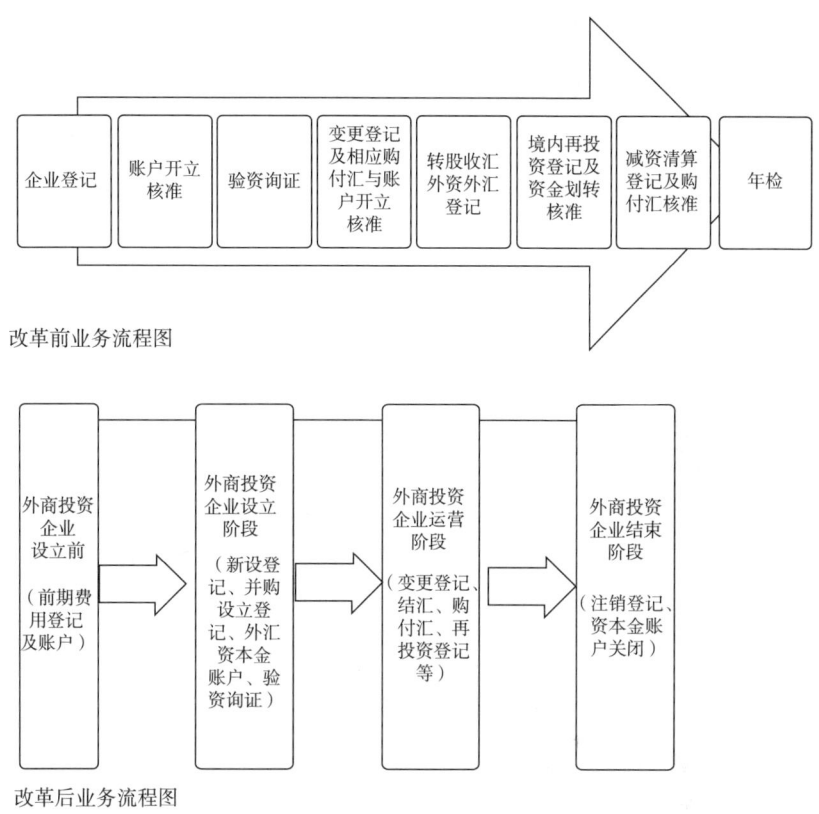

图3-3 改革前后外商直接投资业务流程

（二）持续推进对外直接投资（ODI）项下简政放权

2001—2009年，试点对外直接投资管理改革。2002年，外汇局落实国务院行政审批制度改革要求，取消了境外投资外汇风险审查、境外投资汇回利润保证金制度，实行区域额度管理。2004年，允许符合条件的跨国公司境内成员公司向境外成员公司放款，集合或调剂区域、全球外汇资金，优化外汇资源配置。2005年，对外直接投资外汇管理改革试点全国推广，对外直接投资购汇总额由33亿美元提高到50亿美元。此后，外汇局又进一步扩大企业境外投资外汇来源，取消购汇额度限制，允许前期费用先行汇出。

2009—2015年，确立以登记为核心的ODI及境外放款管理框架。

外汇管理体制改革与创新

2009年，外汇局提出外汇管理理念和方式"五个转变"后，我国外汇管理改革步伐开始提速。同年7月，外汇局在整合和巩固前期改革成果的基础上，结合直接投资外汇管理信息系统的上线运行，对对外直接投资外汇管理方式和程序进行了简化和规范，初步建立起以登记为核心的对外直接投资外汇管理框架。主要内容包括：简化审核程序，取消对外直接投资资金汇出核准；扩大对外直接投资的外汇资金来源，境内机构可使用符合规定的国内外汇贷款、人民币购汇等多种资金来源进行对外直接投资；不再强制要求境外投资利润汇回；等等。

同年，在前期跨国公司境外放款试点的基础上，确立了境外投资企业的境外放款管理框架。扩大境外放款主体至符合条件的各类境外投资企业；扩大境外放款的资金来源，允许境内企业在一定限额内使用自有外汇和人民币购汇等多种资金进行境外放款；简化境外放款的核准和汇兑手续，境外放款专用外汇账户的开立、资金的境内划转以及购汇等均由银行直接办理；完善境外放款的统计监测与风险防范机制，明确了境外放款有效期限；等等。

2012年，外汇局进一步简化对外直接投资资金汇回管理，并适当放宽个人对外担保管理，促进民间资本"走出去"发展。2014年初，外汇局将境内机构对外直接投资前期费用额度由10万美元提升至300万美元，并将审核权限全部下放至分支局。

2015—2016年，进一步深化ODI外汇管理改革。2015年外汇局决定自2015年6月1日起，取消对外直接投资项下外汇登记核准，对外直接投资项下相关外汇登记业务改由银行办理；取消境外再投资外汇备案和对外直接投资外汇年检，实行ODI存量权益登记，并放宽登记时间、简化登记内容。

2016年，对外直接投资外汇管理加强了对跨境交易真实性的审核。会同发展改革委、商务部、人民银行密切关注房地产、酒店、影城、娱乐业、体育俱乐部等领域出现的一些非理性对外投资，积极防范相关风险，要求银行按照有关规定和"展业三原则"加强企业对外直接投资项目的真实性审核，促进对外直接投资健康有序发展。

> ▼ 专栏5
>
> **我国对外直接投资进入快速发展阶段**
>
> 近年来，我国对外直接投资增长势头较为强劲。据商务部统计，2016年，我国对外非金融类直接投资达11 299亿元人民币（折合1 701亿美元），同比增长53.8%。与其他国家相比，我国对外直接投资年均增速高达51.4%，是全球平均增速0.7%的73.4倍，大大高于德国、日本、欧元区和美国的25.3%、11.2%、10.8%和-0.8%的增长速度，而且高于1985—1990年日本对外直接投资快速增长时期年均36.8%的增速。
>
> 截至2016年末，我国对外直接投资存量达1.3万亿美元。我国对外直接投资快速增长，既是我国改革开放和经济发展的客观需要，也得益于对外直接投资简政放权政策红利的释放。主要包括：
>
> 我国综合实力不断增强。我国综合实力不断提升是对外投资进入发展快车道的主要因素之一。根据英国经济学家邓宁的投资发展周期理论，一国直接投资流出量或流入量与该国经济发展水平高度相关，即随着一国人均国内生产总值（GDP）的提高，对外直接投资会逐渐加大，进而从资本净输入国变为资本净输出国。2016年，我国经济总量位居全球第二位，人均GDP超过8 800美元，广东、上海、北京、山东等对外投资活跃的省市人均GDP已超过1万美元，我国已开始进入资本净输出阶段。
>
> 国内外投资回报预期分化。国际上，美欧等发达经济体资产价格处于低位，投资回报预期乐观；东南亚、印度等新兴经济体则凭借

低廉劳动力成本具有较强的投资吸引力。而国内正处于三期叠加的结构性调整阶段，经济下行压力较大，拉动经济的"三驾马车"中，投资和出口均出现萎缩，传统产业投资相对饱和，国内产能过剩、去库存压力较大，企业生产要素成本上升，投资回报率降低。

国家战略及政策推动。"一带一路"、境外经贸合作区建设、国际产能合作等战略性投资是我国对外投资的重要推动力之一。2016年，我国企业对"一带一路"相关国家的投资额合计145.3亿美元，占全部非金融类对外投资的8.54%。同时，投资主管部门大幅放宽了对境外投资的限制，实行以备案为主、核准为辅的管理方式，对外直接投资外汇管理持续推进"简政放权、放管结合、优化服务"改革，提高了企业对外投资的积极性和便利性。

企业国际化发展需要。随着我国工业化水平日趋提高，发展中国家工业化进程加快及发达国家再工业化，我国企业进入国际市场的需求更加强烈，企业更多通过设立或跨境并购进行全球采购、生产、销售，建立国际产业价值链。近年来，境内企业加快了海外并购的步伐，例如，中国化工集团公司450亿美元收购瑞士农业企业先正达，天津奇信通达科技有限公司96亿美元用于奇虎360公司私有化交易，海航集团60亿美元收购美国IT产品服务分销商英迈，青岛海尔54亿美元收购美国白色家电业务，中联重科33亿美元收购美国工程机械企业特雷克斯公司，等等。

尽管对外直接投资企业快速增长具有一定的合理性，可以带动相关产能、装备、产品、技术和服务输出，促进国内产业转型升级，对深化国际经济互利合作发挥了积极作用。但是，短期内对外直接投资快速增长引发的金融外汇风险和其他风险需要予以高度关注。因此，在鼓励有条件、有能力、有投资意愿的境内企业"走出去"的同时，也要避免一哄而上和非理性发展，避免重蹈某些国家的覆辙。

第三节 深化证券投资可兑换改革

证券投资包括证券发行和买卖交易。从证券工具的角度划分，可分为股票、债券、货币市场工具和集体投资类证券。随着近年来国际金融市场的变化和金融创新，证券投资包含的新金融工具越来越多，跨境证券投资业务和规模不断扩大。境内外机构、个人从事有价证券或衍生品发行、交易，所涉及的外汇管理主要包括资金汇兑管理、外汇账户管理等。

一、2000年之前我国证券投资外汇管理概况

2000年之前，我国证券投资外汇管理总体处于有较严格限制的阶段。20世纪90年代，我国证券市场迈开对外开放步伐，推出了面向境外投资者的人民币特种股票（B股），一些企业陆续在中国境内B股市场上市，境内企业也开始试点在中国香港、美国、新加坡等证券市场发行股票并上市。同时，考虑到我国金融市场尚不发达，国内投资主体风险管理能力较低，而跨境证券投资的风险相对较大，因此金融市场对外开放水平不高，证券投资外汇管理也相对严格。大部分证券投资交易属于禁止或严格管制类。除少数的银行类金融机构可投资于部分产品外，其他机构不能从事境外证券投资，境外机构也不得投资于我国资本市场（B股除外）。

二、新世纪以来证券投资外汇管理改革的思路与举措

在经济和金融全球化的背景下，新兴发展中国家需要加快放开国

内资本市场和融入国际资本市场，中国开放和融入全球资本市场成为顺势而为之举。国内资本积累到一定程度，亟需拓展新的投资渠道，对分散风险尤其是系统性风险的需求强烈，客观上存在国内外资本对市场双向开放的诉求。同时，跨境证券投资开放也是我国资本市场稳定发展、人民币国际化的内在需要与重要支撑。证券市场投资资金流动性强，容易对国际收支产生较大冲击，因此，在制度设计上必须考虑并适当控制这一风险。

推进证券投资可兑换，其实质是要通过外汇管理改革实现跨境证券投资的开放和便利化。新世纪以来，随着中国经济快速发展和融入全球经济，证券投资各项改革措施按照"先流入，后流出"和"机构优先"等原则稳步推进，证券投资项下外汇管理改革取得了令人瞩目的成绩，可兑换进程取得突破性进展。为便利境内外投资者投资资本市场，QFII、QDII、沪（深）港通、基金互认、境外机构投资境内银行间债券市场、债券通等制度安排陆续推出。这些改革措施紧紧围绕"引进来"和"走出去"，其中既有在原有制度上的不断推陈出新，也有适应改革发展需求的制度创新。截至2016年末，除境外机构境内发行股票、货币市场工具、衍生工具外，证券投资其他交易已实现基本可兑换或部分可兑换，境内、境外投资者跨境买卖证券资产（股票、基金、债券等）均能通过特定通道或制度安排实现。

（一）推出并完善合格境外机构投资者（QFII/RQFII）制度，推动境内证券市场对外开放

2002年正式引入QFII制度。2002年底，证监会会同人民银行、外汇局等部门推出合格境外机构投资者（QFII）制度，允许符合条件的境外机构投资者在核定的投资额度内，进入境内资本市场进行证券投资。证监会负责资格准入管理，外汇局负责投资额度和汇兑管理。此后，QFII制度进行过多轮改革，在资格门槛、投资范围、额度审批、

资金汇兑等方面不断简化手续。2016年,取消单家机构额度上限;额度管理方式由按发生额管理转变为按余额管理;锁定期由3年逐步缩短至3个月,资金汇出频率由3个月降至每日申购赎回,对QFII额度由审批转变为基础额度内备案管理,也不再对资金汇出入进行审批或事前备案。截至2016年末,外汇局累计批准278家QFII机构境内证券投资额度873.09亿美元,获批额度的QFII机构涵盖世界30个国家或地区。

2011年实施RQFII试点。允许符合条件的境外机构投资者使用跨境人民币在境内进行证券投资,且在额度使用和资金汇出入方面较QFII更加灵活和便利。人民币合格境外机构投资者(RQFII)管理涉及人民银行、证监会和外汇局,证监会负责RQFII资格准入,人民银行与证监会对RQFII投资范围、资产配置比例等予以规定或指导,外汇局对RQFII投资额度、资金账户、资金汇兑和汇出入进行管理。2016年以来,外汇局进一步简化RQFII管理。将机构资产规模一定比例作为获取RQFII基础额度的依据,并将QFII和RQFII额度统一纳入基础额度管理。同时,简化额度管理流程,取消资金汇入期要求,便利资金汇出入。截至2016年末,外汇局累计批准177家RQFII机构境内证券投资额度5 284.75亿元人民币,试点区域扩大到18个国家和地区。

(二)实施合格境内机构投资者(QDII)制度,引导境内资金有序"走出去"

2006年QDII制度正式启动,允许符合条件的银行、证券经营机构和保险公司以自有资金或代客资金(购汇)在核定的投资额度内按规定开展境外证券投资。按照QDII政策框架,行业监管部门(银监会、证监会、保监会)负责QDII资格准入、规定境外投资范围和投资品种、对机构提出风险管理要求等;外汇局负责QDII机构投资额度、资金账户、资金汇兑管理。2013年8月,外汇局大幅简化和放宽QDII管理,拓宽主体范围，扩大资金来源，取消币种限制，统一余额管理的要求，取消除额度审批以外所有审批手续。截至2016年末，外汇局累计批准132家QDII机构境外证券投资额度899.93亿美元。

表3-1　　　　QDII投资额度分布（截至2016年末）

机构类型	机构家数（家）	获批额度（亿美元）	占比（%）
商业银行	30	138.4	15.4
证券、基金类机构	48	375.5	41.7
保险机构	40	308.53	34.3
信托机构	14	77.5	8.6
合计	132	899.93	100

数据来源：国家外汇管理局。

（三）推动境外上市外汇管理改革，支持境内企业在海外市场融资

进入新世纪，越来越多的境内企业选择到境外市场发行股票、债券，募集资金支持公司发展，境外上市所涉外汇交易日益多样化，并对相关政策和业务便利提出了更高要求。为支持境内企业境外上市融资，规范境外上市外汇管理，外汇局自2002年以来对境外上市外汇管理政策进行了多次调整和完善，逐步建立了以外汇登记为主的外汇管理框架。2013年，外汇局统一规范了境内公司境外发行股票、债券、境内股东投资境外上市公司股份等行为，简化相关审批手续，放宽对上市募集资金调回境内的限制，为境内企业更好利用境外资本市场提供便捷通道。2015年，外汇局取消境外募集资金调回结汇审批，进一步整合外汇账户，放宽开户限制，便利企业资金运用，简化登记和数据报送，进一步便利境外上市业务开展。这些政策为境内企业境外上市融资、境外并购等提供了更多平台与支持。截至2016年末，197家境内机构通过境外上市共募集资金2 663.64亿美元。

（四）实施内地与香港股票市场交易互联互通机制，深化境内外资本市场融合

党的十八届三中全会以后，我国推动了新一轮高水平对外开放，其中扩大资本市场对外开放是重要方面。为进一步促进内地与香港资本市场双向开放和健康发展，2014年11月17日，上海证券交易所与香港联交所股票交易互联互通机制（简称沪港通）正式启动。这是资本市场对外开放的一项重大制度创新，开启了跨境证券投资的一种新模式。通过特定的技术和跨境结算安排，内地与香港投资者可以直接买卖对方交易所上市的股票。沪港通采用人民币交收和结算，初期仅对总额度和单日额度设限，单家机构没有额度限制。2016年12月5日，深港通正式开通，并与沪港通一道取消了双向总额度控制，但每日额度标准与沪港通现行标准保持一致。即深股通每日额度130亿元人民币，深港通下港股通每日额度105亿元人民币。

（五）实施内地与香港"基金互认"机制，证券投资可兑换取得新突破

2015年7月1日，内地与香港证券投资基金跨境发行销售机制（简称基金互认）推出。2015年11月，人民银行与外汇局明确"基金互认"只对总额度进行监管，不对单家机构、单只产品进行额度审批。外汇局对两地基金发行销售实行登记管理，对汇出入资金币种不做强制要求。初期，两地基金互认资金汇出入规模上限均设定为3 000亿元人民币。截至2016年末，香港基金内地发行销售资金累计净汇出77.72亿元人民币，内地基金香港发行销售资金累计净汇入0.96亿元人民币。基金互认成为沪港通之后两地资本市场融合的又一制度创新，标志着集体投资类证券项下"居民在境外发行"和"非居民在境内发行"两个子项实现部分可兑换，资本项目可兑换取得新突破。

(六) 推动债券市场双向开放和发展，拓宽境内外融资渠道

2005年，允许国际开发机构在境内发行人民币债券，外汇局负责对发行人的人民币专用账户及结售汇进行管理。截至2016年末，共有47家境外企业和金融机构、国际开发组织、政府机构等在中国发行人民币债券，总额合计1 467亿元人民币。其中，世界银行于2016年8月在中国银行间市场成功发行了首期特别提款权（SDR）债券，规模为5亿SDR。2007年，允许境内金融机构赴香港发行人民币债券，并从发行主体、发行条件、监管部门以及筹集资金调回等方面作出了具体规定。此后，随着人民币国际化的深入推进，伦敦、新加坡等地也相继成为人民币债券发行目的地。

银行间债券市场对外开放始于2010年，境外央行或货币当局、港澳地区人民币清算行、境外跨境贸易人民币结算参加行三类机构，可经批准在核准（后改为备案）额度内投资银行间债券市场，开启了境内债券市场对外开放的步伐。2015年，境外央行、国际金融组织和主权财富基金也可以不受额度限制，运用人民币投资银行间债券市场和外汇市场。2016年，进一步允许境外依法注册成立的各类金融机构及其发行的投资产品，以及养老基金等中长期机构投资者，通过备案的方式投资银行间债券市场，自主决定其投资规模。为配合推动银行间债券市场进一步对外开放，外汇局对境外机构投资银行间债券市场实行外汇登记管理，不设单家机构限额或总限额，资金汇出入也无需核准，只要求汇出入币种基本保持一致。截至2016年末，共有180个境外机构或产品进行银行间债券市场投资备案，境外机构持有境内银行间市场债券余额达7 788.49亿元人民币。在此基础上，2017年香港与内地"债券通"正式上线。

第四节　推进其他投资可兑换改革

"其他投资"指除上述直接投资、证券投资以及储备资产的头寸和交易以外，一经济体的居民和另一经济体的居民之间的资本与金融交易。实践中，我国的其他投资外汇管理主要针对居民与非居民的债权债务交易涉及的汇兑行为，主要管理内容包括外债管理和跨境担保管理，管理手段主要包括数量管理和汇兑管理。其中，数量管理主要用于控制规模，汇兑管理主要包括登记、开立账户、结汇、购付汇等内容。

一、2000 年之前我国其他投资外汇管理概况

2000 年之前我国外汇储备相对短缺，银行体系和金融市场尚待健全，现代企业制度尚未完全建立。特别是受拉美债务危机、亚洲金融危机等债务危机影响，我国对借用外债和跨境担保业务实行严格控制，以避免过度借债影响我国经济发展的可持续性。外汇管理的手段以行政控制为主，宏观方面通过核定外债和对外担保指标来控制总规模，以防范系统性风险；微观方面注重防范债务人单笔偿付风险，对账户的开立、资金的结汇和购汇实行逐笔审批。

（一）规模管理与自主借款相结合的对外借款制度

根据偿还能力和国内资金配套能力，对除外商投资企业以外的境内机构外债和对外担保实行规模管理，借用外债必须纳入国家中长期规划、年度计划，以保持适当规模和合理结构，其借用中长期外债需向国家发展和改革委员会申请发生额指标，借用短期外债需向外汇局申请余额指标。此外，财政部对外借款需报国务院审批。中、外资金融机

构对外担保需向外汇局申请担保余额指标,中资企业对外担保应经外汇局逐笔审批。外商投资企业在"投注差"(短期外债余额与中长期外债累计发生额之和不得超过其投资总额与注册资本的差额)内自行对外借款和进行对外担保。

(二)审批、审核、登记管理制度

项目审批、账户开立、结汇、还本付息和担保履约等均须外汇局逐笔审批,以保证外债项下外汇收支的合法性和合规性。外债可以结汇的情形主要包括:一是外商投资企业的外债;二是境内机构通过财政部转贷获得的国际金融组织或外国政府贷款。境内金融机构的外债和中资企业的直接对外借款不允许结汇。中、外资金融机构以及中资企业对外担保履约应经外汇局逐笔审批。同时,外债和对外担保实行逐笔登记,以加强对利用国外贷款项目借、用、还全过程的信息监测和全口径的外债统计。

二、新世纪以来其他投资外汇管理改革的背景

新世纪以来,中国加入世界贸易组织,国民经济保持快速增长,经济发展水平和综合国力不断提高,对外开放程度日益加深,加速融入经济和金融全球化,日益发展成为全球重要的经济大国和贸易大国。我国推进其他投资外汇管理改革势在必行。

(一)适应外汇形势变化的需要

2001年以来,我国债务性资金尤其是短期外债流入增长较快,境内外资机构对外借贷和贸易信贷增长成为影响我国外债形势的主要因素。大量的外债资金涌入,不仅加剧了国际收支顺差、人民币升值、外汇储备过快增长,还刺激了外商投资企业通过举债投资国内房地产市

场,推升国内房地产泡沫。

(二) 统一国民待遇的需要

随着2006年加入世界贸易组织过渡期的结束,我国向外资银行全面开放人民币业务。对此,需要解决中资银行与外资银行、中资企业与外资企业在外债以及外汇管理上的差别待遇问题,调整外债及其他外汇管理方式,创造公平竞争的市场环境。

(三) 支持企业"走出去"的需要

随着"走出去"战略的实施,国内"走出去"企业在境外遇到越来越多的资金瓶颈问题,亟待通过改革对外担保等外汇管理方式,加大对"走出去"企业的融资支持。

(四) 提高监管效率的需要

随着跨境资本流动交易数量和规模的扩大,传统的行政审批管理模式已经不能满足经济发展的需要,亟需改进外汇管理方式方法,提高监管效率。例如,以行政管理手段核定市场主体的外债和跨境担保指标,无法灵活反映市场主体需求变化,与市场主体实际需求之间存在差异;"投注差"管理模式下,由于短期外债和长期外债的管理尺度不同,外商投资企业规避外汇管理,"短债长用"的现象较为突出。

三、新世纪以来其他投资外汇管理改革的思路与举措

为进一步促进涉外经济发展,维护国际收支平衡,稳步推进资本项目可兑换,外汇局不断改进管理理念和方式方法,审时度势,在风险可控的前提下,积极贯彻国务院关于推行简政放权的要求,对外债和跨境担保等领域的其他投资外汇管理推行了一系列改革和便利化措施。包

括：合理界定监管边界，将管理重心由防范单个机构的偿付风险，转移到防范系统性风险上来；逐步统一中、外资机构政策待遇，取消账户开立、结汇和购付汇核准等审批事项，促进贸易投资便利化；改革数量管理方式，实行以资产负债比例自律为基础的宏观审慎管理。这些措施为促进我国经济特别是涉外经济平稳健康发展发挥了积极作用。

（一）对外债务外汇管理改革

新世纪以来，外汇局根据推进人民币资本项目可兑换的总体安排和步骤，密切关注跨境债权、债务资金流动，着力在提高外债管理有效性的同时，优化现有外债管理模式，研究出台新的外债管理政策，努力平衡好"防风险"和"促改革"的关系。

2000年至2008年，建立对外债务基本管理框架。

加入世界贸易组织后，随着人民币资本项目可兑换进程的推进，我国外债管理也取得了新的进展。2003年，国家发展计划委员会、财政部和国家外汇管理局联合发布《外债管理暂行办法》，明确了外债管理范围，确立了外债管理分工，国家发展计划委员会负责编制利用国外贷款的计划以及中长期国际商业贷款指标的核定；国家外汇管理局负责核定短期外债余额指标，办理外债的签约和提款登记、部分还本付息业务核准，以及相关结售汇管理和外债统计监测；财政部负责主权债务的对外签约和债务资金的使用管理；商务部根据相关规定确定外商投资企业的投资总额和注册资本。2004年，国家发展和改革委员会、中国人民银行和中国银行业监督管理委员会又联合发布《境内外资银行外债管理办法》，至此建立了"统一领导，分工负责，加强管理"的外债管理基本框架，统一了中、外资银行的外债政策待遇，促进了我国全口径外债统计监测体系的建立。

2009年至2014年，大力简政放权，促进跨境投融资便利化。

大幅简化外债登记管理。2013年，外汇局取消外债账户开立、资金结汇和还本付息等业务审批事项，债务人不再到外汇局办理逐笔审批，而是在完成外债签约登记后直接到银行办理结汇和购付汇手续。同时，进一步完善外债登记和统计监测，强化外债风险监测与防范。此次改革大大简化了外债业务办理流程，减轻了银行和企业的负担，基本实现了除外债签约以外汇兑管理由事前审批向事后监管转变，以及外债数据系统化采集，为外债项下逐步转为宏观审慎管理奠定了坚实的基础。

改革外债转贷款管理。2009年以来，外汇局按照"三统一"（即债权人统一登记、统一结汇、统一购汇）对外债转贷款进行改革。2014年初，为进一步完善外债转贷款的登记和汇兑管理，简化外汇管理程序，国家外汇管理局对外债转贷款外汇管理方式进行改革。其主要内容包括：取消外债转贷款在外汇局环节的逐笔登记和汇兑审批，实行外债转贷款债权人集中登记；取消外债转贷款账户开立核准、政策性外债转贷款结汇核准、外债转贷款项下还本付息及购汇核准等事前审批，外债转贷款债务人可直接到银行办理相关手续。该项改革进一步完善了外债转贷款外汇管理，推进了外债项下简政放权，促进了跨境投融资便利化。

开展中资企业外债规模管理改革试点。2009年，为落实国务院关于"促出口""保增长"的宏观调控政策，外汇局开展了中资企业外汇融资试点。在综合考虑国际收支形势变化和部分地区特殊情况的前提下，选择部分地区开展中资企业外汇融资试点工作：适度增加四川、广东和浙江的短期外债余额指标，允许上述地区的外汇局分局在地区指标的一定比例或额度内，为辖内中资企业核定短期外债余额指标，用于与进出口贸易有关的境外融资。2010年，在总结四川、广东和浙江三个地区试点经验的基础上，将中资企业借用短期外债政策在全国推广。各外汇局分局可以在地区指标内，为符合条件的中资企业核定短期外债指标，用于与进出口贸易有关的境外融资。此次改革帮助中资企业扩大了跨境融资渠道，逐渐缩小了中、外资企业在外债管理政策上的差距。

2015年以来，深化外债结汇管理改革，探索建立健全宏观审慎管理框架，逐步统一中外资本外币外债管理。

试点外债宏观审慎管理。党的十八届三中全会对"建立健全宏观审慎管理框架下的外债和资本流动管理体系"提出了新的要求。在此背景下，外汇局开始了外债宏观审慎管理模式的探索，其思路主要是统一中外资机构以及本外币外债管理政策，将外债管理的重点由关注单个债务主体的偿债风险，转变到重点关注国际收支风险、维护整个金融系统的稳定上来。2015年2月，外汇局批准在北京中关村国家自主创新示范区核心区、张家港保税港区、深圳前海深港现代服务业合作区开展以企业外债比例自律为主要方式的宏观审慎管理试点。这一政策的出台，标志着我国外债管理由行政审批向比例自律迈出了关键一步。

实施全口径跨境融资宏观审慎管理试点并全国推广。2016年1月，外汇局配合人民银行实施本外币一体化的全口径跨境融资宏观审慎管理试点。自2016年5月起，将全口径跨境融资宏观审慎管理政策在全国推广，不再实行外债额度事前审批，金融机构和企业在与其资本或净资产挂钩的跨境融资风险加权余额上限内，可自主开展本外币跨境融资。2017年初，人民银行又会同外汇局进一步完善了全口径跨境融资宏观审慎管理政策，进一步扩大境内机构跨境融资空间，服务实体经济发展。全口径跨境融资宏观审慎管理政策将境内市场主体跨境融资与其资本实力和偿债能力挂钩，构建了基于微观主体资本或净资产的跨境融资宏观审慎约束机制，完善了我国宏观审慎政策框架。人民银行、外汇局可根据宏观调控需要设置和调节相关参数，对金融机构和企业的跨境融资进行逆周期调节，使跨境融资水平与宏观经济热度、整体偿债能力和国际收支状况相适应，控制杠杆率、货币错配和期限错配风险，有效防范系统性金融风险。

深化外债资金结汇管理改革，进一步满足和便利境内机构经营与资金运作的需要。长期以来，外商投资企业在外债结汇政策上享有"超国民待遇"。外商投资企业外债资金可在实需原则下持相关真实性证明材料办理结汇，中资企业不仅举借外债受到严格管理，还只能借外汇、用外汇，不能结汇。2016年4月，外汇局允许中资非金融企业外债资金结汇使用，拉平了中、外资企业外债资金结汇管理政策待遇。同年6月，又在上海、广东、天津和福建四个自由贸易试验区外债意愿结汇试点经验的基础上，全面实施外债资金意愿结汇管理，允许企业自由选择外债资金结汇时机，对外债和资本金等资本项目收入使用实施统一的负面清单管理，并强化事后监测监管。这一改革收到了良好效果，政策实施后全国外债资金结汇量大幅攀升。

（二）跨境担保外汇管理改革

跨境担保是指担保人向债权人书面作出的、具有法律约束力、承诺按照担保合同约定履行相关付款义务并可能产生资金跨境收付或资产所有权跨境转移等国际收支交易的担保行为。跨境担保管理范围和重点因不同的经济发展阶段和形势而有所不同。

2000年至2009年，顺应对外开放需求逐步放松跨境担保外汇管理。

不断放松对外担保外汇管理。我国对外担保管理框架形成于20世纪90年代。根据相关政策，境内金融机构、非金融机构法人对外担保需经过外汇局逐笔审批。国家"走出去"战略实施后，为加大对"走出去"企业的融资支持，2005年8月，外汇局顺应市场需求全面扩大政策适用范围，明确将对外担保管理方式由逐笔审批调整为年度余额管理；将实施对外担保余额管理的银行扩大到所有符合条件的境内外汇指定银行；将可接受境内担保的政策受益范围，由境外中资企业扩大到所有境内机构，包括外商投资企业在内地的境外投资企业。此次政策调整，不仅拉平了中外资银行和企业的国民待遇，还成为我国建立全口径或有负债统计监测体系的开端。

积极推进"外保内贷"外汇管理改革。2009年，为支持辽宁老工业基地振兴，推动广东改革前沿继续发展，外汇局率先允许辽宁和广东两地的中资企业境内贷款可以接受境外担保。此后，试点范围逐步扩大至全国范围。中资企业"外保内贷"政策拓宽了中小企业的融资渠道，使一些以海外业务为主的民营企业获得了国内资金支持；同时分散了银行经营风险，使一些风险较高的地方项目借助国外信用获得了商机，带动了地方就业和税收，并为下一步深化改革奠定了基础。

2010年以来，实现跨境担保项下基本可兑换。

2010年大幅改革原有对外担保管理政策。一是调整对外担保余额指标的管理范畴和核定方法，银行为境内外机构提供融资性对外担保由单笔审批转为按余额指标管理，并按年度核定余额指标。二是放宽被担保人的资格条件和财务指标限制，扩大对外担保业务范围。三是取消银行对外担保履约核准，银行依法自行办理对外担保履约。该政策实施后，对外担保管理程序大幅简化，较好地促进了境内机构"走出去"，以及境内金融机构中间业务的发展。同时，外汇局顺应对外担保管理方式的转变，加强了统计监测和事后监管，一定程度上完善了国际收支风险调控机制。此次改革大大促进了对外担保业务的发展。

2014年进一步放松跨境担保外汇管理。一是合理界定跨境担保的外汇管理范围和监管责任边界，将对国际收支可能产生重要影响的所有类型跨境担保纳入外汇管理。二是取消或大幅缩小跨境担保的数量控制范围和登记范围，只将"担保履约后新增居民对非居民负债或债权的部分跨境担保"纳入逐笔登记范围。三是取消担保签约和履约等所有事前审批，代之以比例自律和登记管理，同时取消大部分业务资格条件限制。在简政放权的同时，为应对大额、集中担保履约可能引发的国际收支风险，外汇局制定了相应的配套制度和监管手段。

通过上述改革,跨境担保外汇管理政策得以统一,跨境担保外汇管理大幅简化,跨境担保项下实现了基本可兑换。总体来看,改革取得了良好的政策效果和社会反响。一方面,境内机构跨境投融资更加便利,境外投资企业能够更好地获取境内信用支持,有效降低融资成本、拓宽融资渠道,解决境外融资困难、授信不足的问题,能够更好地参与国际竞争与合作,实现国际化发展。另一方面,银行拓展跨境担保项下国际结算业务和结售汇业务的积极性大大提高,金融产品创新活力增强,有助于实现"银企双赢"。

▼ 专栏6

从外债预警指标体系看我国的外债风险

外债作为一种资源,适度利用有助于一国经济发展,但如果过度依赖和不合理使用则可能产生债务风险。

一、外债预警指标体系

判断一经济体外债是否具有可持续性,通常要结合其主要的经济和金融变量计算一些外债比率,国际上通常采用一些流量指标和存量指标来衡量一经济体与外债有关的潜在风险。流量指标主要用于衡量一经济体的偿付能力,包括负债率、债务率、偿债率等指标。存量指标主要用于衡量一经济体是否有能力获得足够的流动资产以履行其短期偿付义务或是否面临流动性问题,主要包括短期外债余额与外债总余额之比、短期外债余额与外汇储备之比等指标。各项指标具体计算方法为:

负债率是指年末外债余额与当年国内生产总值之比,反映一经济体外债总规模与其整体经济实力之间的关系,目前国际上比较公认且相对保守的安全线为20%。

债务率是指年末外债余额与当年货物和服务出口收入之比,是用于衡量外债可持续性的重要指标之一,一般而言出口能力越强,外债清偿能力就越大。如果一经济体的债务率随时间的推移而提高,意味着其外债规模增长速度快于其对外收入基本来源的增长速度,表明该经济体今后在偿还外债方面可能会出现问题。目前国际上比较公认的债务率安全线为100%。

偿债率是指外债的本金和利息偿付金额与当年货物和服务出口收入的比率,表明一经济体的出口收入有多少将用于偿还其外债,进而反映一旦出口收入突然下降,该经济体在履行偿债义务方面是否会面临困难。国际上一般认为偿债率的安全线为20%。

短期外债与外汇储备之比是指短期外债余额与货币当局掌握的外汇储备存量的比率,反映当一经济体偿还外债的其他支付手段不足时,可动用外汇储备资产来偿还外债特别是短期外债的能力。国际上一般认为短期外债与外汇储备之比的安全线为100%。

短期外债(偿还期在一年以内)占比是指短期外债与当年外债余额的比值。短期外债往往受国际金融市场波动的影响,风险较高。国际上一般将短期外债占外债总额的比重达到25%作为警戒线。

二、我国外债风险总体可控

自2001年我国加入世界贸易组织以来,伴随着我国涉外经济的快速发展,我国外债规模(不包括香港、澳门和台湾地区对外负债)快速增长,从2001年的2 033亿美元快速增长至2015年末的14 162亿美元,年均增长率为14.8%,但外债风险指标均在安全线以内(见图3-4)。主要原因是其间我国国民经济也在不断快速增长,对外经济蓬勃发展,外汇储备迅速增长。2001年以来,国内生产总值年均增长14%,货物和服务出口收入年均增长16.9%,外汇储备年均增长21.7%,这几项指标接近或高于外债余额年均增长率。

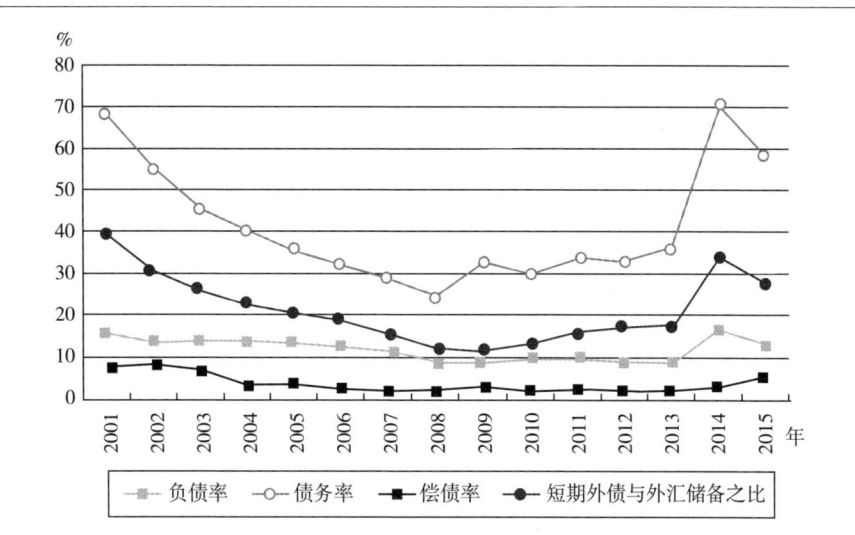

专栏图 6-1 2001—2015 年我国外债风险指标

从各项具体指标看，2001 年以来负债率和偿债率较为平稳；债务率和短期外债与外汇储备之比则先降后升：2001 年至 2008 年左右逐年稳步下降，2009 年以来缓慢上升，2015 年又有所下降，总体上处于较低水平。

2015 年，我国按照国际货币基金组织的数据公布特殊标准（SDDS）调整了外债统计口径并对外公布全口径外债数据，将人民币外债纳入统计。为保证数据的可比性，将 2014 年末外债数据相应调整为全口径外债数据，故 2014 年和 2015 年的各项外债风险指标较 2013 年上升较快。

从短期外债占比来看，这一指标总体上逐年攀升，近两年则逐步回落。2001 年以来短期外债占比快速上升，主要是由于我国进出口贸易快速增长，其总额从 2001 年的 5 097 亿美元持续增长至 2014 年的 4.3 万亿美元，年均增长率超过 18%。与贸易有关的信贷也随之快速增长，短期外债余额中与贸易有关的信贷占比由 2001 年的 28% 上升到 2014 年的 71%，2015 年，随着我国进出口贸易总额的回落（下降至3.96万亿美元），短期外债占比也相应下降。与贸易有关的信贷一般均以真实的商品交易为基础，对外支付大多以货物贸易为背景，大部分并没有实际的资金借入，且基本上没有利息支付，因此，相应的外债偿付风险不大。

综合上述指标来看，除短期外债占比偏高外，我国外债的负债率、债务率、偿债率、短期外债与外汇储备之比等外债风险指标均在公认的安全线以内，因此，我国外债总体负担并不重，外债风险可控，外债规模在国力可以承受的限度之内，外债清偿能力较强，抗外债突发风险的能力强；我国对国外借贷资本的依赖程度不高，目前的外债规模是适度的、可持续的。

第四章
稳步推进外汇市场深化发展

外汇市场是国内金融市场体系的重要组成部分,在宏观调控、资源配置、汇率形成和风险管理中发挥着重要作用。一直以来,外汇局坚决贯彻落实党中央、国务院各项决策部署,以服务实体经济发展为根本宗旨,根据主动性、渐进性和可控性原则,大力推动外汇市场改革创新,切实加强外汇市场监管,外汇市场产品日益丰富、主体不断增多、开放程度逐渐提高、基础设施日趋完善,外汇市场的广度和深度不断拓展,为人民币汇率形成机制提供良好市场基础,为市场主体更好配置外汇资源和管理汇率风险创造了条件。

第一节 外汇市场概述

外汇交易发生的主要根源是国际经济贸易的发生和随之产生的国际结算、国际投资、外汇融资和外汇保值等业务的需要。在国际经济活动中,由于各国的货币和货币制度都是相互独立的,大部分情况下,一国货币不能在另一国流动。这样，国际经济活动中的对外债权、债务清偿和结算以及国际投资就需要将外国货币兑换成本国货币，或将本国货币兑换成外国货币，从而形成了外汇交易。随着国际经济交往范围的逐步扩大，外汇供给与需求不断增加，推动了外汇交易的传播和发展，从而催生了外汇市场的形成。

一、国际外汇市场的发展

历史上，欧洲大陆的德国、法国、荷兰、意大利等国曾出现过固定场所的外汇交易所。随着现代化电信工具和科技的发展，传统固定场所的外汇市场逐步消失，呈现在大众面前的已经是一种无形的市场，并形成了以伦敦、纽约、东京几个活跃外汇市场为核心的全球外汇市场分布格局。

开放活跃市场格局的形成仅经过了几十年的时间。一方面，这是各国放松管制的结果，如今活跃交易的外汇币种如英镑、美元、日元等所在国逐步取消外汇管制、放开外汇市场、实行浮动汇率制度。另一方面，这又是电信科技迅速发展的结果，随着遍及全世界的电话、电报、电传线路网络的形成，全球各地区外汇市场已经能够按照世界时区的差异相互衔接，出现了全球性的 24 小时不间断的连续外汇交易。

概括而言，外汇市场有着自身鲜明的特点。一是有市无场。大众所熟知的股票是通过交易所买卖的，投资者则通过经纪公司买卖所需的股票，这就是有市有场。而外汇买卖则是通过没有统一操作市场的网络进行的，它不像股票市场有集中统一的地点。外汇市场的网络是全球性的，市场由各方认同的方式和先进的信息系统联系，交易商也不具有任何组织的会员资格，但必须获得同行业的信任和认可，因此形成了没有组织的市场。这种没有统一场地的外汇交易市场被称为有市无场，外汇市场也由此被称为 OTC 市场。二是循环作业。由于全球各金融中心的地理位置不同,亚洲市场、欧洲市场、美洲市场因时间差的关系,连成了一个全天 24 小时连续作业的全球外汇市场。

二、国际外汇市场的发展现状

(一) 市场分布高度集中

根据国际清算银行(BIS)调查,目前国际外汇市场日均交易量达 5.1 万亿美元(2016 年 4 月[①]),较上次调查(2013 年 4 月)的日均交易量 5.4 万亿美元小幅下降。外汇掉期是最活跃的交易产品,交易量占比为 46.9%,其次分别为即期(32.6%)、远期(13.8%)、期权(5.0%)、货币掉期(1.6%)。国际外汇市场在交易币种和区域分布上呈现较高的集中度。

交易币种以美元为主。按双边统计,美元 2016 年的市场份额相对 2013 年上升了 1 个百分点至 88%[②],但相对最高点 90%(2001 年)已有所下降。自欧债危机爆发以来,欧元、瑞郎等传统货币市场份额开始出现缓慢下降,2010 年到 2016 年其市场份额分别下降了 8 个和 2 个百分点。与之形成对比的是新兴市场货币的持续崛起。在 2016 年全球外汇市场交易额排名前 20 的货币中,新兴市场国家的货币占 6 席,而 2007 年仅有 4 席。人民币交易额在过去几年增长迅猛,2016 年的市场份额超过 4%,较 2013 年的 2.2% 几乎翻倍,成为第八大交易货币。

地域分布更加集中。伦敦、纽约、新加坡、东京和香港作为全球五大金融中心,2016 年集中了国际外汇市场 77% 的交易量,较 2003 年增长 2 个百分点,其中亚洲三大金融中心(东京、香港和新加坡)的交易活

[①] 以下除非另有说明,均指 BIS 调查年度的 4 月份日均交易量。
[②] 外汇交易以货币对的形式发生,一个货币对的交易量会计入两个币种中,因此所有货币的市场份额加总为 200%。

跃度有较大提高，2016年市场份额为21%，较2013年增长6个百分点。

表4-1　　　　　　　　外汇交易的地域分布　　　　单位：十亿美元、%

国家（地区）	成交量	占比	占比变化	排名
英国	2 426	37.1	-3.7	1
美国	1 272	19.4	0.5	2
新加坡	517	7.9	2.2	3
中国香港	437	6.7	2.6	4
日本	399	6.1	0.5	5

数据来源：2016年BIS三年一度央行外汇市场调查。

（二）市场参与者多样化

外汇市场传统意义上被认为具有明显的层次结构。根据美国纽约联储估计，全球外汇市场上有超过2 000家大型机构参与其中，其中承担做市功能的机构约100多家，而更核心的机构只是这百余家做市商中的少数。这些机构既是全球外汇市场的流动性提供者，也是最主要的市场参与者，在向其他机构和零售客户提供外汇服务的同时，更多是在相互间开展交易。因此，国际外汇市场基本可分为银行间市场和零售市场两个层次。

银行间外汇市场，又可称为外汇批发市场，主要参与者为大型商业银行、投资银行等交易商，因此这个市场很大程度上也可以被称为交易商间的外汇市场（Interdealer Market）。在这个市场中，交易频率高，单笔交易规模大，买卖价差很小（通常1个到2个基点），交易方式灵活。零售外汇市场则是另一个层次，主要参与者为银行等大型交易商与终端客户，后者包括贸易企业、用汇个人和专门的外汇机构等。

在技术进步、金融自由化等多种因素的推动下，国际外汇市场的参与者已从原有的以大型交易商为主转为包括高频交易者、对冲基金、主经纪商等专业机构在内的多类型的参与者。目前，大型交易商普遍作为外汇市场的卖方机构存在，既参与多银行平台、交易商间平台，也在自

第四章 稳步推进外汇市场深化发展

身的单银行平台上提供流动性,在发挥做市功能的同时,还嵌套主经纪等复杂业务。高频机构、对冲基金等普遍作为外汇市场的买方机构存在,借助日益多样化、扁平化的参与渠道与卖方机构发生交易,在很大程度上改变着外汇市场的结构和功能。根据 BIS 调查结果,近年来交易商间交易在整个外汇市场中的地位持续下降,外汇交易逐渐被非交易商金融机构所主导,2016 年非交易商金融机构交易量占比达 51%。

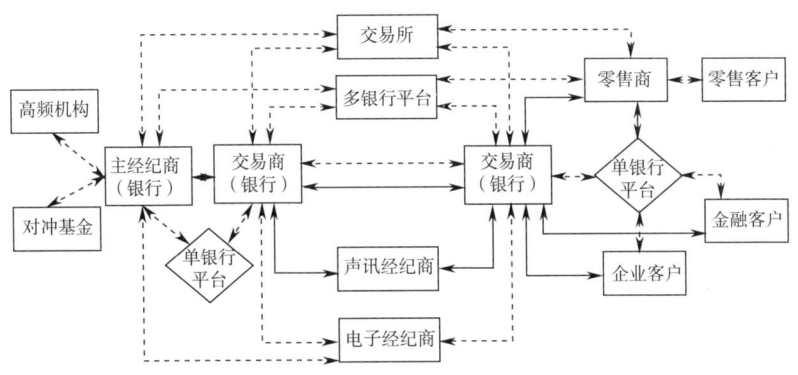

注:实线表示以声讯方式为主,虚线表示以电子化方式为主。

图 4-1 国际外汇市场参与者与结构

(三)交易方式多元化

外汇市场交易可通过交易所和场外交易达成,但作为典型的场外市场,其交易量主要集中在场外市场上。外汇场外市场的交易模式除了最为传统的直接交易以外,大体上还可分为两类,一类是声讯经纪,另一类是电子交易。

声讯经纪是场外市场上传统的、具有较长历史的方式,在外汇市场上占有较大的市场份额,既包括早期并延续至今的电话方式,也包括后来基于互联网的信息传送方式。但面对激烈的市场竞争,声讯经纪业也在努力转型,如毅联汇业(ICAP)等以声讯经纪起家的场外中介机构以并购等手段努力向电子交易系统业务领域拓展。

111

表4-2　　　　　　　国际外汇市场的交易方式划分　　　　　　单位:%

	声讯方式		电子方式					其他
			直接		间接			
	直接	间接	单银行交易平台	其他	Reuters Matching/EBS	黑池交易	其他电子通讯网络	
即期	25	9	25	18	13	1	9	1
衍生品	29	18	15	13	10	1	11	3
合计	28	15	18	15	11	1	11	2

数据来源：2016年BIS三年一度央行外汇市场调查。

近年来，随着技术进步和监管变革，电子化交易方式逐步成为外汇市场上的主导交易模式，2016年BIS的调查显示，国际外汇市场55.1%的交易通过电子方式完成。全球外汇市场的电子交易方式主要可分为电子经纪平台、多银行平台、单银行平台等形式。1992年，电子经纪服务公司（EBS）和路透公司合作开发了适用于银行间外汇市场的交易系统，电子经纪系统被首次引入交易商间的外汇交易。但当时的外汇市场存在透明度不高、市场分散、市场准入门槛较高、客户承受较大买卖点差等问题。在这一背景下，第一个多银行交易系统Currenex于1999年推出，通过在一个页面上汇集多个交易商的外汇报价信息来为客户提供具有竞争力的价格，进而提高市场透明度，降低交易成本，吸引更广泛的客户。多银行交易系统的出现加剧了外汇市场竞争。为更好地服务自身客户，国际主流交易商纷纷推出其客户专属的单银行交易系统。

在上述电子交易平台的激烈竞争下，目前众多的小银行已退化为主流大银行的客户，其国际主要货币对的交易基本通过EBS、路透等电子经纪系统或交易商的单银行平台达成，而小银行的做市能力主要体现在自身的本地货币上。

第四章　稳步推进外汇市场深化发展

（四）市场组织者综合化

市场组织者包括交易所机构、场外市场组织者和提供中介类服务的机构等，近年来呈现两个发展特征。

一是业务综合化。德国交易所的业务范围横跨交易、清算、托管、信息、技术开发与运营全产业链，其下属电子系统 Xetra 和法兰克福证交所开展即期交易，衍生品交易主要由 Eurex 承担，清算、托管等所有交易后处理业务均由明讯银行及其附属机构承担。作为场外市场上全球主要机构间经纪商和基础设施提供商，ICAP 也呈现业务综合化特征，既从事其传统、核心的声讯经纪，也开展相对新兴的电子经纪和交易后风险管理业务。

二是并购。在交易所市场上，2006 年纽交所（NYSE）与泛欧交易所（Euronext）合并，同年芝加哥商品交易所（CME）与芝加哥期货交易所（CBOT）合并。在场外市场上，2006 年 ICAP 收购外汇电子交易平台 EBS 并在次年收购 Traiana 部分业务，2007 年路透并购加拿大汤姆森集团。推动市场组织者并购的主要因素包括衍生品交易的高增长和高利润、欧美监管机构推进场外衍生品交易和清算等监管改革、场外电子交易平台的市场竞争、由传统会员制转为公司化体制后追求利润最大化等。

（五）清算结算服务集中化

外汇市场最基本和传统的清算结算方式是双边全额，但集中化和专业化清算结算成为近年来一个发展趋势。一是建设综合清算平台。例如，隶属于交易所集团的清算公司以场内期货期权交易的清算业务为起点，通过场外交易场内期货化和扩展清算平台接纳场外交易两种途径，突破原有的场内外市场边界，扩大清算结算业务。二是发展垂直型清算机构。水平型清算机构缺乏自有交易平台和稳定的交易数据来源，而随着垂直型清算机构自身在交易、清算分离管理上的成熟以及清算平台的完善，后者的竞争优势日益明显而成为一个发展重点。

▼ 专栏7

国际外汇市场监管改革的新动向

2008年国际金融危机凸显了场外衍生品市场透明度缺失问题，2009年9月二十国集团（G20）匹兹堡峰会提出了场外衍生品市场监管改革四项目标：一是标准化的场外衍生品合约应在交易所或电子平台交易，二是向交易报告库报告场外衍生品合约，三是实现中央对手清算，四是非集中清算的衍生品合约要接受更高的资本要求。以美国《多德—弗兰克法案》（$Dodd-Frank\ Act$）和欧洲《欧洲市场基础设施监管规则》（EMIR）为代表，标准化衡量、有组织交易平台、交易报告库、中央对手清算成为危机后各国场外衍生品市场的主要监管改革动向。

一、场外衍生品交易的标准化衡量

场外衍生品的适度标准化是实施有组织平台交易、开展中央对手清算和纳入交易报告库的先决条件。国际组织一致认为，衡量场外衍生品标准化程度应该考虑四个因素：直通式处理、合约标准化、市场流动性、衍生品定价数据。

二、场外衍生品交易进入有组织交易平台

市场流动性、市场交易公平性、市场监管便利性是有组织交易平台的内在核心价值。在美国，有组织交易平台可分为两类：一是指定合约市场（Designated Contract Markets, DCM），如CME、NYSE等交易所；二是危机后新创设的互换执行设施（Swap Execution Facility, SEF）。在欧盟，有组织交易平台可分为 MiFID① 监管框架下的受监管市场（Regulated Markets）、多边交易设施（Multilateral Trading Facility）、系统性内化设施（Systematic Internaliser）和 MiFID II 新创设的 OTF。

三、场外衍生品交易报送交易报告库

场外衍生品交易通常为非公开协商合约，相关信息只有交易双方和交易平台掌握，缺乏透明度，而分散的交易平台更加剧了市场整体透明度不足的问题。场外衍生品交易报告库（Trade Repository，TR）是指集中收集、存管以及发布场外衍生品交易记录的电子数据库，主要功能是对场外衍生品交易进行记录，提高市场透明度和便利风险评估。

四、场外衍生品交易实施中央对手清算

中央对手清算的基本含义是指交易双方达成交易后，由特定的清算机构作为中央对手方（CCP），实施基于合约替代、担保交收、清算限额、保证金、清算基金、风险准备金、损失分摊机制等一系列管理措施的多边净额清算，降低一对一场外交易的对手方风险并防范因场外市场的交互性和脆弱性而产生系统性风险。

五、加强银行监管

除了增强场外衍生品市场透明度的监管改革外，国际金融危机后也相应加强了银行监管，核心主要有两个：一是美国《多德—弗兰克法案》，作为该法案的核心内容，2014 年 4 月起生效的沃克尔规则禁止商业银行及其分支机构从事自营业务，同时禁止银行投资或从事对冲基金和私募基金业务。限制银行开展高风险业务。二是巴塞尔委员会新修订的《巴塞尔协议III》，提高了银行资本充足率要求，并新增了关于流动性和杠杆比率的要求。加强监管总体上限制了银行资产负债表的扩大和风险承受意愿，削弱了其做市提供流动性的能力，传统上银行作为市场流动性"缓冲垫"的作用显著弱化，市场流动性深度下降。

---

① Markets in Financial Instruments Directive，欧盟金融工具市场法规。

第二节 我国外汇市场发展历程

我国外汇市场的发展，是适应深化经济改革和对外开放、推进金融市场发展的实践探索，有利于逐步提高市场配置外汇资源和人民币汇率形成机制的市场化程度。

一、改革开放后外汇市场开启初创化发展

改革开放以前，我国实行统收统支的外汇管理体制，没有外汇市场的基础和概念。改革开放后，为调动出口企业积极性和配合外贸体制改革，1979年8月我国改革外汇分配制度，实行外汇留成管理（按照一定比例给予出口企业购买外汇的额度），由此逐步产生了外汇调剂业务和外汇调剂市场。截至1993年底，全国共建立了108家外汇调剂中心，形成了外汇调剂市场体系，配置了80%的外汇资源，并形成了在一定程度上反映市场供求关系的外汇调剂汇率。

伴随外汇调剂市场的形成和发展，建立统一规范的外汇市场成为我国外汇市场的改革方向。1993年11月党的十四届三中全会《关于建立社会主义市场经济体制若干问题的决定》提出："改革外汇管理体制，建立以市场供求为基础的、有管理的浮动汇率制度和统一规范的外汇市场，逐步使人民币成为可兑换的货币。"从1994年1月1日起，我国开始实行银行结售汇制度，企业、个人的外汇收支按照市场汇率在外汇指定银行办理兑换，形成了银行对客户市场。1994年4月全国统一的银行间外汇市场——中国外汇交易中心在上海成立运行，交易双方通过外汇交易系统自主匿名报价，交易系统按照"价格优先、时间优先"原则撮合成交和集中清算。统一外汇市场的建立结束了以前的市

场分割，使全国的外汇交易通过银行结售汇体系纳入银行间外汇市场，保障了外汇资源在全国范围内根据市场情况合理流动，为人民币实行以市场供求为基础的、单一的、有管理的浮动汇率制度提供了基础。

二、新世纪以来外汇市场进入快速发展阶段

受制于亚洲金融危机后人民币重回固定汇率安排的环境约束，90年代后期我国外汇市场以应对外部冲击为主，总体发展较为缓慢，但也有一些局部探索，例如1997年4月中国银行获准对客户试办远期结售汇业务，外汇交易品种由即期向衍生品推进。

随着亚洲金融危机的影响逐步减弱，完善人民币汇率形成机制的经济和金融市场条件不断成熟。2005年7月21日，我国重启汇率市场化改革，开始实行以市场供求为基础、参考一篮子货币进行调节、有管理的浮动汇率制度，人民币汇率不再盯住单一美元，我国外汇市场进入新的更高发展阶段。

一是增加交易品种。由2005年前仅有即期和远期两类产品，扩大至外汇掉期（2005年）、货币掉期（2007年）和期权（2011年）产品，基本满足了各类市场主体的汇率风险需求。

二是丰富交易币种。银行间外汇市场的可交易货币由2005年前美元、欧元、日元、港币、英镑5种外币扩大至26种发达和新兴市场货币，并形成人民币对非美元货币的直接报价和交易机制。

三是人民币汇率弹性不断增强。银行间即期外汇市场人民币对美元交易价浮动幅度不断扩大，由3‰逐渐扩大至2%，即每日银行间即期外汇市场人民币对美元的交易价可在中国外汇交易中心对外公布的当日人民币对美元汇率中间价上下2%的幅度内浮动。取消银行对客户挂牌汇率限制，银行可基于市场需求和定价能力对客户自主挂牌人民币对各种货币汇价，现汇、现钞挂牌买卖价没有限制。

四是推动市场开放。对内允许非银行金融机构和非金融企业进入银行间外汇市场，对外允许境外人民币清算行、参加行和央行类机构以及境外投资者参与国内外汇市场。

五是完善银行风险管理。统筹协调市场发展与宏观调控，改进银行外汇头寸管理，从收付实现制转向权责发生制，从单向正头寸转向双向正负头寸管理，提高银行外汇交易和风险管理的灵活性与主动性，并积极运用宏观审慎管理手段，促进人民币汇率的价格发现。

六是建立多样化本外币兑换体系。为降低实体经济汇兑成本，促进贸易投资便利化，国家外汇管理局一直重视建立规范、有效、多样的本外币兑换服务，目前已形成以银行为主体、以个人本外币兑换特许业务经营机构和外币代兑机构为补充的市场体系，同时银行可基于市场需求和定价能力对客户自主挂牌各种货币并自主定价。

七是健全基础设施。银行间外汇市场由2005年前电子集中竞价单一模式，扩大至电子双边询价、双边授信下集中撮合、做市商制度和声讯经纪等多样化交易模式，在银行间外汇市场即期和衍生品交易中尝试开展集中净额清算和中央对手清算业务，交易报告库建设初具雏形，中国外汇交易中心作为交易主平台和定价中心、上海清算所作为中央对手集中清算机构的专业化服务功能日益成熟。

八是推动外汇市场自律。为促进银行间外汇市场规范有序发展，2014年成立银行间外汇市场职业操守和市场惯例专业委员会，2016年，人民银行和国家外汇管理局共同推动成立了全国外汇市场自律机制，在原有银行间外汇市场职业操守和市场惯例专业委员会的基础上，设立银行间市场交易规范工作组，围绕形成以行业自律为主、政府监管为辅的外汇市场管理新框架积极开展工作。

2005—2016年，我国外汇市场交易量年均增长29%，2016年各类产品累计成交20.3万亿美元，较2004年（0.96万亿美元）增长20.1倍，其中衍生品交易量增长576倍，占交易总量的比重由2004年的

1.8%增长至2016年的56.5%。

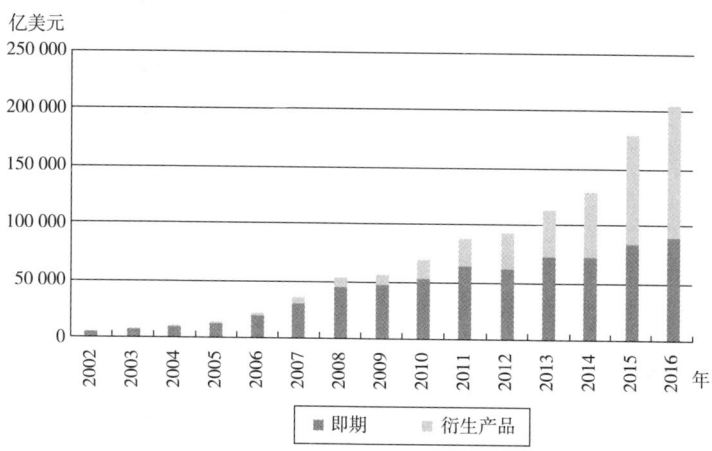

数据来源：国家外汇管理局、中国外汇交易中心。

图4-2　2002—2016年中国外汇市场交易量

▼ 专栏8

银行结售汇头寸管理的发展历程

银行结售汇头寸是指银行在外汇市场开展人民币对外汇交易产生的外汇头寸，在微观上是银行的外汇风险管理重点，在宏观上是人民币汇率形成机制和外汇市场运行的重要组成部分。适应人民币汇率市场化改革进程，银行结售汇头寸管理不断完善。

一、银行结售汇头寸管理始于1994年外汇管理体制改革

根据建立银行结售汇制度和统一外汇市场的安排，对银行实行结售汇周转头寸管理，银行办理结售汇业务后形成的外汇头寸，高于核定上限的部分应在银行间外汇市场卖出，低于核定下限的部分应在银行间外汇市场买入，由此形成银行柜台市场（结售汇业务）与银行间市场、外汇供求与人民币汇率的有机统一体系。

二、外汇衍生产品市场的发展进一步丰富了银行结售汇头寸的内涵

1997年试点远期结售汇业务后，银行对于外汇衍生产品的定价和风控机制使结售汇头寸不再局限于即期结售汇业务的资金概念，产生了风险概念，结售汇头寸有了收付实现制与权责发生制的区分。2005年汇改后，适应外汇市场发展，特别是衍生产品市场发展的需要，外汇局开始实行结售汇综合头寸管理，2006年1月起对银行间外汇市场做市商银行试行权责发生制头寸管理原则，当年7月推行至所有银行，市场机制的理顺极大地促进了远期、期权等外汇衍生产品的发展。

三、结售汇综合头寸正负区间管理助力人民币汇率双向浮动

1994年实行结售汇头寸管理后的相当长一段时间，基于人民币汇率形成机制和外汇市场发展的实际情况，外汇局规定银行的结售汇头寸下限不能低于零，即银行只能持有一定规模的外汇多头寸、不能持有外汇空头寸。2012年4月，为配合扩大人民币汇率浮动幅度、增强人民币汇率双向浮动弹性，外汇局对银行的结售汇综合头寸开始实行正负区间管理，允许银行适当持有空头寸，由此提高银行外汇交易和风险管理的灵活性与主动性。此后，2015年1月起外汇局将结售汇综合头寸由按日考核调整为按周考核，并数次扩大银行的头寸正负区间限额，加快培育自主决策、自担风险、自求平衡的外汇市场格局，促进人民币汇率的价格发现。

四、银行结售汇头寸管理积极运用于跨境资金流动宏观调控

2012年底以来，人民币升值预期有所恢复，我国企业和个人等非银行部门结售汇顺差从低位大幅回升，2013年反弹速度进一步加快，一季度顺差达1 693亿美元，其中一个重要原因是企业利用银行的国内外汇贷款替代购汇。为此，外汇局调整对银行结售汇综合头寸

> 的管理,将银行结售汇综合头寸限额与外汇存、贷款规模挂钩,对于银行外汇贷存比(境内外汇贷款余额/外汇存款余额)超过参考贷存比的银行,要求其在规定的时限内将综合头寸调整至下限以上。政策出台后,银行一方面增持结售汇综合头寸,另一方面控制并压缩国内外汇贷款规模,国内外汇贷款规模逐月下降,国内外汇贷存比得到了控制。2014年12月,外汇局适应外汇供求形势的变化,及时取消了这一临时性限制措施。

三、我国外汇市场发展经验

(一)坚持市场化的改革方向

1992年,党的十四大提出要使市场在国家宏观调控下对资源配置起基础性作用,以这一重大理论突破为起点并不断完善理论创新,党的十八届三中全会提出"使市场在资源配置中起决定性作用和更好发挥政府作用"。我国外汇市场在20多年的发展中始终坚持市场化方向,不断完善市场配置外汇资源的体制机制。

(二)是与汇率市场化改革相配合

过去20多年我国外汇市场发展有快有慢,一个重要原因就是注重与汇率改革保持协调,为主动、渐进、可控推进汇改创造市场条件,既不能超越也不能滞后。2005年汇改后,发展外汇市场的节奏就主动加快一些,1997年亚洲金融危机和2008年国际金融危机期间,节奏就主动放慢一些。

（三）是将服务实体经济放在首要位置

实体经济对于外汇市场的基本和核心需求是有效配置外汇资源和防范汇率风险，如何满足这种需求，既不是简单地什么都不管就万事大吉，也不是一味迎合逐利需求让外汇产品眼花缭乱。应充分考虑微观经济主体的风险识别和管理能力，由简单到复杂、由基础到衍生，避免外汇市场发展脱实向虚。

（四）是充分借鉴国外发展经验但不能简单照搬

相对于国外发达市场，发展中的中国外汇市场可以充分借鉴国际成熟经验，利用后发优势少走"弯路"。但是不能简单照搬和模仿，应以前瞻性视角积极探索适合我国国情和引领国际趋势的发展新路。银行间外汇市场从1994年建立以来，始终坚持有组织交易平台的市场形态，这使2008年国际金融危机后才提出的全球监管改革很大程度上在中国市场已经提前实践。

（五）是与其他金融改革和发展协调推进

我国的改革是系统性的体制转轨，对整体配套关系的要求比较高。外汇市场作为金融体系的组成部分，要与其他领域的金融改革和发展协调推进。新世纪以来外汇市场持续稳健发展，一个重要原因就是与整体金融改革和金融市场发展保持了协调配套。

第三节　我国外汇市场运行现状

经过多年的发展，目前我国外汇市场已形成以银行结售汇制度为基础的银行零售外汇市场和全国统一的银行间外汇市场构成的双层市场体系。

一、外汇市场的基本框架

银行对客户市场是指企业、个人主要作为价格接受方,在银行办理人民币对外汇交易,也就是外汇管理所称的结售汇业务。银行间市场是指金融机构之间通过中国外汇交易中心、货币经纪公司等指定交易平台进行人民币对外汇交易的市场。金融机构在银行间外汇市场既可以对冲代客和自身结售汇头寸,也可以在规定限额或范围内开展自营和做市交易。

银行对客户市场与银行间市场的分层性体现在,企业、个人只能作为金融机构的客户开展交易而不能进入银行间市场,金融机构之间也不能在银行间市场之外进行交易,两个市场适度分离。银行对客户市场与银行间市场的统一性体现在,金融机构将代客结售汇头寸在银行间市场平盘,使两个市场的资金、价格内在联系,前者重在形成市场供求,后者重在形成市场价格,量与价互联互通。

(一)交易产品

我国外汇市场的交易产品包括即期、远期、外汇掉期、货币掉期和期权(普通欧式)五类。其中,银行对客户市场以即期交易为主,远期是最主要的衍生品交易;银行间市场即期和衍生品交易接近各半,外汇掉期是最主要的衍生品交易。

银行间市场的可交易货币包括人民币对美元、欧元、日元、港币、英镑、加元、澳大利亚元、新西兰元、新加坡元、马来西亚林吉特、俄罗斯卢布、泰铢、越南盾、哈萨克斯坦坚戈、瑞士法郎、南非兰特、韩元、阿联酋迪拉姆、沙特里亚尔、匈牙利福林、波兰兹罗提、丹麦克朗、瑞典克朗、挪威克朗、土耳其里拉、墨西哥比索26种,银行对客户市场的挂牌货币超过 30 种。2016 年，银行间外汇市场即期交易以美元为主，交易量占比为 96.8%。

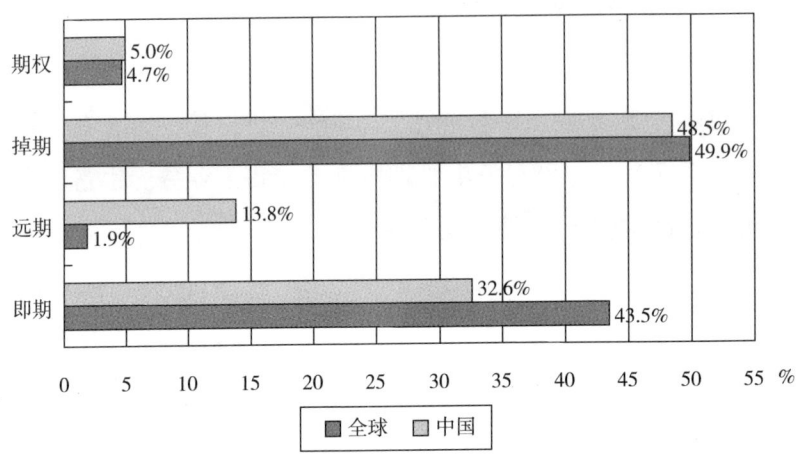

注：中国为 2016 年数据，全球为国际清算银行 2016 年 4 月调查数据。
数据来源：国家外汇管理局、中国外汇交易中心、国际清算银行。

图 4-3 中国与全球外汇市场的交易产品构成比较

(二) 参与主体

境内银行是目前外汇市场的主要参与主体。在银行对客户市场，银行是企业、个人及非银行金融机构的流动性和价格提供方；在银行间市场，已经形成银行与非银行金融机构、境内机构与境外机构并存的格局，但在市场参与程度上仍以境内银行占绝对地位。

2016 年末，取得结售汇业务资格的机构共有 499 家，其中非银行金融机构（企业集团财务公司、证券公司、基金公司等）共有 68 家；特许兑换法人机构 63 家，网点数量达到 382 个；银行间外汇市场共有 597 家机构，其中非银行金融机构（企业集团财务公司）73 家、非金融企业 2 家、境外金融机构 59 家。

第四章　稳步推进外汇市场深化发展

（三）交易和清算模式

银行对客户市场采用双边交易、双边清算模式，银行作为流动性和价格提供方，客户向银行一对一发起询价或直接接受银行报价，属于典型的单一银行交易模式。银行间市场采用电子平台与声讯经纪并存的多元化交易模式。

中国外汇交易中心电子交易系统提供集中竞价、双边询价和双边授信下集中撮合三种交易模式。集中竞价的主要特点是分别报价、撮合成交，采用做市商（经监管部门认可的、持续提供买卖双边报价的银行）报价驱动与做市商—普通银行撮合相结合、以做市商为主导，做市商向交易系统发送买卖价格，交易系统按照价格优先、时间优先原则自动筛选最优买卖报价并匿名发布，普通银行点击匿名交易，支持即期交易，由上海清算所提供集中清算。

双边询价的主要特点是选择对手、协商成交，有双边授信关系的交易双方在交易系统直接协商交易要素并达成交易。一般是由做市商向交易系统发送买卖价格，交易系统自动筛选最优买卖报价并实名发布，交易者自行选择有双边授信关系的对手方进行询价并达成交易，支持所有产品交易，采用双边清算或自主选择上海清算所集中清算（集中净额清算和中央对手清算并行）。

双边授信下集中撮合（指令驱动）的主要特点是以双边授信为基础、自动匹配报价，交易者向交易系统匿名提交指令，在双边授信的基础上由交易系统按照授信、价格、时间的顺序自动匹配指令达成交易（报价流程是匿名的，交易关系是双边的），支持远期、外汇掉期交易，采用双边清算或自主选择上海清算所集中清算（集中净额清算和中央对手清算并行）。

在声讯经纪交易模式下，银行通过货币经纪公司向市场匿名报价或询价，由货币经纪公司撮合后一对一双边交易，支持所有衍生品交易，采用双边清算或自主选择上海清算所集中清算（集中净额清算和中央对手清算并行）。

外汇市场多元化的交易和清算模式，满足了不同主体在不同市场不同产品上的多样化需求。2016年末，银行间市场有32家即期做市商和27家远期掉期做市商，以及5家货币经纪公司。2016年，银行间市场即期交易量的做市商占比为83.2%，集中竞价与双边询价两种交易模式的占比分别为0.01%和99.99%；通过声讯经纪和电子平台达成的银行间市场衍生品交易量比重分别为51.2%和48.8%。

（四）交易报告库

在银行间市场，依托中国外汇交易中心的电子平台初步实现了交易报告库的基本功能。在中国外汇交易中心电子交易系统达成的银行间即期和衍生品交易，可以实现交易数据的自动采集；在货币经纪公司达成的银行间衍生品交易，通过交易双方、货币经纪公司与中国外汇交易中心的双重信息交换，也实现了交易数据的逐笔、即时、完整采集。

在银行对客户市场，建立了覆盖全部交易产品的定期、总量数据采集体系，可以做到高频（按日）监测非银行部门的外汇供求和银行部门的外汇敞口状况。

（五）对外开放

按照现行政策，有三类境外机构可以参与银行间外汇市场：一是境外央行类机构（包括境外央行、货币当局、官方储备管理机构、国际金融组织、主权财富基金），可通过人民银行代理、通过银行间外汇市场会员代理以及直接成为银行间外汇市场会员三种途径，参与交易系统全部挂牌的交易品种，无额度限制和交易背景要求。截至2016年末，共有27家境外央行类机构获得入市资格。二是人民币购售业务境外参加行，经向中国外汇交易中心申请可成为银行间外汇市场会员，参与交易系统全部挂牌的交易品种，无额度限制，但交易背景限于人民币购售业务项下。截至2016年末，共有14家境外参加行获得入市资格。三是境外人民币业务清算行，最早为2003年港澳人民币业务的配套安排，2009年跨境人民币业务试点后扩大。截至2016年末，共有18家境外清算行获得入市资格。同时，为适应国内资本市场对外开放的需要，2017年2月起允许银行间债券市场境外机构投资者参与境内外汇衍生产品市场，便利管理债券投资项下外汇风险。

外汇市场的对外开放不仅丰富了境内市场交易主体，更重要的是体现了境外机构对境内市场的交易产品、交易机制、基础设施等各类市场要素全方位发展的充分认可，境外机构的"引进来"一定程度上也实现了中国模式的"走出去"。

二、外汇市场的主要特征

我国外汇市场由银行对客户市场和银行间市场构成，并相应体现出两个主要特征。

（一）银行对客户市场定位实需交易

实需交易是目前企业、个人参与外汇市场的一个基本要求。企业、个人无论是买入或卖出外汇，也无论是即期或衍生品交易，均应是基于自身真实、合规的跨境贸易、投资等实际经济活动产生的本外币兑换需求。实需交易由人民币汇率市场化和可兑换进程决定，保证了外汇市场发展与人民币汇率市场化和可兑换水平的协调配套，外汇市场侧重服务实体经济部门、汇率形成集中反映实际经济活动。

（二）银行间市场定位有组织交易平台

我国银行间外汇市场从建立之初就具有有组织交易平台的基本形

态，无论是中国外汇交易中心还是货币经纪公司，在市场准入、市场规则、交易前后的信息透明度等方面均符合危机后关于有组织交易平台的各项特征。

▼ 专栏9

我国银行间外汇市场交易模式之争

银行间外汇市场自1994年建立以来，围绕交易模式问题一直存在两种争论。争议之一是，以场外交易是国际外汇市场主流为依据，认为以中国外汇交易中心为平台的银行间外汇市场属于场内或者说有形市场，提出应允许银行开展场外交易。争论之二是，以2008年国际金融危机后全球加强场外市场监管为依据，认为银行间外汇市场属于场外市场，提出应大力发展场内市场。上述争论都忽视场内与场外两种交易模式的差别、全球场外市场监管改革的核心和我国银行间外汇市场的实质。

第一，场内与场外的传统差别在于是否存在中央对手方，前者是标准化产品、撮合交易、集中清算，后者是差异化产品、询价交易、双边清算，但彼此既没有绝对的优劣之分，也没有绝对的边界之别和必然的固定关系，功能融合是国际金融市场的演变趋势，按照传统定义已无法区分场内与场外。例如，国际主流交易平台和我国银行间外汇市场推出的双边授信下指令驱动交易模式，打破了指令驱动只适用于场内市场的传统边界，实现了指令驱动与场外市场的融合。

第二，国际金融危机后关于推进场外交易进入受监管的有组织交易平台的监管改革，旨在解决场外市场透明度缺失问题，但并非"一刀切"地强制所有场外交易转入场内，同时有组织交易平台也不局限于交易所一种形态。

第四章 稳步推进外汇市场深化发展

> 第三,从 1994 年至今,银行间外汇市场始终不变的是其有组织交易平台的形态,变化的是不断丰富的交易模式,从最初的电子平台到声讯经纪、从集中竞价到双边询价。因此,仅以场内或场外将银行间外汇市场进行归类过于简单,有组织交易平台集中化基础上的交易模式多元化是当前银行间外汇市场的基本特征。

三、境内外市场发展比较

我国银行间外汇市场发展至今,广度、深度和流动性等方面均有了显著提升,交易产品与国际市场基本一致,交易模式和交易后处理等监管也提前实践了危机后的全球监管改革。此外,我国还积极践行国际市场交易模式和衍生品标准化的最新趋势,在创新中确保了银行间外汇市场的稳健发展。

(一) 外汇市场产品序列与国外基本一致

经过多年的发展,国内外汇市场持续引入各类新工具,目前已初步形成较为完备的基础类场外外汇工具体系。目前国内外汇市场交易品种包括即期、远期、掉期、货币掉期和期权等,除缺少外汇期货产品外,境内银行间外汇市场与国际外汇市场在产品序列上基本一致。随着人民币汇率双向浮动弹性的增强,境内经济主体利用汇率衍生品管理汇率风险的需求显著增加,促进了外汇衍生品市场的快速发展。2016 年,人民币外汇衍生品累计交易 11 万亿美元,占外汇市场交易总量的 56%。外汇衍生品市场已成为我国机构投资者重要的金融衍生产品市场,也是境内品种最丰富、交易最活跃、交易量最大的衍生品市场。

（二）积极践行危机后全球交易模式与衍生品标准化

国际外汇市场电子交易平台主要提供订单驱动（Order-Driven Model，ODM）和报价驱动（Quote-Driven Model，QDM）两种交易模式。在市场流动性较高的产品中，订单驱动的撮合交易在成交效率和价格透明度等方面具有明显优势，已逐步成为国际外汇市场上的主要交易模式。在国际金融危机后，对场外衍生品的适度标准化已成为未来外汇市场发展的总体趋势之一。相对于报价驱动来说，订单驱动更适用于标准化程度较高、流动性较好的产品。因此，为充分发挥电子交易平台在标准化产品上的优势、提高市场交易效率，银行间外汇市场于2015年和2016年相继推出了基于双边授信、自动匹配（点击成交）的标准化外汇掉期（C-Swap）和标准化远期（C-Forward），进一步丰富了国内银行间外汇市场的交易模式。

（三）国内外汇市场监管模式走在全球监管改革前沿

2008年国际金融危机后，各国普遍开始推动市场监管方式改革。国际市场监管的新要求推动场外衍生品交易、交易后处理和清算等方面逐步转向有组织的交易平台。而国内外汇市场在交易和交易后处理等监管领域的发展思路和措施在一定程度上已经提前实践了危机后全球的监管改革。

一是外汇市场是集中统一的市场。我国银行间外汇市场从成立之初便采用集中管理方式，中国外汇交易中心为银行间外汇市场提供统一的电子交易平台，是我国境内唯一的人民币外汇电子交易平台。相比之下，境外外汇市场则是典型的场外市场，不存在统一的交易场所。国际金融危机后，各国普遍开始推动市场监管方式改革，要求推动场外衍生品交易逐步转向有组织的交易平台，国际外汇市场呈现出与境内市场一致的交易集中化发展趋势。

二是银行间外汇市场已建立交易报告制度。中国外汇交易中心负责采集我国场外衍生品交易数据,承担了交易报告库建设的大量工作,是我国银行间市场事实上的交易报告库。通过对比国内外交易报告库发展情况后发现,外汇交易中心的交易报告库不仅包含衍生品信息,还包括现货信息,这与国外交易报告库只涵盖衍生品数据相比是一大进步。同时,我国银行间市场由于起步较晚,电子化集中交易程度较高,一开始便具有较规范的机构分类、产品分类和交易分类方法。

三是交易后处理广泛运用于银行间外汇市场。中国外汇交易中心自2011年逐步建立银行间外汇市场交易确认平台后,业务范围稳步扩大,从外汇询价(包括即期、远期、掉期交易)扩大到外汇期权等衍生品交易。这对于推动外汇市场发展,提升金融市场效率和防范市场整体风险具有重要意义。

第五章
健全国际收支统计与监测体系

　　国际收支统计、国民账户统计、财政统计和货币金融统计，共同构成一国四大宏观经济统计账户。中国国际收支统计自20世纪80年代初建立以来，始终遵循国际标准并不断改进。进入新世纪，国际经济金融规则深刻变革，中国经济影响力和话语权不断增强，国际国内对中国数据透明度的需求也日益增长。在此背景下，中国宣布加入国际货币基金组织特殊数据发布标准，其中国际收支统计部分率先达标，成为落实国家领导人承诺的重要一步。中国参加国际清算银行国际银行业统计数据报送，加入国际货币基金组织协调证券投资调查，为推动人民币加入特别提款权货币篮子作出贡献，全面提升了我国负责任大国的国际形象。国际收支业已形成较为完整、具有中国特色的统计制度框架，数据透明度持续提高，统计影响力日益扩大，相应的分析与解读也更加深化，为准确判断形势和科学决策提供了坚实基础。

第一节　国际收支统计理论和国际标准

　　国际收支统计理论和方法由国际货币基金组织（International Monetary Fund，IMF）在 20 世纪 40 年代末提出，经过 60 年的完善，已形成完整清晰的框架，并体现为六版《国际收支手册》（*Balance of Payments Manual*，简称《手册》），指导全世界各经济体开展国际收支统计工作。

一、国际收支统计的基本概念和原则

（一）基本概念

国际收支反映一个经济体与世界其他经济体之间的进出口贸易、投融资往来等各项经济交易及对外金融资产负债情况。国际收支包括流量和存量，即国际收支平衡表和国际投资头寸表，二者构成一个经济体完整的国际账户体系。

1. 国际收支平衡表。国际收支平衡表反映一定时期内一经济体居民与非居民之间发生的一切经济交易，包括三大部分，即经常账户、资本和金融账户（含储备资产）、净误差与遗漏。

（1）经常账户。经常账户包括货物、服务、初次收入（收益）和二次收入（经常转移）。

（2）资本和金融账户。资本账户包括资本转移，以及非生产非金融资产的取得和处置。金融账户包括非储备性质的金融账户和储备资产。非储备性质的金融账户按投资方式具体分为直接投资、证券投资、金融衍生产品和雇员认股权，以及其他投资，每种投资方式再分为资产和负债。

（3）净误差与遗漏。净误差与遗漏是指由于资料不完整，多种数据来源在统计时间、统计口径、计价标准方面存在不一致，以及货币折算等原因造成的统计误差。

2. 国际投资头寸表。国际投资头寸表反映特定时点上一经济体居民对外金融资产和负债的存量状况，以及在一定时期内由交易、价格、汇率变化和其他调整引起的存量变化。国际投资头寸表与国际收支平衡表中的金融账户一样，包括直接投资、证券投资、金融衍生产品和雇员认股权、其他投资，以及储备资产。

完整的国际投资头寸表由期初头寸、期间交易、期间非交易变动和期末头寸构成。其中，期初和期末头寸为时点上的国际投资头寸值。期间交易为国际收支平衡表中金融账户的当期交易流量。期间非交易变动指价格、汇率变化和其他调整等金融资产和负债的其他变化。

3. 国际收支平衡表与国际投资头寸表的关系。国际收支平衡表中的金融交易是引起国际投资头寸变化的主要原因，这构成国际收支平衡表与国际投资头寸表之间的主要联系，二者在核算原则上是一致的。例如，我国货物贸易出口带来外汇收入，平衡表中贷记货物出口，同时借记金融账户中外汇存款资产增加，国际投资头寸表中外汇存款资产余额相应增加。

除了金融交易外，价格变动、汇率变化和其他调整也会引起对外金融资产负债头寸变动。例如，我国居民持有股票，如果期末价格较购买时大幅上涨，则这些股票资产价值随之增加，这种与交易无关的价格变动（持有损益）属于非交易变动的一种。

此外，国际投资头寸表中的对外资产负债会产生投资收益（如利润、利息和股息）的收入与支出，即形成从国外获得的投资收益和对外支付的投资收益，这些交易记录在国际收支平衡表经常账户的初次收入中。

(二) 基本原则

1. 经济利益中心的居民原则。国际收支是以居民（即机构和个人的经济利益中心，如在经济体内拥有住所或生产场所）为基础进行的统计，与国籍没有必然的联系。

2. 复式记账的会计原则。国际收支平衡表采用复式记账法，遵循"有借必有贷、借贷必相等"的会计记账原则，每笔交易由两个金额相等、方向相反的会计分录组成。贷方表示实际资源出口和金融资产减少，借方表示实际资源进口和金融资产增加。如货物出口收汇在国际收支平衡表中贷记货物贸易、借记银行境外存款，外商直接投资现汇流入在国际收支平衡表中贷记直接投资、借记银行境外存款。

3. 权责发生制的记录原则。国际收支平衡表采用权责发生制确定流量的记录时间，即以经济所有权变更确定记录时间。如货物贸易是在所有权转移时记录，服务是在提供时记录。

4. 市场价值为主的计价原则。国际收支统计主要采用市场价格计价。交易的市场价格是指现行交换价值，即具体交换的实际价格，是在双方自愿的前提下，买方为获取某物而向卖方支付的货币数额。

二、国际收支统计标准的演进

（一）国际收支统计方法的标准不断演进

《手册》自问世以来，便通过不断修订来适应世界经济的发展和变化，迄今已修订至第六版。1948 年《手册》第一版提出了报送国际收支数据的表格和简要说明，但没有深入讨论国际收支的概念和编制方法。1950 年，IMF 发布了《手册》第二版，提出了国际收支体系的基本概念。1961 年，《手册》第三版发布，第三版较前两版大幅改进，提供了一整套可供各经济体使用的国际收支统计原则。1977 年的《手册》第四版更是全面地阐述了国际收支统计的基本原则，其中有关"资本账户"的提法沿用至今。1993 年，《手册》第五版与同期编制的《国民账户体系（1993）》之间进行了协调，从而将不同的经济数据联系起来。《手册》第五版对国际收支定义、术语和账户结构做了很多修改，最重要的是，除传统的国际收支流量统计外，还引入了有关国际投资头寸（即存量）统计的内容。2009 年发布的《国际收支和国际投资头寸手册》(即《手册》第六版)是 IMF 最新一版的国际收支统计手册,它保留了第五版的总体框架,但更为细化,并与《国民账户体系(2008)》和其他国际通行的统计手册更加协调一致。

(二) 国际收支数据发布标准逐步提高

随着经济全球化的不断加深推进,各国之间经济金融合作往来也愈加频繁。20 世纪 90 年代中期频繁爆发的金融危机使得 IMF 认识到,经济金融信息缺乏是新兴市场国家发生金融危机的重要原因,需要制定统一的数据发布标准,使各成员国按照统一程序提供全面、准确的经济金融信息。为此,IMF 于 1996 年发布"数据公布特殊标准"(Special Data Dissemination System, SDDS),旨在指导那些已经或希望参与国际资本市场的国家公布其关键数据;1997 年发布"数据公布通用标准"(General Data Dissemination System, GDDS),旨在为尚未达到 SDDS 要求但希望改进统计制度的国家提供一个基本框架。

GDDS 和 SDDS 框架基本一致,主要涉及实体部门、财政部门、金融部门、对外部门和社会人口五大类统计数据,具体内容包括数据的范围、频率和及时性,公布数据的质量,公布数据的完整性和公众获取四个方面。相比 GDDS,SDDS 在上述四个方面提出的要求更高,对尚未达到 SDDS 要求的成员国,可先加入 GDDS,花时间改进数据,向更高的标准努力。为了给予成员国公布统计数据一定的灵活性,IMF 将 GDDS 数据类别分为"规定性"和"鼓励性"两类,将 SDDS 数据类别分为"必须""鼓励"和"视相关程度"三类。

IMF 根据不断变化的形势对数据公布标准进行更新调整。2013 年,为指导 SDDS 参加国向公众提供更为详细的经济和金融数据,以确保国内和国际金融市场稳定性,IMF 发布"数据公布特殊标准增强版"(SDDS Plus,简称 SDDS +)。SDDS + 的主要数据公布要求覆盖实体部门、财政部门、金融部门和对外部门四个部门九类数据(见表 5-1)。

表 5-1　　　　　　　　　SDDS+涵盖的范围

实体部门	财政部门	金融部门	对外部门
• 分部门的资产负债表	• 广义政府运行 • 广义政府债务	• 其他金融公司调查 • 金融稳健性指标 • 债务证券	• 协调证券投资调查（CPIS） • 协调直接投资调查（CDIS） • 分币种储备数据（COFER）

（三）国际收支数据缺口弥合有了新标准

2008年，国际金融危机爆发，全球金融市场深受震荡，以二十国集团（G20）为首的主要经济体意识到，要有效控制经济金融风险全球传导的负面影响，离不开及时、准确、全面的数据支持。提升关键数据标准和共享程度将成为降低全球信息不对称的关键一步，也将会极大地改善全球金融市场与经济金融监管应对风险的能力。

受二十国集团委托，国际货币基金组织和金融稳定理事会（Financial Stability Board，FSB）担负起制定协调一致数据提供标准的重任。在广泛征求国际银行协会、全球各大商业银行和投资机构意见的基础上，IMF和FSB总结出20条数据提供改进动议，即"数据缺口动议"（Data Gaps Initiative，DGI），着重解决以下问题：一是弥合以往只重视宏观经济总量数据，无统一平台提供更精细的跨国、跨市场、多币种数据的缺口，为宏观审慎管理提供配套的统计分析框架。二是解决因统计数据分散、标准差异、透明度不够等原因导致监管当局和市场主体难以应对经济金融变化的问题。三是通过不断健全统计分析以解决传统宏观经济模型对金融部门关注不足的问题。

数据缺口动议分为两个阶段（见表5-2）：第一阶段为2009—2015年，包括20条涉及宏观经济、金融以及统计协调等各领域的动议，涉及国际收支统计的有IMF的协调证券投资调查（CPIS）和BIS的国际银行业统计（IBS）（动议10和动议11），以及按照《手册》（第六版）的要求，按季度发布国际收支平衡表和国际投资头寸表。第二阶段为

2016—2021 年，同样包括 20 条动议，对数据提出了更高的要求。除第 1 条授权以外，其中 6 条属于金融部门风险监测，11 条属于脆弱性、关联性和溢出效应，2 条属于官方统计数据交流。其中，涉及国际收支统计的有第 10 条（IIP）、第 12 条（CPIS）和第 13 条（CDIS）。

表 5-2　　数据缺口动议一览表

DGI 第一阶段	DGI 第二阶段
金融领域的风险监测	1. DGI 命令
1. 定期交流	监测金融部门的风险
2. 金融稳健指标（FSI）	2. 金融稳健指标（FSI）
3. 尾部风险	3. FSI 集中度和分布测量
4. 总杠杆率和期限错配	4. 全球系统性重要金融机构的数据（GSIFIs）
5. 信用违约互换	5. 影子银行
6. 结构化产品	6. 衍生品
7. 证券统计	7. 证券统计
跨境金融联系	脆弱性、内部关联、溢出效应
8. & 9. 全球系统性重要银行（G-SIBs）数据	8. 部门账户
10. & 11. 国际银行业统计（IBS）与协调证券投资调查（CPIS）	9. 分布信息
12. 国际投资头寸表（IIP）	10. 国际投资头寸表（IIP）
13. & 14. 金融与非金融公司的跨境敞口	11. 国际银行业统计（IBS）
国内经济应对冲击的脆弱性	12. 协调证券投资调查（CPIS）
15. 部门账户	13. 协调直接投资调查（CDIS）
16. 分布信息	14. 非银行公司跨境头寸
17. 政府财政统计（GFS）	15. 政府财政统计（GFS）
18. 公共部门债务	16. 公共部门债务数据库（PSDS）
19. 房地产价格	17. 住宅房地产价格（RPPI）
改善官方统计交流	18. 商业房地产价格（CPPI）
20. 全球主要指标（PGI）	官方统计交流
	19. 国际数据合作和交流
	20. 数据共享的提高

资料来源：IMF 官方网站：www.imf.org。

第二节 中国国际收支统计框架的发展

自20世纪80年代初以来的三十余年间,我国国际收支统计从无到有,逐步形成了国际收支统计间接申报、直接申报、重点调查和统计估算等相结合的较为完整的制度框架。

一、我国国际收支统计体系的建立和发展

中国的国际收支统计要从1980年我国恢复在IMF的正式席位谈起。作为IMF的成员,编制和发布国际收支统计数据是我国履行数据透明度承诺的重要组成部分,由此,中国国际收支统计工作正式起步。

(一)国际收支统计起步阶段(1980—1995年)

1981年9月2日,国家外汇管理局根据国际通行的统计方法,结合我国经济运行实际,制定了我国首个国际收支统计制度,即主要依赖海关总署、经贸部、财政部、旅游局等国家行政主管部门基于行业管理需要采集的行政记录,外汇局对这些行政记录进行汇总并编制成中国国际收支平衡表。1982年外汇局开始正式按照《手册》(第四版)要求,按年编制中国国际收支平衡表,并于1985年9月首次向社会发布了1982—1984年中国国际收支概览表。

(二)国际收支体系建立阶段(1996—2012年)

随着我国市场经济体系的建立和完善,涉外经济得到快速发展,这种依靠行政管理部门采集的信息在统计口径、涵盖范围、时效性等方面与国际标准的差距日益明显。1995年,外汇局根据IMF《手册》(第五

版）制定了《国际收支统计申报办法》，其经国务院批准后于1996年正式实施。这部行政法规奠定了国际收支统计的法律基础，也将国际收支统计数据来源从国家行政主管部门、行业管理角度转换到了发生业务的境内金融机构、交易主体的角度。同年，外汇局实施通过境内金融机构采集国际收支间接申报数据制度，并建立了国际收支统计监测系统。从1997年1月1日起，金融机构对外资产负债及损益、汇兑、直接投资和证券投资统计等申报制度相继实施。一系列配套的国际收支统计申报制度的建立，覆盖了政府、金融机构、企业、个人等各类申报主体，并建立了相应的电子化数据采集系统，大大增强了统计数据的精确度和真实性，也增加了统计数据来源的丰富性，标志着我国国际收支统计体系轮廓雏形的形成。

（三）国际收支体系成熟阶段（2013年至今）

从2013年开始，为实施IMF《手册》（第六版），外汇局先后修订或制定了《国际收支统计申报办法》《境内银行涉外收付凭证管理规定》《涉外收支交易分类与代码》《通过银行进行国际收支统计申报业务实施细则》《对外金融资产负债及交易统计制度》《国际收支申报核查制度》《贸易信贷调查制度》等规定，形成以直接申报和间接申报为主，以抽样调查、外部门统计、国际组织统计为辅，覆盖数据采集、质量控制、数据编制和数据发布全流程的新框架。根据申报主体和不同交易特点，探索使用了逐笔交易数据、多维汇总交易数据、简单指标抽样等多种方法，实现了较好的统计分析和数据挖掘效果。

二、我国国际收支统计的制度框架

目前，我国已经形成比较完备的国际收支统计制度框架，具体包括通过银行进行的涉外收付款统计（间接申报）、对外金融资产负债及交易统计（直接申报）、专项调查及其他部门行政记录和国际组织统计，为编制国际收支平衡表和国际投资头寸表奠定了坚实的制度基础。

(一) 通过银行进行的涉外收付款统计（间接申报）

非银行机构和个人通过银行进行的涉外收付款统计（又称为国际收支统计间接申报），即国际交易报告系统（International Transaction Reporting System, ITRS），于1995年建立，其采集非银行部门通过银行进行的涉外收付资金流动数据，是我国国际收支交易数据的主要来源之一。

1. 申报主体。通过银行进行的涉外收付款统计实行交易主体申报的原则，即境内居民和境内非居民在通过境内银行发生涉外收付款时，应当通过经办银行向外汇局及时、准确、全面地进行国际收支统计申报。

2. 申报内容。涉外收付款相关信息是申报主体申报的内容，即申报主体通过境内银行从境外收到的款项和对境外支付的款项（包括跨境人民币收付款），以及境内居民通过境内银行与境内非居民发生的收付款，具体包括这些款项的金额、币种、交易性质、交易对方国家（地区）等信息。

(二) 对外金融资产负债及交易统计（直接申报）

对外金融资产负债及交易统计（又称为国际收支统计直接申报）于1996年建立，采用的是贴合国际标准的权责发生制。初期只采集存量；2013年全面修订后既采集国际收支交易流量，又采集对外金融资产负债存量，是我国国际收支统计的又一重要数据来源。

1. 申报主体。目前，对外金融资产负债及交易统计的申报主体包括境内银行、保险、证券等各类金融机构及一些重要的非金融机构（如境外上市的境内非金融企业）。对外金融资产负债及交易统计具有较好的扩展性，可以随着市场主体业务的发展而扩展，以适用于更广泛的申报主体。

2. 申报内容。统计内容涵盖申报主体所发生的货物买卖、服务贸易、股息利息收支、无偿捐赠和赔偿等交易情况，以及其对外金融资产负债的交易和存量情况，包括直接投资、证券投资、金融衍生产品和存贷款等其他投资。

（三）专项调查

国际收支统计具有涵盖繁杂交易项目的特点，涉及国际经济交易的方方面面，为了提高统计的精度，需要辅之以针对特定项目的专项调查来获得专门的信息，如贸易信贷调查和旅行收支现钞花费比例调查。

1. 贸易信贷调查。贸易信贷调查采集的是货物交易的进口方和出口方之间由于直接商业信用而产生的资产和负债，即由于涉及货物的资金支付时间与货物所有权发生转移的时间不同而形成的债权和债务。

2. 旅行收支现钞花费比例调查。旅行收支现钞花费比例调查是针对入境的非居民旅行者和出境的居民旅行者开展的一项随机抽样调查，它通过获取旅行收入和支出花费中各种支付渠道的占比（如银行卡、现钞），以用于估算现钞消费金额，完善国际旅行收支统计。

（四）其他部门行政记录和国际组织统计

除上述由外汇局直接采集的数据外，编制国际收支统计还需辅以其他相关部门统计数据，如海关的货物进出口统计数据、人民银行的中央银行资产负债统计数据，商务部的对外直接投资数据、证监会的证券发行数据等。此外，由于难以采集到境内主体在境外的存款资产数据，我国国际收支统计还使用了国际清算银行的相关统计数据。

第五章 健全国际收支统计与监测体系

▼ 专栏10

《国际收支和国际投资头寸手册》（第六版）标准下的国际收支统计

我国从2015年开始按照《手册》（第六版）的标准编制和公布国际收支平衡表和国际投资头寸表。与第五版相比，第六版加强了对经济体脆弱性和可持续性的分析和监测，更加关注国际投资头寸情况。主要变化有：

一、主要项目名称有所调整

一类调整是项目的中文翻译改变，如"经常项目"改为"经常账户"，"资本和金融项目"改为"资本和金融账户"。另一类调整是项目的英文名称改变，为与国民账户体系等其他国际统计标准的相关概念相协调，如经常账户下的"收益"改为"初次收入"、"经常转移"改为"二次收入"等。

二、项目归属及分类变化

一是"来料加工"在第五版下按照出口和进口分别记录在货物贸易贷方和借方，而第六版是按照"工缴费"净额记录在服务贸易贷方；"转手买卖"由服务贸易调整至货物贸易下，按净额记录在贷方。二是将"金融衍生工具"从证券投资中单列出来，成为与证券投资并列的分类。三是将储备资产列于金融账户下。为兼顾公众的使用习惯，我国在金融账户下设"非储备性质的金融账户"和"储备资产"两个大项，前者口径与以往公布表式的金融账户相同。

三、列示方法变化

一是使用一列方式列示数据。以往在公布国际收支平衡表时按贷方、借方、差额三列列示数据，2015年起按照一列列示数据。这

143

种列示方法有助于进行时间序列分析。二是金融账户按差额列示而不再列示借贷方。主要是因为金融交易往往非常频繁，规模非常大，分析资产和负债的净变化比总流量更有意义。并且，总流量通常很难统计，很多时候需根据存量变化推算流量。另外，第六版给出了金融账户新的记录方法，可将资产和负债的增加均记录为正值，减少均记录为负值。考虑公众的使用习惯，我国仍采用以往的记录方法，即将金融账户资产净增加记借方（以负值表示），负债净增加记贷方（以正值表示）。

四、直接投资的统计方法发生变化

直接投资从第五版的"（投资）方向法"调整为第六版的"资产负债法"。两种方法主要是对逆向投资（即直接投资企业对境外母公司的投资）的处理不同。第五版中，根据投资方向，直接投资被划分为"我国对外直接投资"（ODI）和"外国来华直接投资"（FDI），其中ODI下既包括我国对外直接投资的资产，也包括我国对外直接投资的负债（逆向投资），并按照资产减负债的轧差方式记录对外直接投资净资产；同样，FDI项下则采用外国来华直接投资负债减去外国来华直接投资资产（逆向投资）的统计原则。而第六版中，直接投资改为列示资产、负债，资产中既包括属于ODI的境内母公司对境外子公司的投资，也包括属于FDI的境内子公司对境外母公司的逆向投资；负债同理。

五、改进了部分存量数据统计方法

根据《手册》的最新标准，从2015年起全面采用市值法统计和编制我国国际投资头寸表中的各项数据，替代以往个别项目历史流量累计的方法。

第三节 新世纪以来中国国际收支统计监测成就

随着我国国际收支统计制度的不断完善，申报主体统计申报意识的增强，新世纪以来，我国的国际收支统计工作以新的态势快速发展，并达到国际标准的先进水平。主要表现在数据采集制度框架日趋完善、数据质量控制体系逐步形成、统计数据透明度不断提高、统计数据分析与解读更加制度化、与时俱进践行国际新标准这五个方面。

一、国际收支统计数据采集制度框架日趋完善

新世纪之前，1995 年的《国际收支统计申报办法》及其配套制度为我国国际收支统计申报体系的发展奠定了坚实的基础。但随着我国对外经济形势的快速发展，逐渐产生了调整的必要：一是实践在发展。国际收支的交易规模快速增长、交易主体结构日趋复杂化、金融产品类型不断创新、交易方式日益多样化。2015 年，我国的涉外收付款总规模达到 6.7 万亿美元，是统计制度建立早期（1999 年）的 20 倍。二是标准在提高。国际标准不断推陈出新，IMF 于 2009 年发布《手册》（第六版），在统计原则、范围和项目分类以及框架结构等多方面进行了修订和细化，对我国国际收支统计方法和数据质量提出了更高的要求。

自 2013 年起，外汇局陆续对国际收支统计数据采集制度框架进行完善。

（一）修订《国际收支统计申报办法》

2013 年国务院 642 号令修订发布了《国际收支统计申报办法》，主

要变化是：一是对应《手册》（第六版）名称的调整，在申报办法中强调了国际投资存量或头寸的重要性。二是增加了"拥有对外金融资产、负债的中国居民个人"的申报义务，这一变化从统计框架上确保了完整性、权威性，为后续减少数据漏损，全面反映各部门的对外资产负债状况做了铺垫。三是增加了在中国境内发生经济交易的非中国居民也应当申报国际收支信息的规定，这是根据非居民在境内金融机构开立账户、办理涉外交易的规模增长较快的情况所做的调整。总体来讲，新办法本身还是比较原则，它的重要意义在于，它是国际收支统计的纲领性法规，勾勒了国际收支统计的整体框架，是当前及未来各项具体统计数据采集制度的法律依据。

（二）不断完善通过银行进行的涉外收付款统计

1. 涉外收付款统计自成体系。涉外收付款统计制度于 1995 年建立，自 2000 年以来经历了渐进的整合修订过程。2003—2006 年，先后修订《国际收支统计申报办法实施细则》，制定国家标准《涉外收支交易分类与代码》《境内银行涉外收付相关凭证管理规定》《通过金融机构进行国际收支统计申报业务操作规程》等一系列规范性文件。2013 年以来，根据新修订的《国际收支统计申报办法》，外汇局又陆续修订或制定了《境内银行涉外收付凭证管理规定》《涉外收付交易分类与代码（2014 版）》《通过银行进行国际收支统计申报业务实施细则》《通过银行进行国际收支统计申报业务指引（2016 版）》。涉外收付款统计随着经济发展和统计监测要求不断更新，保持了较好的适应性，为宏观经济监测分析提供了扎实的数据基础。

2. 申报更加便利、简化。为顺应银行业务电子化的发展，简化和便利申报主体及时完成涉外收付款统计申报，外汇局将申报途径由传统的纸质申报扩展到客户通过银行提供的网上银行、手机银行等电子渠道申报或者机构申报主体可通过外汇局提供的企业版系统完成涉外收入的申报。为减轻小额个人的申报负担，2006年首次规定对金额在等值2 000美元以下（含）的对私涉外收入款项实行限额申报，2010年该限额提高至等值3 000美元，2015年进一步提高至等值5 000美元，并适用于对私双方向的涉外收付款。

3. 申报时效逐渐提高。1995年涉外收付款制度建立之初设定的申报时限为月后25个工作日。2001年9月1日，国际收支涉外收入申报期限由月后25个工作日缩短为月后10个工作日，2013年1月1日起进一步从10个工作日缩短为5个工作日，大大提高了数据申报的及时性。

（三）全面深入采集对外金融资产负债及交易统计数据

我国最早的直接申报制度是金融机构对外资产负债及损益统计申报和证券投资统计申报，于1996年开始施行。2013年外汇局发布新的《对外金融资产负债及交易统计制度》，取代了原有的直接申报制度，2016年对新制度再次进行修订。

1. 扩展了申报主体范围。申报主体从1996年制度推出之初的以银行和证券公司为主，到2013年扩展至银行、证券、保险等金融机构，2016年又进一步扩展到境外上市的境内非金融企业，合理设定申报主体申报义务顺序，既确保数据不重不漏，又尽量引入集中申报主体以使申报负担最小化。

2. 丰富了统计要素维度。从老制度主要涵盖存量数据，拓展至涵盖金融交易流量和存量数据，并增加非交易变动、国别、币种、部门、期限等要素项。从老制度的二维报表数据采集方式，转为采用数据流表式采集方式，极大地拓展了数据维度。

3. 提高了申报时效。除个别项目外，大部分要素从原来的按季度或年度报送提高至按月报送，以便更好地满足高频监测的需要。

4. 提升了数据使用效用。新制度既可用于编制国际收支平衡表和国际投资头寸表，又可用于编制IMF协调证券投资调查（Coordinated

Portfolio Investment Survey，CPIS)、国际清算银行（BIS）国际银行业统计（International Banking Statistics，IBS）的多种数据。

（四）充分发挥重点调查科学灵活的重要作用

1. 贸易信贷调查制度持续完善。2004年，外汇局制定并发布了《贸易信贷调查制度》及其实施方案，首次采用抽样调查的方法对因货物贸易产生的进出口商之间直接提供的商业信用（即货物贸易下的应收应付款、预收预付款）进行调查。2016年，为进一步提高数据质量和调查效率，外汇局对贸易信贷调查制度进行了修订：进一步简化了调查指标；将调查频率由季度提高到月度，并采用月度调查和年度调查相结合的方式；采用规模以上企业重点调查的方法，统筹兼顾了提高统计数据质量与减轻报送负担之间的平衡。

2. 开展境外上市市值调查和旅行收支调查。为更好地反映境内企业境外上市市值的变化，自2015年起，外汇局根据国际标准按照市值优先的要求，利用证监会公布的注册地在境内、上市地在境外的企业名录，按季度根据上市公司年报、交易所市场价格等公开披露信息对我国到境外上市企业的市值进行调查统计。之前，我国企业的境外上市市值余额数据为历年上市初始筹资金额的累加数据，未考虑市值变动等因素。2016年9月，境外上市的境内非金融企业被纳入对外金融资产负债及交易统计，市值调查相应停止。

2016年，外汇局尝试开展了旅行收支现钞花费比例调查，通过获取旅行收入和支出中各种支付渠道的占比（如银行卡、现钞），完善国际旅行收支统计。2016年底，外汇局全面采用支付渠道数据，编制2016年全年国际收支平衡表旅行收支正式数，并追溯调整2014年、2015年数据。

(五) 综合各种数据来源和统计方法提升国际收支统计效益

新世纪之前,国际收支统计始于对部门行业统计数据的超级汇总。新世纪以来,国际收支统计发展了独立的较为完善的自有数据源,但是仍然高度重视对各类行政记录数据的充分利用,目的是实现申报主体负担的最小化和行政资源效益的最大化。外汇局与商务部、海关总署等部门保持良好的统计沟通和合作,充分利用国际货物贸易统计、对外直接投资统计、货币当局资产负债统计等方面的统计信息编制中国国际收支统计数据,减少部门重复统计,减轻申报主体负担。特别是自2007年以来,外汇局与商务部、国家统计局制定了《中国对外直接投资统计制度》,按年度联合发布《中国对外直接投资统计公报》,在对外直接投资统计方面形成了合力。此外,外汇局在国际收支统计中也注重与国际组织的合作,充分使用伙伴国数据、国际组织数据来估算中国的国际收支和国际投资头寸数据。

二、国际收支统计数据质量控制体系逐步形成

新世纪以来,国际收支统计数据质量控制逐步走向制度化和规范化。为确保国际收支统计数据的准确性、及时性和完整性,外汇局形成了一套较为严密的数据质量控制体系并逐步完善,通过机器核查和人工核查相结合、非现场核查和现场核查相结合、报送前校验和报送后核查相结合等方式,较好地把控了数据质量。

(一) 数据质量核查实现制度化

数据质量核查是数据采集后的"第二道工序",是确保发布高质量数据的关键环节。2003年,外汇局探索制定了《国际收支统计间接申报核查制度(试行)》,首先在间接申报数据中尝试了规范化的核查规

则。2011年，修订发布为正式的《国际收支统计间接申报核查制度》，标志着间接申报核查制度的成熟。2015年，外汇局修订发布了《国际收支统计申报核查制度》，新制度涵盖的范围不仅包括间接申报，还新增了对直接申报和贸易信贷调查的核查要求；明确了国际收支统计核查的定位是确保统计申报数据的及时性、完整性和准确性；规范了核查流程，如非现场核查和现场核查的频率、时间要求、文书格式等。《国际收支统计申报核查制度》全面地规范了国际收支各项统计申报的核查工作，有利于从申报主体和核查人员双方面共同提升数据质量。

（二）数据质量核查流程常态化

外汇局不断探索数据核查方法，形成了一套四个环节的数据质量控制流程：一是数据采集制度中明确表内和表间统计要素的逻辑关系，二是通过计算机系统进行数据报送前端接口数据文件校验，三是数据报送后计算机和人工进行非现场核查，四是现场核查。通过前端核查和后端核查、计算机程序和人工校验、非现场核查和现场核查、报送者自查与外汇局核查相结合，基本形成了较为完备的数据质量控制流程。

（三）数据核查规则统一透明

为了鼓励申报主体自行查找数据问题，推进统一的数据质量认定标准，外汇局总结制定了核查规则，并向申报主体公布。2015年，外汇局制定了《通过银行进行国际收支统计申报业务核查规则（暂行）》。未来，外汇局还将制定和发布对外金融资产负债及交易统计的核查规则，促进申报主体和外汇局在统一透明的核查规则下尽可能减少申报错误和疑问，不断提高数据质量。

三、国际收支统计数据透明度不断提高

新世纪以来，我国国际收支统计数据的透明度有了大幅提升，体现为产品更丰富、发布频度加快、数据维度更多样、发布更及时。

（一）统计产品日益丰富

1982—2000 年，外汇局仅发布国际收支平衡表。2006 年 5 月，首次发布 2004 年末和 2005 年末中国国际投资头寸表，标志着我国对外部门统计信息的完整发布，并被 IMF 誉为"具有里程碑意义的重大事件"。从 2012 年开始发布金融机构直接投资流量和存量数据，展示我国金融机构"走出去"和"引进来"的一系列发展变化。2014 年，开始公布我国国际服务贸易月度数据，通过细分服务贸易子项目展示我国对外服务贸易发展变化。2015 年，在公布月度服务贸易数据的基础上，增加发布国际收支口径的月度货物贸易数据。2016 年，我国开始向 IMF 报送协调证券投资调查（CPIS）数据，同时发布我国对外证券投资资产分国家/地区数据。2016 年，我国也正式成为 BIS 本地口径的国际银行统计（Locational Banking Statistics，LBS）的数据报送国，同时发布我国银行业对外金融资产负债数据。外汇局国际收支统计数据产品不断拓展其子项分类和维度，更好地满足社会各类数据需求。此外，自 2005 年起每年发布《中国国际收支报告》，为社会各界提供专业的解读，便于社会公众更好地理解我国国际收支情况。

（二）统计产品公布频度显著提高

国际收支平衡表方面，1982—2000 年，外汇局按年度公布国际收支平衡表，2001 年起频率提高至半年度，2010 年继续提高至季度。同时，从 2009 年 8 月开始公布当年上半年国际收支平衡表初步数，时滞

为季后 2 个月，并于季后 4 个月内发布各季度平衡表修订数，这是外汇局首次发布平衡表初步数；其后，又将国际收支初步数和正式数发布时滞分别缩短至季后 40 天和 3 个月内。国际投资头寸表方面，2006—2010 年，按年度公布国际投资头寸表，从 2011 年开始频率由每年公布一次提高到每季度公布一次。国际收支及相关数据发布时间表于 2012 年首次公布，以方便社会公众获取和使用数据，增强国际收支统计数据在宏观经济分析和决策中的作用和影响力。

(三) 引入数据修正机制

在统计技术上，外汇局在 2010 年引入了国际通行的数据修正机制，国际收支平衡表的数据发布由一次改为三次，即初步数、正式数和修订数；国际投资头寸表的数据发布由一次改为两次，即正式数和修订数。初步数的时滞为统计期后 40 天，正式数为 3 个月；而在每年发布当年第四季度和全年国际收支平衡表和国际投资头寸表时，均对上年各季度的国际收支平衡表和国际投资头寸表进行修订。2012 年，外汇局将按季度发布国际收支平衡表当年累计数调整为发布单季度的国际收支平衡表，同时追溯调整并首次公布 1998 年以来单季度国际收支平衡表时间序列数据，进一步便利了社会公众对统计数据的分析和使用。修订机制表明，国际收支数据编制者总是精益求精，一方面，国际收支数据能够尽快送到使用者手中；另一方面，也力求把最优质的数据呈现给数据使用者。

四、国际收支统计数据分析与解读更加制度化

(一) 不断完善国际收支相关数据的监测分析机制

根据多年来的工作实践，外汇局进一步提高日常分析的及时性、

针对性和前瞻性，逐步形成按日、按周、按月以及不定期的监测分析报告制度。一方面，密切关注国际宏观经济形势变化、国际金融危机演变、发达经济体货币政策调整、国内经济金融运行等对我国跨境资金流动的影响。根据我国跨境资金流动形势变化，及时调整监测重点，从本世纪以来的关注跨境资金持续流入转为2008年国际金融危机爆发后的流入流出双向监测，2014年以来更加关注跨境资金流出压力和风险。另一方面，全面梳理跨境资金流入和流出的主要渠道，尤其是评估境内主体本外币资产负债结构调整的影响，如外汇存贷款、跨境融资等变化。

（二）逐步提高国际收支风险监测预警效率和科学性

20世纪80年代以来，国际收支危机频繁发生，对危机发生国乃至整个世界经济造成较大的冲击。从实践情况看，预测危机的难度很大，但也可以通过评估相关指标变化，查找可能存在的脆弱性因素。鉴于此，亚洲金融危机后，我国就开始着手研究防范国际收支危机的早期预警模型，形成了一套包含数据管理、监测预警、电子化处理和展示等多项功能的国际收支风险预警系统，重点关注资本集中流出风险。随着我国国际收支主要矛盾从外汇短缺向大额顺差的转变，大量资金净流入给宏观调控、人民币汇率、储备经营等带来了诸多压力。为此，2009年开始研究完善国际收支风险监测预警体系，主要目标是双向监测国际收支逆差式和顺差式失衡风险，衡量跨境资金流出和流入的当前压力及未来趋势。2010年初步建立了相关的指标体系，2013年以来又开始进一步完善和更新监测预警指标，并开发相关系统，在实践中不断完善和改进。

（三）统计数据分析为政府决策提供有益参考

跨境资金流动审慎管理有的放矢，监测分析能够在政策实施渠道、影响程度评估和跟踪监测等方面提供信息与建议，近年来在应对外汇资金较大波动时得到较好的实践。一是2010年底2011年初，银行对客户远期签约净结汇快速增长。为对冲自身外汇风险敞口，银行在即期市场提前卖出外汇头寸（造成收付实现制头寸下降），增大外汇供给压力。为此，外汇局对银行按照收付实现制原则计算的头寸余额实行下限管理，限制银行远期结售汇敞口通过即期市场平盘，促使银行及时调整远期结售汇报价，并由此对客户远期结售汇规模形成约束，应对跨境资金异常的流入。政策出台后，银行对客户未到期远期差额不再上升，缓解了外汇流入压力，同时由于银行增持了外汇头寸，抵御风险能力得到提升。二是2012年底2013年初，我国企业和个人等非银行部门结售汇顺差从低位大幅回升，2013年一季度顺差达1 693亿美元，其中一个重要原因是企业利用银行的国内外汇贷款替代购汇。为此，外汇局调整对银行结售汇综合头寸的管理，将银行结售汇综合头寸限额与外汇存、贷款规模挂钩。政策出台后，银行一方面增持结售汇综合头寸，另一方面控制并压缩国内外汇贷款规模，国内外汇贷存比得到了控制，外汇流入压力也明显缓解。在监测到外汇供求形势发生变化后，外汇局及时取消了上述临时性措施。三是2015年下半年以来，银行远期售汇签约额快速增长，给外汇市场带来了较大的购汇压力，监管部门适时实施了银行缴纳远期售汇风险准备金的审慎措施，有效抑制了外汇市场的非理性和投机行为。

（四）统计数据解读在舆论宣传中起到以正视听的作用

目前，针对我国国际收支形势和跨境资金流动状况的常规和定期解读主要包括半年度的《中国国际收支报告》和每季度的数据发布会，包含对我国国际收支、跨境收支和结售汇三套主要监测数据变化的分析与判断。此外，根据形势变化和社会关注度，还会不定期地以答记者问等方式及时回应热点问题。实践中，形势解读以及相关的对外宣传发挥了引导舆论、稳定预期的作用。如 2010 年，我国跨境资金流入压力加大，社会各界对于热钱流入规模讨论较多，通过《中国跨境资金流动监测报告》的方式，用数据和事实得出跨境资金流动与实体经济活动基本相符的结论，达到了正本清源的目的。2014 年下半年以来，跨境资金流出以及资本外逃又成为市场关注的焦点，分析报告和数据发布会再次深入剖析有关问题，从"藏汇于民"、债务去杠杆化等市场主体行为变化的实际情况出发，评估风险可控度，稳定市场预期。

五、紧跟国际新标准不断改进国际收支统计

（一）紧跟国际标准实施《手册》（第六版）

中国的国际收支统计，从一开始就秉持遵循国际标准的原则，跟随《手册》的历次更新而不断改进。1982—1995 年，我国按照《手册》（第四版）编制和公布国际收支平衡表；从 1996 年起，开始按照《手册》（第五版）编制和公布国际收支平衡表；2015 年开始全面转向按照《国际收支和国际投资头寸手册》（第六版）编制国际收支平衡表和国际投资头寸表，并尽可能追溯调整了历史数据。

（二）加入国际清算银行的本地银行业统计（LBS）

参加国际清算银行的国际银行业统计（IBS）的数据报送，是推动人民币加入 SDR 货币篮子的重要衡量指标，也是弥合二十国集团（G20）第一阶段数据缺口的要求，同时也有助于伙伴国之间的数据比较和风险控制。外汇局在 2013 年的《对外金融资产负债及交易统计制度》中，将本地银行业统计（LBS）需求纳入考虑范围。通过在统计数据、统计技术等各方面不断努力，我国于 2015 年 12 月首次向 BIS 报送了 LBS 数据。2016 年 12 月 11 日，国际清算银行宣布中国正式加入国

际银行业统计的本地银行业统计（LBS），并在其官方网站上将中国数据纳入全球汇总数据，这表明我国国际收支统计数据质量再次得到国际认可，也显示了我国支持全面弥合二十国集团（G20）数据缺口取得的又一重要成果。

（三）加入 IMF 的协调证券投资调查（CPIS）

外汇局在 2013 年修订《对外金融资产负债及交易统计制度》时，把 CPIS 的数据需求融合在制度中，同时结合我国国际收支统计数据，编制了 CPIS 要求报送的核心报表。CPIS 的统计指标的定义及分类等要求均与《手册》（第六版）中证券投资项目完全一致，其调查频度为半年一次。2015 年 12 月，外汇局首次向 IMF 提供了 2015 年 6 月末我国 CPIS 核心调查表数据，标志着我国正式加入 CPIS。

（四）国际收支数据透明度越来越高

IMF 的数据公布通用标准（GDDS）和数据公布特殊标准（SDDS）是衡量数据缺口的标准之一。新世纪以来，通过多方面共同努力，我国逐步实现了国际收支统计产品与最新国际标准的紧密贴合。2002 年 4 月 25 日我国加入 IMF 的 GDDS，实现"统计入世"，这是一个里程碑式的进步。2014 年 11 月，习近平主席宣布我国将加入 IMF 的 SDDS。次年 10 月，我国正式加入 SDDS，实现统计透明度"更上一层楼"。

（五）全面弥合二十国集团（G20）第一阶段数据缺口

考虑到二十国集团（G20）国家包括世界最大的国家和新兴经济体，占全球 GDP 的 85%、占全球贸易超过 75%，解决这些经济体信息缺失问题，将有助于提升对全球发展的理解和对风险的把握。因此，2009 年，财长和央行行长签署了旨在弥合数据缺口的 20 条建议，即 G20 第一阶段数据缺口动议。外汇局积极弥合对应数据缺口，经过 6 年的制度设计和系统建设，终于在 2015 年实现按照《手册》（第六版）编制国际收支平衡表和国际投资头寸表，并在 2016 年加入了 CPIS 和 LBS，完全弥合了第一阶段数据缺口，标志着我国国际收支统计迈向新的发展阶段。

第六章
加强外汇检查执法

外汇检查执法是落实党中央、国务院关于防范金融风险、维护国家经济金融安全的重要组成部分,是外汇管理事中事后监管的核心内容。外汇管理部门通过对银行、企业等机构以及个人的外汇经营活动进行检查处罚,严厉打击外汇违法违规行为,防范跨境资金异常流动风险,维护外汇市场秩序,有效发挥了维护国际收支平衡和金融外汇安全的"防火墙"作用,为改革开放创造了健康稳定的市场环境。

第一节 新世纪以来我国外汇检查改革历程

外汇检查的职能目标与外汇形势和管理理念的变化密不可分,在外汇管理改革不同阶段承担了不同的历史任务:1994年以前,主要确保稀缺的外汇资源按计划分配;1994年到2000年,主要维护"宽进严出"管理导向下的外汇市场秩序;2000年以来,主要坚守跨境资金流动不发生系统性金融风险底线。随着新世纪外汇检查目标的转变,外汇检查思路上,从注重流出转向对流入与流出双向检查,适应跨境资金均衡管理的需求;外汇检查对象上,从对企业、个人的分散检查转向以银行为主要抓手开展检查,适应简政放权、促进便利化的趋势;外汇检查方法上,从主要依靠现场检查转向非现场检查和现场检查并重,不断提升检查成效。

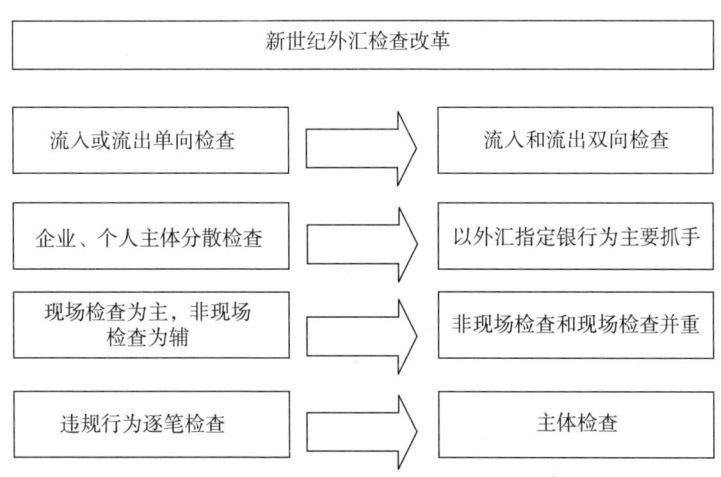

图 6-1 外汇检查改革示意图

一、契合形势进行异常跨境资金双向检查

新世纪以来,我国加速融入全球经济,提高对外开放水平,坚持"引进来"和"走出去"相结合,以往一味的"宽进严出"的管理导向已不能适应复杂的外部环境和宏观调控的需要。外汇管理理念在这一时期发生了较大变化,实行资金流入流出均衡管理,检查思路从查处违规资金单向流出向查处违规资金双向流动转变。

2000年至2014年上半年,我国经常账户、资本和金融账户双顺差,跨境资金持续净流入,宏观调控面临压力。针对跨境资金异常流入,组织开展外汇资金流入与结汇专项检查和调查(2007年)、打击

"热钱"流入专项行动（2010—2011年）、转口贸易和外资流入房地产企业专项检查（2013年）等行动，仅2010—2013年，发现异常和违规企业10 731家、银行1 943家，涉案金额1 181亿美元，罚没金额16亿元人民币，有效打击了"热钱"流入，为维护国际收支平衡发挥了积极作用。

2014年下半年以来，我国经常账户持续顺差，但资本和金融账户呈现逆差，跨境资本流出压力加大。外汇检查方向及时调整，开展"两加强、两遏制"专项检查，对跨境收支业务量较大的7家全国性银行开展专项检查，选择重点主体进行资金异常违规流出专项检查，严厉打击资金通过虚假贸易、异常大额付汇、违规内保外贷履约、违规分拆购付汇等各种渠道跨境流出。2014—2016年，发现异常和违规企业2 633家、银行2 096家，罚没金额逾10亿元人民币，有效震慑异常资金违规流出，坚守住不发生系统性金融风险的底线。

二、严格执法维护外汇市场秩序

进入新世纪以来，企业"引进来"、"走出去"规模持续增长，个人境外留学、旅游需求十分旺盛，银行等金融服务体系不断完善，跨境资金汇入汇出愈加便利。外汇管理既要"放得开"，也需要"管得住"，构建健康稳定的外汇市场秩序。为此，外汇检查加大对各类违法违规行为的打击力度，查处各类主体在外汇汇兑、跨境支付、使用等各个环节中的违规违法行为，维护外汇领域健康合法的市场秩序，引导市场主体合法合规用汇。2010年以来，共查处外汇违法违规案件19 775起，涉及违规金额1 648亿美元，共处罚没款逾29亿元人民币（见图6-2）。

大力推进多部门监管合作，联合公安、工商、税务、海关、高法、高检等部门，高压打击地下钱庄等的违法犯罪活动。在联合执法行动

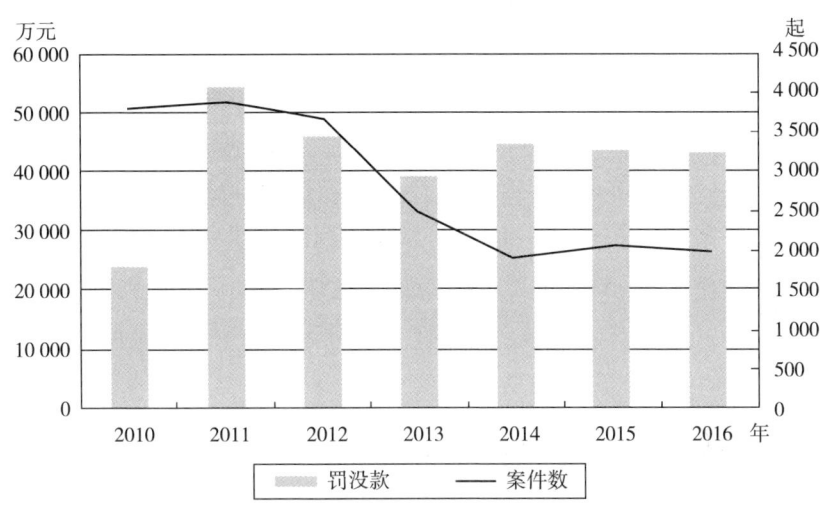

数据来源:国家外汇管理局。

图6-2　2010—2016年查处外汇违规案件情况

中,发挥跨境资金监测的职能优势,查处外汇非法交易黑窝点,追查离岸公司资金流向,多次开展打击转移赃款行动,持续关注地下钱庄上、下游资金交易对手,有效封堵跨境资金地下流动渠道。2007年以来,联合执法共破获地下钱庄案件442起,涉案金额逾3.2万亿元人民币,累计行政处罚金额近4亿元人民币。

三、创新方法提升事后监管检查效率

新世纪经过近20年的发展,信息技术的创新日新月异。外汇检查积极寻求电子化技术的支撑,探索和创新检查手段和方式,积极运用信息化技术手段和大数据分析思路,建立非现场检查系统,提高违规行为发现的精准度,大大减少对市场主体的影响。

2007年,着手建设外汇非现场检查系统,首次对宏观和微观风险监测指标在外汇非现场检查中的应用进行了探索。自2010年开始,逐步推广使用非现场检查系统，加大对异常线索的分析排查力度，有效扩大了自主发现的案件来源，显著提升了检查效率。近年来，非现场检查系统积累了 88 个分析主题、近 300 条检查指标，囊括了所有外汇收支项目和重点违规类型。依托这些非现场检查指标，共发现异常线索 1 万多条，查实案件 4 744 起，查处了 1708 家银行、2 426 家企业、610 名个人，共处罚没款 15 亿元人民币，线索总体查实率超过 50%，指标精准度、线索查实率、案件查处成效不断实现优化。

四、违规披露增强市场主体合规意识

对违规主体失信惩戒、进行违规信息披露是构建社会信用体系的重要一环，也是增强市场主体合规意识的重要手段。为此，外汇局建立常态化的违规情况通报机制，在政府网站上公布典型案例。自 2004 年以来，外汇局在政府网站通报银行、企业和个人等各类违法违规行为 10 余次，有效震慑外汇违法违规行为，促进涉汇主体依法合规经营。

同时，推进外汇信用体系长效机制建设，制定外汇信用体系建设发展规划，完善外汇信用信息共享系统。从 2006 年开始，在政府网站以提供网络查询的方式披露全国范围内的企业外汇违法信息。2014 年，与人民银行征信中心和国家电子口岸建设协调指导委员会合作，将外汇违规信息纳入金融业统一征信平台及进出口企业综合资信库，强化失信惩戒力度。2016 年，外汇局在政府网站公示 640 余条外汇行政处罚信息，并将有关信息同步推送至"信用中国"网站等信息共享平台，健全社会信用信息体系，增强市场主体依法合规经营意识。

第二节　创新外汇非现场检查

外汇非现场检查是外汇管理部门基于外汇收支监管信息和数据，运用信息系统筛查、比对分析电子化外汇业务，在未进入现场检查之前，预先锁定异常、可疑线索，明确现场检查方向和重点。随着外汇管理方式和理念的转变，外汇管理部门不断完善非现场检查工作机制，非现场检查已成为外汇检查不可或缺的手段。

一、探索和应用外汇非现场检查工作方式

2000 年之前，外汇检查方式以现场检查为主。外汇检查部门现场调阅资料凭证，逐笔核对交易数据，从中挖掘异常违规信息。由于现场检查前对被查主体的业务信息掌握有限，"地毯式"开展现场检查成本高昂，但效率不高，常常事倍功半，对外汇业务主体的正常生产经营活动产生了一定程度的影响。特别是随着外汇业务电子化程度提升，外汇交易主体更加多样化，外汇业务量快速增长，外汇交易品种推陈出新，仅仅依靠现场检查很难再维持下去，势必作出改变。

2000—2009 年，外汇管理部门逐步创新外汇检查方式，不断探索非现场检查方式的应用。早期的非现场检查定位为现场检查的辅助手段，非现场检查主要目的是配合现场检查，用于收集现场检查所需的数据和信息，且为个案试点，并未普遍推广使用。从现场检查实际效果来看，由于非现场收集的数据、信息来源分散，分析指标未形成体系，分析的结果范围较大，非现场筛查的线索可利用程度有限，成功的个案也鲜见。随着信息数据颗粒的不断细化，指标不断丰富和完善，外汇非现场检查逐步转变为指导现场检查的指挥棒。

2010年，外汇局自主开发建设，并上线运行了外汇非现场检查系统，从根本上扭转了过去数据分散、综合利用难度大、难以按主体进行分析的不利局面，促进外汇检查迈入了现场检查和非现场检查并重、更具针对性的新阶段。

二、建立和健全外汇非现场检查工作机制

（一）构建大数据分析技术基础

非现场检查充分应用和体现了大数据分析的理念与方法，在外汇非现场检查系统纳入了外汇局现有全部数据源，集"异常形势监测、可疑主体与交易分析、主体分类管理"三项功能于一体，打破了数据利用的业务和地域限制，实现了跨部门、跨地域的数据共享与综合应用。系统在灵活查询、匹配查询等功能方面实现的技术突破和应用创新，使其在主动发现跨区域重大外汇违规案件线索方面的优势尤为突出。

（二）建立检查与分析工作机制

各分局设立非现场检查和分析专岗，组织开展自主分析，结合当地外汇收支状况和特点，发挥检查人员熟悉当地情况的优势，深入查找区域内各种外汇违规案件线索。分局间开展交叉分析，加强地区间非现场检查经验交流，督促各分局强化非现场检查。总局定期组织开展集中分析，主要针对全国整体外汇收支形势，从重点渠道和重点业务入手，侧重于挖掘具有趋势性、代表性的重大或者跨区域违规案件线索。

（三）完善非现场监测指标体系

外汇非现场检查指标体系从宏观到微观，涉及指标数百项，实现了

外汇业务和交易主体全覆盖,有效提高了外汇检查的针对性和有效性。从交易主体维度来看,非现场指标体系涵盖银行、非银行金融机构、企业、个人等各类涉汇主体;从外汇业务维度来看,非现场检查系统采集了国际收支、外汇账户、贸易收付汇、直接投资、外债、企业档案信息等多个系统的数据,监测包括货物贸易、直接投资等几乎所有外汇收支、结售汇交易,乃至其交易对手和业务经办银行在内的所有情况。新构建的指标体系,进行跨区域、跨主体和跨业务立体监测,对数据深度挖掘,提高了外汇检查部门在打击与防范异常与违规跨境资金流动方面的能力。

三、不断提升外汇非现场检查工作成效

自 2010 年外汇非现场检查系统投入使用,特别是 2012 年外汇检查分析应用系统升级上线以来,全国各级检查部门依托外汇非现场检查系统开展分析筛查,取得了明显成效,在整个外汇管理事中事后监管中发挥着越来越重要的作用。

(一)扩大外汇案件来源

外汇检查部门深入挖掘违法违规资金流动线索,扩大了检查覆盖面,提高了检查频率,显著扩大了外汇案件的来源。2012—2015 年,外汇检查部门通过非现场检查共筛查出异常线索近 1 万条,查实案件超过 2 500 个,共处罚没款超过 10 亿元人民币,线索年均增长率超过 25%。

(二)提升精准打击能力

根据形势发展和业务需要,外汇检查部门从主体和外汇业务两个维度进行全口径的非现场检查,准确发现和识别异常跨境资金流动以及外汇违规案件线索,提升现场检查的有效性。近年来,外汇非现场检

查线索查实率超过25%且在逐年增长，每年来自非现场检查线索查实成案的罚没款占同期罚没款的一半以上。2016年，通过非现场检查系统发现线索并终结的案件数为942个，占到全部终结案件总数的52.7%，较上年同期提高了3.2个百分点。

（三）降低外汇检查成本

外汇非现场检查手段的有效应用，节约了大量的人力和物力成本，大大提高了外汇检查工作的整体效率。非现场检查未成形、未广泛使用前，主要依靠投入大量人力，"地毯式"翻阅凭证和报表等业务资料，现场检查投入大量检查人员，耗费较长时间，如根据形势需要，开展全国性的外汇大检查，则持续时间更长。非现场检查系统推广运用以来，通过设定指标，大量的线索筛查工作由系统自动完成，大幅减少了人力物力投入，减轻了对市场主体经营活动的影响，检查执法的社会成本大大降低。

第三节　加强金融机构、企业和个人外汇检查

进入新世纪以来，外汇检查工作由行为监管逐步向主体监管转变，打破了按交易行为和业务条线监管的界限，按主体对银行、企业、个人的违法违规行为进行检查和处罚，有效解决了行为监管模式下监测分析较分散、外汇查处成本较高的弊端，外汇检查工作效率进一步提高。

一、金融机构外汇检查

新世纪以来，金融机构外汇收支交易规模呈几何级数增长，外汇交易方式及品种也日益丰富和复杂。同时，随着外汇管理改革不断深化，

很多外汇业务逐步下放至银行柜台直接办理,银行承担着越来越大的外汇交易真实性审核职责。"管住一家银行,就管住了千万家企业",秉承这一监管理念,金融机构外汇检查工作在外汇管理工作中发挥着越来越突出的作用。

(一)金融机构外汇业务检查法规体系日益完善

2000年以前,缺乏对金融机构外汇违规行为的认定和处罚依据,难以有效监督金融机构合法开展外汇经营。新世纪以来,适应国际收支新形势和外汇管理新体制,外汇管理部门逐步完善金融机构外汇业务检查和处罚相关制度,弥补了监管空白。2008年发布的《中华人民共和国外汇管理条例》明确了对金融机构外汇业务的监督检查权限,完善了金融机构外汇违规行为法律责任和定性依据,调整了金融机构外汇违规的处罚种类和标准,增加了对有外汇违规活动的金融机构相关人员追究行政和刑事责任条款。以此为基础,配套规章制度也不断完善,形成了较为完备的金融机构外汇违规行为检查处罚法规体系。

(二)金融机构外汇业务检查力度不断增大

新世纪以来,外汇管理部门对主要银行总行、分支机构检查实现了全覆盖,对证券、保险、基金公司的外汇业务检查也得到了加强。金融机构外汇违规行为的查处力度日益加大,在违规情节方面,既有对逃骗汇等实质性违规的处罚,也有对相关统计报表和报告错漏报等程序性违规的处罚;在违规类型方面,既有对经常项目真实性审核不严格的处罚,也有对违规办理资本项目资金收付的处罚;在处罚幅度上,既有按违规金额的比例罚,也有根据违法所得的倍数罚,还有根据违规行为的金额罚;在处罚方式上,既有罚款、没收违法所得等经济处罚,也有暂停相关外汇业务等资格处罚,还有对责任人员的处罚。2010—2016年,共查处金融机构外汇违法违规案件4 220起,罚没款共计3.22亿元人民币(见图6-3和图6-4)。

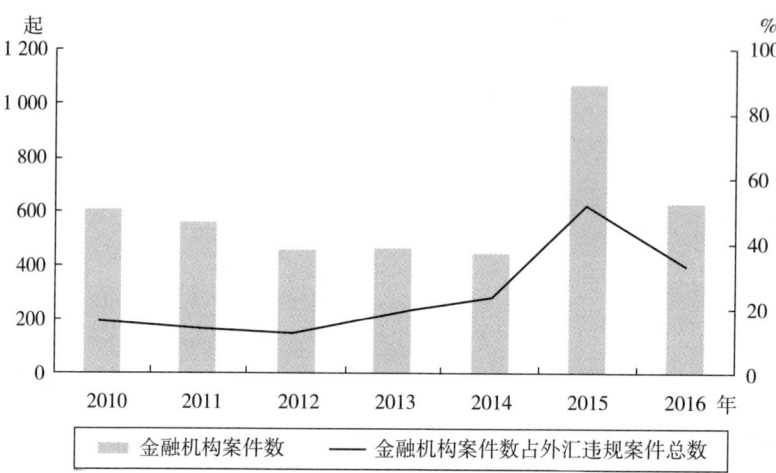

数据来源:国家外汇管理局。

图6-3 金融机构案件数量情况

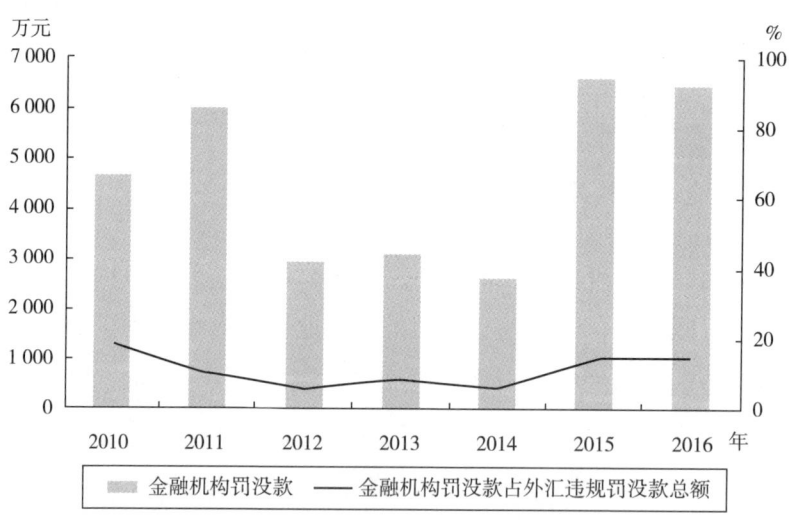

数据来源:国家外汇管理局。

图6-4 金融机构案件罚没款情况

(三) 金融机构外汇业务检查防风险、促合规成效显著

通过金融机构外汇业务检查，督促银行等机构严格落实展业要求，"了解客户""了解业务""尽职调查"，加强对外汇业务的真实性审核，将外汇管理政策意图传导到千家万户企业和个人。在外汇收支形势出现波动时，有针对性地对银行开展事中事后监管，充分发挥检查工作对异常跨境资金流动"刹车器"的功能，切实防范了异常资金双向流动的风险，为维护国家金融安全发挥了积极的作用。2012—2014年外汇检查部门有针对性地加强了对银行流入项下外汇业务的检查，严厉查处银行以转口贸易名义办理的虚假贸易融资等违规流入行为。2015年以来，针对外汇资金流出压力增大的态势，外汇检查部门有针对性地开展了银行内保外贷业务、异地大额购汇、个人分拆等多项重点针对资金流出的专项检查，有效遏制了异常违规资金流出，为防风险、促平衡作出了积极贡献。

与此同时，金融机构外汇检查还有效推动了金融机构建立健全外汇业务内控制度，加强内部管理，提升银行合规经营水平。2015年，外汇管理部门首次将银行外汇业务内控制度建设和执行情况作为检查的重要内容，有效促进金融机构外汇业务内控制度建设和业务管控能力提升，对促进《银行外汇业务展业原则》真正落实到位起到了积极的推动作用。

▼ 专栏11

金融机构检查和处罚的国际经验

发达国家和地区在金融机构检查和处罚上较我国发展更快、更完善，有很多值得借鉴的地方，尤其是以下三个方面值得我们学习。

一、实施宽大制度与和解制度

发达国家和地区执法机构除了会对银行业的违规行为进行惩处

外,通常还制定包括宽大制度与和解制度在内的其他配套制度。宽大制度是指违规银行如果能够提供信息使执法机构顺利启动调查,或在执法机构着手调查后,提供的证据能证明其违规行为存在,则该银行可以申请免除处罚。和解制度是指在执法的过程中,将要被处罚或可能被处罚的银行以正式或非正式的方式与监管机构官员进行和解谈判。这些制度安排赋予执法机构可以根据实际情况对常规程序下不易解决的案件进行适宜的处理,有利于快速传达监管信息和快速纠正违法或者不适当行为。宽大制度与和解制度均是欧盟、英国、德国等银行检查和处罚上的重要制度性安排。以美国的案件为例,2012年12月,汇丰银行就美国政府的反洗钱调查同美国政府达成了一揽子和解协议,承认违反了美国的《银行保密法》《对敌贸易法》和其他一些旨在防止洗钱的美国法律,同意因防范洗钱不力而支付19.21亿美元的罚款,创下了当时美国历史上洗钱案的最高和解金额纪录。目前我国在此方面基本属于空白,检查线索主要来源于举报和行政部门自行开展检查,缺乏违规主体的自查自纠。而银行检查面临重重阻力,检查成本、时间成本较高,制约了检查效率的提升。在这方面,我们可以借鉴欧盟和德国的经验,积极探索宽大制度与和解制度在我国银行监管与检查领域实施的可行性,突破银行行政执法的瓶颈。

二、借用外部审计机构的力量加强对金融机构的监管与检查

由于银行主体不断增多、银行业务种类和业务规模不断增加,加之监管机构的数量限制和人员编制限制,完全依靠行政监管力量不仅难以应对银行监管与检查,而且监管与检查质量也难以保证。目前,无论是欧盟还是德国,或是巴塞尔委员会,在银行监管和检查过程中,均大量借用外部审计力量,并对审计报告进行深入分析和充分利用。因此,在加强管理、严格标准的前提下,可将我国社会审计力量分阶段、有步骤地引入外汇检查领域,把社会审计机构的参与

> 作为加强金融机构监管的有益补充，提高外汇监管效率。
>
> **三、积极探索原则性监管框架下的银行检查方法**
>
> 目前，发达国家和地区关于原则监管和检查的制度、手段已经相对完备，如英国银行反洗钱、银行消费者保护均是原则条款下银行检查和处罚的典型案例。对此，我们应充分借鉴，对原则监管在我国如何有效运用进行研究，同时适应改革趋势，加强对原则监管框架下银行监管与检查方式的研究，提前做好方法与手段准备，切实将原则监管与风险防范落到实处。

二、企业外汇检查

新世纪以来，随着外汇收支形势的变化和金融产品创新加快，企业外汇违规手法不断翻新，外汇管理部门积极适应形势变化，根据不同阶段外汇收支资金流动形势，针对外汇收支变化和企业违规套利手法，在企业外汇检查方式和方法等方面进行了新的探索。

（一）重点打击非法套利

外汇管理部门以企业非法套利为重点，依据外汇收支形势变化开展有针对性的企业专项检查，打击企业在跨境资金流出入环节的外汇违规行为。2014年以前，国际收支连续多年呈现"双顺差"格局，外汇储备迅猛增长，人民币汇率保持持续小幅升值的态势，境外资金流入压力增大。这一时期，外汇检查部门重点检查企业违规流入。例如，2011年对18个重点地区的外商投资企业资本金结汇业务进行专项检查，2013年开展房地产行业外资投入专项检查，等等。2014年以来，随着发达经济体经济逐渐复苏，美元加息预期提升，跨境资金流出趋势明显，我国外汇资金异常流出风险增大。这一时期，外汇检查部门重点查处企业违规流出行为，严查脱实交易与资金违规流出，切实防范跨境资金流出风险。如对无真实交易背景贸易融资、虚假转口贸易，资本项下假投资方式流出的资金，套利后通过减资、撤资、转股等方式流出等违规行为依法予以查处。

（二）联动实施银企检查

为提升检查成效，深入追责，及时锁定违规问题，外汇管理部门积极尝试对外汇业务交易中的银行和企业这两个终端同时开展检查。例如远期结汇专项检查，以 3 家大型企业集团的远期结汇情况为检查核心，同时延伸检查相关经办银行，检查最终覆盖 30 家企业和 52 家经办银行，摸清了企业办理远期结汇的根本动因、套利模式，抑制了企业脱实向虚的冲动，引导合理真实用汇，遏制了企业非法套利活动，为实现宏观调控和促进国际收支平衡发挥积极作用，同时也促进了银行合规经营。与此同时，为适应贸易投资便利化深入推进，外汇管理部门紧扣企业外汇交易真实性背景检查，切实防范企业主体大规模非法套利行为引发金融风险，确保了贸易投资便利化改革顺利推进。

（三）合作互助提升经济链条的行政违法打击效率

在防范和打击异常外汇资金流动方面，部门间政策协调和信息共享显得突出和重要，各方协作增加经济链条上的行政违法行为的发现途径，提升打击效率。构建多层次、广覆盖的汇税合作机制，大幅提高了违规资金的成本；联合海关部门成功破获走私和非法经营案；联合证监会核查涉嫌热钱违规流入股市的线索。

三、个人外汇检查

目前个人结售汇实施年度总额管理，超过年度 5 万美元额度的经常项目交易，可凭真实性证明材料办理。不法分子利用个人这一便利化政策"化整为零"，通过分拆方式实现非法资金转移。个人分拆是当前个人外汇检查的重点。2012年至2016年，外汇管理部门共查处个人分拆逃汇案件174起，涉案金额合计1.03亿美元，共处罚没款合计1 116.74万元人民币。

（一）通过银行锁定线索，严查个人分拆购付汇行为

个人分拆购付汇呈现出以下特点：一是参与人数多，分拆行为隐蔽性高；二是购汇人民币资金经过多次划转或提现，最终源头难以追踪；三是通过网上银行、手机银行等电子银行渠道自助办理，规避监管。在个人分拆案件查办过程中，银行在证据、违规主体基本情况等方面均掌握第一手资料，通过与银行沟通协调，获取关键性资金链证据，了解最终出资人相关情况，突破个人分拆取证难题。同时，银行在业务办理过程中，发现分拆购付汇、集中购付汇、借用他人身份证办理购付汇以及逃避现钞限额监管等可疑行为，及时向外汇管理部门报告，扩展案件线索来源，协助打击个人外汇违规行为。

（二）用好非现场检查系统，深挖违规线索

根据个人分拆购付汇特征，定期运用非现场检查系统，系统筛查个人外汇收支和结售汇数据，按照关键字段汇总分析，深入挖掘数据关联性、异常点，逐步缩小可疑线索范围；同时，调取相关账户人民币资金流水，抽丝剥茧，层层追踪，锁定人民币资金初始源头，实现对个人分拆购付汇行为的精准打击。例如，通过非现场检查系统的筛查和分析，查处了车某分拆购汇案。2015年12月至2017年1月，车某为实现向境外转移资金的目的，逃避监管，将其人民币资金多层分散划入刘某等84名个人的账户，再利用该84名个人年度购汇额度，冒用因私旅游、赡家款等名义，将435.52万美元违规汇至车某在澳大利亚及中国香港

的个人账户。车某以分拆购付汇方式向境外非法转移资金的行为构成逃汇,性质恶劣,外汇管理部门对其作出罚款100万元人民币的行政处罚。

(三) 内外部积极联动,发挥监管合力

外汇管理部门内部、业务监管部门发现个人违规案件线索后,及时移交检查部门查实处理,各自发挥专业分工优势,大大提高了办案效率,取得了良好效果。同时,与外部门建立协作办案机制,协同人民银行反洗钱部门、公安等执法部门,检查分拆结售汇资金的来源和性质是否涉嫌洗钱等上游犯罪,形成执法合力,提高对个人分拆结售汇行为的威慑力。例如,2016年通过多部门合作查处了赵某非法套汇案。赵某为实现大额兑换外汇的目的,将公司账户内资金分散划入41名员工个人账户,利用这些员工个人购汇额度通过网银办理购汇,再组织人员将所购外汇分439笔全部提取现钞后归集存入赵某个人账户,转为定期存款,合计204.68万美元。上述行为构成非法套汇,外汇管理部门对其作出罚款70.58万元人民币的行政处罚。

第四节 打击地下钱庄等违法违规外汇交易

打击地下钱庄等违法违规外汇交易是外汇管理部门的基本职能之一。新世纪以来,基于地下钱庄、非法买卖外汇等违法活动以及各类大案要案的危害与风险,外汇管理部门按照国务院领导批示,内外执法联动,严厉打击地下钱庄、非法买卖外汇等违法活动,着力侦办外汇大案要案,切实防范金融外汇风险,有效维护外汇市场秩序和金融外汇安全,为外汇管理体制改革向纵深发展起到了保驾护航的作用。

第六章 加强外汇检查执法

一、协同作战,持续强力打击地下钱庄经营活动

各级外汇管理部门充分发挥非现场检查数据优势,形成了从外汇业务大数据分析、可疑排查、线索移送、侦办跟踪、法规支持等在内的一整套系统化的案件线索处置流程,取得显著成效。2010—2016年,外汇检查部门共查处涉及地下钱庄案件228起,涉案金额合计2.03万亿元人民币(见图6-5)。

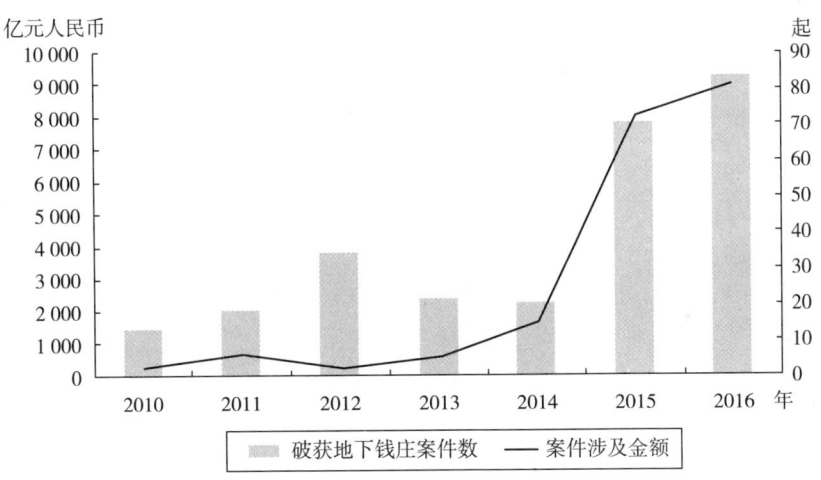

数据来源:国家外汇管理局。

图6-5 2010—2016年破获地下钱庄案件情况

从2015年开始,根据党中央、国务院统一部署,作为反腐败国际追逃追赃"天网"行动的一部分,国家外汇管理局与中国人民银行、最高人民法院、最高人民检察院、公安部五部门联合开展打击利用离岸公司和地下钱庄转移赃款专项行动。2015—2016年,专项行动中共协助公安机关破获地下钱庄案件140余起,涉案金额逾两万亿元人民币,打击成果再创新高,有效封堵了贪腐、走私、逃税等违法犯罪活动资金的外逃通道。

近年来，地下钱庄的窝点数量和业务范围均呈收缩态势，但从外界反应看，地下钱庄好像反而有愈演愈烈的错觉。究其原因，一是打击力度加大，尤其多部门合作加强，打击范围也从沿海向全国扩展，从打击成果上看全国遍地开花，与以往打击仅限沿海地区相比，好像地下钱庄问题愈发严重了。二是宣传力度加大，仅2017年外汇局就两次在央视通报打击情况和案例，其他媒体特别是自媒体也多有渲染。

二、严厉查处地下钱庄交易对手和非法买卖外汇行为

在查处地下钱庄经营者的同时，外汇管理部门深入追查资金来源和性质，严查地下钱庄交易对手。在检查方式方法上，外汇管理部门紧紧抓住"谁在使用地下钱庄""钱从哪里来""钱到哪里去"等核心问题，扩展分析地下钱庄交易信息，全面深入分析交易对手的组成结构、交易目的或交易标的，挖掘交易源头，对于上游交易构成其他领域违法的，及时移交有关部门。近年来，个人外汇案件大幅增长，这与外汇检查部门加大对地下钱庄交易对手的追查力度、严惩企业和个人非法买卖外汇行为密不可分。仅2016年，外汇管理部门查处涉及地下钱庄的非法买卖外汇案件就达463起，查处100名境外个人、25家境内企业和340名境内个人，处行政罚款1.07亿元人民币，并将涉及1 327家企业、465名个人的地下钱庄可疑线索移交公安机关。

三、疏堵并举、综合施策治理地下钱庄

从地下钱庄产生的原因、资金来源来看，现阶段以及未来一段时期内我国仍有地下钱庄生存土壤和空间，打击甚至消灭地下钱庄是一项长期任务。必须坚持疏堵并举、综合施策。

(一) 提高金融服务水平

加快金融市场对内开放水平。通过完善准入，跟进事中事后监管，将民间资本引入正规金融渠道。进一步提升跨境贸易、投资的便利化水平，增强汇率弹性，有序推动资本项目可兑换步伐。大力发展普惠金融。鼓励各大商业银行扩展服务区域，提高服务效率，压缩地下钱庄生存空间。

(二) 继续保持高压打击态势

提升自主监测排查线索的能力。探索与反洗钱、税务、海关、检察机关等多部门的数据线索共享，联动公安机关严厉打击地下钱庄。继续丰富完善取证规则。推动改进刑事责任追诉标准和量刑幅度，加大对经营地下钱庄的刑责处理和累犯惩戒力度。

(三) 加强对打击地下钱庄案件的宣传

积极宣传外汇管理政策，采取公开媒体报道、银行网点传单发放等多种形式让社会公众了解正常跨境资金交易通道。揭示地下钱庄交易内幕和存在的风险，以及参与地下钱庄交易的严重后果和法律责任。

▼ 专栏12

我国地下钱庄典型交易模式及其潜在风险

通俗地说，地下钱庄是指不法分子以非法获利为目的，未经国家主管部门批准，擅自从事跨境汇款、买卖外汇、资金支付结算业务等活动的非法组织。实践中主要包括汇兑型地下钱庄、支付结算型地下钱庄、非法买卖外汇型地下钱庄等。

经地下钱庄出入的资金鱼龙混杂,利用地下钱庄的主体复杂,如企业为避税逃税跨境转移利润,腐败分子跨境转移非法收入,走私贩毒等犯罪分子转移赃款。2015年侦破的七台河市特大跨境网络赌博案中,超过2 000亿元的涉案赌资中70%以上是通过地下钱庄在境内外流转的。随着金融工具的变革,地下钱庄通过现金黄金走私、改装POS机境外刷卡、虚构贸易投资等一系列手段实现跨境非法转移资金,其犯罪触角已经从经济发达省份延伸至新疆、青海、辽宁等全国大部分省(自治区、直辖市),犯罪领域涉及金融证券、外贸出口、房产建筑等各个产业。

地下钱庄有以下几种典型的交易模式:

其一,地下钱庄以传统的"对敲"交易模式为主。即境内人民币与境外外币对称等值交割,境内外资金独立循环,不发生跨境流动。比如2016年上海"12·17"案,地下钱庄在境内外控制1 500余个黄金、邮票、古董、文物等公司账户和境内居民个人账户,境内外资金各自独立循环。

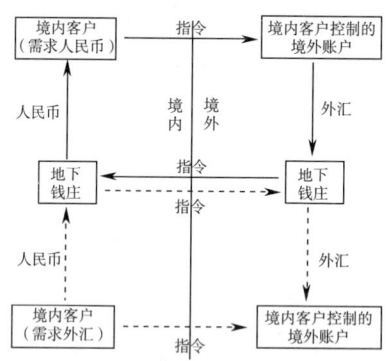

专栏图12-1 对敲模式

其二,虚构贸易、虚假投资通过银行跨境收付近年来不断增加。2015年深圳"5·28"案钱庄经营者通过39家空壳公司,伪造单证虚构贸易,向境外转移资金近55亿美元。也有地下钱庄通过收买身份证、借用额度从个人渠道实现外汇流出。

```
                    转账指令        地下钱庄
              ┌─────────────┐  ┌─────────────────┐
              │钱庄控制的境外账户A│  │钱庄控制的人民币账户│
              └─────────────┘  └─────────────────┘
                     │                  ▲
                     ▼         境外│境内  │
              ┌─────────────┐       │  ┌─────────────────┐
              │  各类中转账户  │       │  │   各类中转账户    │
              └─────────────┘       │  └─────────────────┘
                     │              │          ▲
                     ▼              │          │
              ┌─────────────┐       │  ┌─────────────────┐
              │钱庄控制的境外账户N│──────▶│客户控制的人民币账户│
              └─────────────┘       │  └─────────────────┘
                                    │          ▲
                                    │  ┌─────────────────┐
                                    │  │客户控制的境内外汇账户│
                                    │  └─────────────────┘
```

专栏图 12-2　资金跨境交易模式

其三，现钞交易是地下钱庄交易模式之一，但规模有限。如深圳、珠海的"水客"、义乌等地银行门口的"黄牛"以及边境口岸的"地摊银行"多采用此种模式。新近也发现个别货币兑换机构涉嫌从事现钞式地下钱庄交易。

其四，网银、POS机、第三方支付等新型支付方式是地下钱庄交易的新模式。地下钱庄组织大批人员在银行集中办卡，通过网银足不出户便可实现资金化整为零、迅速转移。地下钱庄将POS机移至境外为客户刷卡，并以银联卡境外提取外币现钞，按照约定汇率交付客户，成为新型对敲模式。第三方支付机构为拓展业务涉嫌协助客户伪造物流凭证向境外转移资金。

地下钱庄危害严重。一是冲击国家经济结构调整的整体布局。地下钱庄协助各类违法违规套利交易，钻政策漏洞，利用政策优惠牟利，严重影响各相关行业政策执行效果。各类虚假交易混淆监管视线，虚增贸易、投资等经济数据，严重影响对经济形势的分析判断。二是助长犯罪，危害社会秩序。地下钱庄是走私、贩毒、骗税、贪腐等各类上游犯罪活动的黑色资金通道，是犯罪之上的"犯罪"，地下钱庄的猖獗，必然会极大破坏社会和经济运行的基本秩序，也损害了国家形象和经济投资环境。三是拉低我国金融机构整体信誉水平。在我国深化金融体制改革、金融机构国际化步伐不断加快的背景下，不论金融机构无意还是有意协助地下钱庄转移资金，都将可能被认定为参与洗钱活动，会极大地影响金融机构的国际声誉，甚至引发银行信任危机和支付危机。四是蒙蔽普通群众，造成社会影响。很多"客户"选择地下钱庄是因为知识水平不高，不了解正常的跨境支付渠道，被钱庄诱人的营销打动。此类客户不了解钱庄划转资金风险，一旦资金遭受损失可能引发涉众事件，潜在风险大。

第七章
加强和完善外汇储备经营管理

外汇储备是我国重要的金融资产和战略资源，在国民经济发展中发挥着保障对外支付、维护汇率稳定和国家经济金融安全等不可替代的作用。新世纪以来，随着我国对外经济贸易活动的不断增多，我国外汇储备规模也快速增长。外汇储备经营管理以规范化、专业化、国际化为目标，逐渐探索出一条有中国特色的外汇储备经营管理之路，拓展了大规模外汇储备的多元化投资和运用，大力支持"一带一路"和"走出去"战略，树立了专业化的大国投资者形象，始终将风险防范放在首位，应对了百年不遇的次贷危机和欧债危机，实现了外汇储备资产的安全、流动和保值增值，维护了国际收支的基本平衡和国家经济金融安全与稳定。

第一节 新世纪以来外汇储备规模发展历程

根据国际货币基金组织（IMF）的定义，外汇储备是货币当局控制并随时可利用的对外资产，其形式包括货币、银行存款、有价证券、股本证券等，主要用于直接弥补国际收支失衡，或通过干预外汇市场间接调节国际收支失衡等用途。

在国际收支平衡表上，外汇储备是一国对外经济交往中货币支付结算的结果和体现。外汇储备的增加主要来自于经常项目顺差与资本和金融项目顺差。在一些国际收支逆差国家，也通过政府直接发行外币债券借款形成外汇储备。我国自1994年外汇管理体制改革以来，连续多年保持国际收支双顺差，这是外汇储备前些年持续快速增长并在近两年稳定在一定规模的基础。

▼ 专栏13

外汇储备的功能和经营原则

传统上，外汇储备作为国家国际清偿力的重要组成部分，基本功能是调节国际收支平衡，维护汇率稳定。外汇储备随时准备用于满足进口和偿付外债、弥补国际收支逆差，降低国际收支危机发生时的成本，保障正常的对外经济活动和国际资信不受影响。外汇储备也反映了货币当局干预外汇市场的能力，通过买入或卖出其他国家的货币，可有效防止本币汇率过度波动，维护汇率稳定。

2001年以后，随着经济全球化的加深，全球外汇储备规模大幅增长，外汇储备的功能也不断拓展：一是应对突发事件，防范金融风险。在国际金融危机动荡加剧的年代，其他国家出现的经济、金融危机很容易传导到本国，需要外汇储备来缓冲不利影响，保障本国经济安全。二是配合货币政策实施，实现经济增长。在一定的经济周期和制度安排下，外汇储备对应相应数量的货币发行，为实施经济刺激提供宽松的货币条件。三是提升本币国际地位，促进国际金融合作。外汇储备的充裕程度是投资者的信心指标，也是提高该国货币在

第七章　加强和完善外汇储备经营管理

国际货币体系中地位的重要条件。在危机情况下，外汇储备是各国货币当局之间加强合作、监管资本流动、救助危机国家的资金后盾。四是实施投资管理，增加国民财富。通过积极管理实现外汇储备保值增值，是进一步增加国民财富的重要来源。

我国的外汇储备规模世界第一。如此大规模的外汇储备是一笔财富，对国家的发展也具有很重要的意义。

第一，外汇储备是宏观经济整体布局中的重要部分，是我国改革开放宏观经济政策成功的重要支柱。它与国家货币政策、汇率政策、贸易政策、投资政策等改革开放以来实施的宏观经济政策密切相关。能否管好外汇储备，将直接影响宏观经济政策的有效性。2005年汇改以来，外汇储备作为流入资金的"蓄水池"，有效抑制了人民币过快升值，为经济结构调整及产业转型升级争取了宝贵的时间。

第二，外汇储备是国家抵御外部冲击的关键防线。新世纪以来，如此规模的外汇储备，极大地增强了国际社会对我国经济和人民币的信心，为我国抵御次贷危机、欧债危机等历次严重外部冲击起到了"定海神针"的作用。我国主权评级每隔一两年就提高一档，呈现不断上升趋势，即使是在国际金融危机中也有良好的表现。

第三，外汇储备是提升央行信用的直接因素。外汇储备和外汇占款是央行资产负债表的核心内容，高峰时期占央行资产负债表85%以上。外汇储备经营收益是央行主要收益来源。多年来，外汇储备经营助力央行实现收益覆盖成本，确保了央行资产负债表的健康，为央行实施可持续货币政策、维护国内金融稳定、稳步推进金融体制改革提供了有力保障。

第四，外汇储备是国家掌握的重要境外战略资源。外汇储备多年精耕细作，不断推进投资多元化，通过委托贷款等支持"走出去"战略，持有了大量优质资产，与实体经济相关的资产量位于全球前列，形成了我国重要的战略资源。

我国外汇储备始终坚持安全性、流动性和保值增值的经营原则。安全是首要原则。任何投资都会面临一定的风险，保障投资安全、控制投资风险需从总体资产的角度把握、在较长的时间衡量。多元化是实现资产总体安全的有效方式。除安全要求外，外汇储备资产还需要保持充分的流动性。"流动"不仅要满足一般对外支付需求，如进口国内需要的物资和技术，支持企业"走出去"，还要有效发挥保障国家经济金融稳定安全的作用。在保障资产总体安全、流动的前提下，外汇储备经营还要争取提高投资回报，特别要保持资产长期稳定的盈利能力，以更好地实现外汇储备保值、增值的目标。

进入新世纪以来，我国外汇储备规模先升后降，经历了快速增长和平稳下降两大阶段，细分为2000年至2006年的平稳增长期、2007年至2014年6月的快速增长期、2014年6月以来的波动下行期。其间，随着我国经济的高速增长，外汇储备规模也快速增长，2006年突破1万亿美元，成为世界第一；2014年中期达到3.99万亿美元的顶峰。从2014年中期开始，外汇储备高位波动下行，截至2016年末约为3万亿美元（见图7-1）。

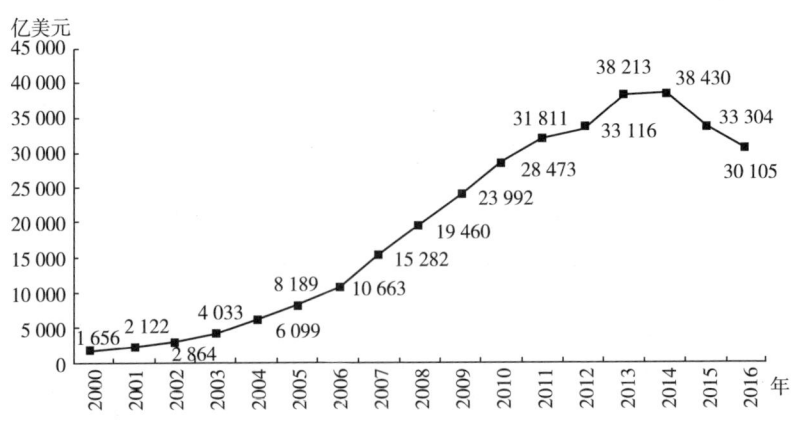

数据来源：国家外汇管理局。

图7-1 2000—2016年我国外汇储备规模

第七章 加强和完善外汇储备经营管理

一、2000 年至 2006 年：平稳增长期

2000 年，世界经济保持良好发展势头，全年实现 4.7% 的增长。我国国际收支经常项目、资本和金融项目保持顺差，国际收支总体状况良好。在此基础上，我国国际储备资产平稳增长，人民币币值保持稳定。2000 年我国国际储备较上年末增加 105.5 亿美元，其中外汇储备较上年上升 109 亿美元，2000 年末外汇储备规模达到 1 656 亿美元，我国对外清偿能力进一步增强。

2001 年，美国、欧元区和日本三大经济体经济同步下滑，全球经济随之陷入衰退，加之"9·11"事件冲击，国际金融市场剧烈波动。这一年，我国外汇储备有效抵御了冲击，外汇储备规模保持平稳增长。截至 2001 年末，我国外汇储备规模为 2 122 亿美元，比 1997 年亚洲金融危机爆发时的 1 399 亿美元增长了 723 亿美元，增幅为 52%。

2002 年，在经常项目、资本和金融项目双顺差的推动下，我国外汇储备资产增加 742 亿美元，比 2001 年多增 277 亿美元。外汇储备状况是衡量一国国际收支风险状况的重要指标，外汇储备较快增加，表明我国国际收支整体状况良好，抗风险能力进一步增强。2002 年末，我国外汇储备达到 2 864 亿美元，相当于当年 10.5 个月的进口额，短期外债与外汇储备之比为 19%，远低于 100% 的国际警戒线。我国国际收支状况的改善和外汇储备的增加，有利于我国深化经济金融体制改革，有效促进国民经济全面、健康发展。

2003 年，全球经济步入复苏轨道，但主要发达国家经济增长仍不平衡，国际金融市场变化加剧，美伊战争导致地缘政治风险居高不下，美元汇率全面大幅下滑，利率水平屡创历史新低，债券市场剧烈波动。面对"非典"疫情、多种自然灾害和复杂多变的国际形势带来的困难和严峻挑战，我国实现国民经济较快发展，对外贸易快速增长，外商来

华直接投资继续保持较大规模。在此背景下，我国国际收支经常项目、资本和金融项目继续保持顺差，推动了我国外汇储备快速增长。

2004年，世界经济稳步增长，国际金融市场波动较大。我国国际收支经常项目、资本和金融项目继续保持顺差。一方面，进出口高速增长得益于全球经济复苏和国内经济快速发展。在国际经济形势逐步好转、中国加入世界贸易组织等积极因素作用下，我国外贸出口增长较快。另一方面，随着我国履行加入世界贸易组织的承诺逐步到位，以及拥有相对低廉的劳动力资源和广阔的市场潜力，外国来华直接投资规模保持稳步增长。在经常项目、资本和金融项目双顺差的推动下，2004年我国外汇储备快速增长，年末规模达到6 099.32亿美元。

2005—2006年，世界经济保持平稳增长，国际金融市场总体稳定。我国国际收支经常项目、资本和金融项目继续呈现"双顺差"，外汇储备资产较快增长，其中2006年1月份超过日本成为全球最大外汇储备持有国，10月份突破1万亿美元。

二、2007年至2014年6月：快速增长期

2007年以来，次贷危机蔓延升级为百年不遇的国际金融危机，欧债危机相继爆发并不断恶化，发达国家实施量化宽松政策，我国经济继续保持平稳快速增长，外汇储备规模不断创下历史新高。2007—2013年，外汇储备规模增长27 550亿美元，年均增速达37%。

2007—2009年，为应对2008年国际金融危机，主要国家实施宽松甚至极度宽松的货币政策，加速了资金的流入。我国国际收支经常项目、资本和金融项目持续"双顺差"，外汇储备较快增长。2009年外汇储备资产净增加4 581亿美元。

2010—2012年，全球经济曲折缓慢复苏，以欧元区主权债务危机为代表的后危机时代特征继续深化蔓延。美、日、欧等主要经济体实施

宽松货币政策和一系列经济刺激措施，向市场投放了巨大的流动性。美联储承诺将超低利率维持到2014年底，并实施卖出短期国债、买入长期国债的扭转操作；欧洲央行启动首轮三年期长期再融资操作，标志着欧洲量化宽松货币政策拉开序幕，受此影响，我国外汇净流入压力有所加大。2010年末，外汇储备资产较上年末增加4 481亿美元，达到28 473亿美元；2011年，我国国际收支趋于平衡，外汇储备规模增速放缓至12%；2012年，外汇储备规模增速进一步降至4%。

2013年至2014年6月，全球经济企稳回升、通胀温和下行，货币政策整体维持宽松，金融市场变化剧烈，我国外汇储备规模增速再度加快。2013年，外汇储备规模增速高达15%；2014年6月，外汇储备规模达到3.99万亿美元的历史高点。

三、2014年6月至今：区间波动期

从2014年6月起，我国外汇储备从高位逐步波动下行。2015年底，外汇储备规模较2014年底下降5 126亿美元；2016年底，我国外汇储备规模较2015年底下降3 198亿美元。2017年年初以来，我国跨境资金流动和外汇市场供求基本平衡，人民币汇率稳中有升，外汇储备规模较年初上升431亿美元至30 536亿美元，2~5月份已连续4个月出现回升。

外汇储备规模是一个连续变量，在复杂多变的内外部经济金融环境下，储备规模上下波动是正常现象。从影响外汇储备规模变动的因素看，主要包括：（1）央行在外汇市场的操作；（2）外汇储备投资资产的价格波动；（3）由于美元作为外汇储备的计量货币，其他各种货币相对美元的汇率变动可能导致外汇储备规模的变化；（4）根据国际货币基金组织关于外汇储备的定义，外汇储备在支持"走出去"等方面的资金运用记账时会从外汇储备规模内调整至规模外，反之则相反。总

体来看，外汇储备规模的小幅下降是多重因素综合作用的结果。外汇储备采取的多元化、分散化资产配置策略，产生了较好的风险对冲和提升收益的效果，促进了外汇储备规模的基本稳定。

无论是用绝对规模还是用其他各种充足性指标来衡量，我国外汇储备规模都是充裕的。我国经济增长的稳定性和协调性在不断提升，经济继续保持中高速增长、经常项目顺差、金融体系稳健的基本面没有改变，这些因素将促进外汇储备规模保持在合理充裕的水平上。

第二节 外汇储备经营管理的国际经验

外汇储备经营管理是一个国际性难题。新世纪以来，全球外汇储备规模也呈现较快增长，其中瑞士等发达国家为捍卫本币汇率也积累了较大规模的外汇储备。总体来看，发达国家和新兴市场经济体由于汇率制度、货币国际化程度不同，外汇储备管理也存在较大差异。

一、发达国家的外汇储备经营管理情况

发达国家一般实行浮动汇率制度，货币自由可兑换，央行无需掌握大量储备来干预外汇市场和应对汇率可能的变化，因此外汇储备规模通常较小。截至2017年8月末，全球11.6万亿美元外汇储备中，发达国家和地区外汇储备约4万亿美元。发达国家和地区中，外汇储备规模最大的为日本，其次为欧洲央行和欧元区各国。但是，国际金融危机的经验表明，即使发达经济体也难以避免外汇市场失灵，而这通常与银行部门的压力同时产生，因此，仍然需要使用外汇储备干预市场。

欧元区各国实行中央银行购汇制度，外汇储备按份额比例集中于欧洲央行，同时也分散于各国中央银行，欧洲央行的外汇储备仍由各国

央行代理经营。主要特点有：一是经济机理上由央行购汇形成外汇储备。由于德国央行在欧洲央行中占据主导地位，并且德国在第一次世界大战和第二次世界大战时期遭受过恶性通货膨胀带来的灾难，因此对汇率政策和货币政策的协调统一性要求较高。二是主要投资于债券资产。由于外汇储备主要用于维护欧元汇率稳定，相对投资比较保守。三是央行独立经营外汇储备，监督制度明确。例如德国，对于代理欧洲央行经营的外汇储备，德国央行接受欧洲央行执委会和欧洲中央银行体系理事会监督。对于自主管理的外汇储备，德国央行根据《联邦银行法》独立经营。

挪威央行资产管理公司（NBIM）负责管理外汇储备，同时受托经营政府养老基金和政府石油保险基金的外汇资产。其管理体制具有以下特色：一是根据资产管理需要进行机构设置。NBIM 在挪威央行中相对独立，拥有独立的各类委员会、首席执行官、投资官、风险官等政策制定团队，确保了决策及时、执行高效，投资风格积极中不失稳健。二是用人和激励机制灵活完善。NBIM 拥有来自全球 20 多个国家和地区的 300 多名员工，具有国际竞争力。

美国财政部和美联储共同持有外汇储备。外汇储备的主要功能是干预外汇市场，实现既定的国际金融和国际贸易政策目标。经济机理上，财政部、美联储共同实施外汇市场干预。美国财政部 1934 年被国会赋予制定汇率政策的职能，主要原因是当时美国正值"大萧条"时期，罗斯福总统希望通过稳定美元汇率来稳定国内价格，因此集中财政部拥有的所有黄金，并将黄金与美元的兑换率从 20.67 美元/盎司提高到 35.00 美元/盎司，美元相对黄金贬值。为维持美元的国际价值，美国决定从美元对黄金的贬值收益中拨款成立外汇平准基金（ESF）。1962 年在美国财政部的请求下，美联储的公开市场委员会授权美联储用自己的账户进行外汇市场交易，与美国财政部一起干预外汇市场，1963 年美国财政部与美联储开始内部交易获得外汇，1978 年美联储与美国财政部共同等量出资实施外汇市场干预。干预所用资金主要来源于央行或财政部与其他央行的互换、发行外债、发行基础货币。投资方面，基于美元独特的国际货币地位，其外汇储备仅配置于欧元和日元，盈利要求并不突出。

日本实行"财政主导、央行执行"的双层外汇储备管理体系。财务省发行短期融资票据购汇，是事实上的汇率政策制定者。相应地，日本95%的外汇储备由财务省持有，委托日本银行全权管理。同时，根据《日本银行法》代理国库条款，另外5%的外汇储备由日本银行持有并自主管理。日本外汇储备管理制度具有三个特征：一是财政发债购汇的货币化。财务省发行的短期融资票据期限较短，主要面向日本央行和做市商。1985年至2004年日本外汇储备快速增长期间，财务省持续入场干预购买外汇，由于日本长期实行量化宽松货币政策，发行利率几乎停留在零水平，私人金融机构很少报价购买，日本央行几乎购买了所有的发行量，为短期融资票据的发行提供了重要支持。虽然2004年日本受制于发债规模的压力而停止外汇干预，但截至2015年11月，日本央行所持1年期及以下政府票据仍占总发行量的33%。二是日本央行有特殊性。日本央行既不是政府机构，也不是私人公司，而是政府控股的机构。根据《日本银行法》，日本央行的法定股本为1亿日元，由政府和非政府个人认购，其中政府（财务省）持有不少于55%的股权。三是日本外汇储备主要投资于债券资产。由于日本长期实行量化宽松政策，2000年以来日本1年期债券的平均收益率仅为0.18%，同期美国1年期国债平均收益率达到1.22%，日本外汇储备90%左右集中于美元债券，即使简单投资也能享有较高的正利差收益。

其他发达国家逐步增加外汇储备规模。2013年IMF调查显示，许多发达经济体在2008年后重新认识到外汇储备的作用，将外汇储备作为应对外汇市场压力和失灵的预防性措施，纷纷增加外汇储备规模。从2008年到2013年底，丹麦、以色列、瑞典、澳大利亚、加拿大、新加

第七章 加强和完善外汇储备经营管理

坡、捷克、韩国的外汇储备增幅在40%~180%（从高到低排列），瑞士的外汇储备增加了9倍。瑞士央行（SNB）的资产包括外汇资产、黄金储备和以瑞郎计价的金融资产，由央行货币政策委员会根据安全、流动和盈利性进行管理，央行设定投资指引，债券组合包括政府债、准政府债、国际组织债、机构债和公司债等，股票组合包括小型、中型和大型公司股票，只开展指数型投资。

二、新兴市场国家的外汇储备经营管理情况

新兴市场国家绝大多数是能源和资源出口型经济体，贸易盈余较高，通常由中央银行发行基础货币购汇形成外汇储备。新兴市场经济体容易受到国际市场价格和汇率波动的冲击，外汇储备在维持宏观经济稳定方面的作用比发达国家更加突出。2000—2014年间，在国际收支顺差以及为防止外部冲击而进行的"自我保险"等因素推动下，相关国家的外汇储备规模急剧扩大，在2014年年中的顶峰时期，新兴市场外汇储备总额接近8万亿美元。有观点认为，2015年全球金融市场动荡并没有演化为金融危机，其中一个关键的因素是新兴市场国家的外汇储备较1997年亚洲金融危机时期更为充足。尽管2014年以来新兴市场外汇储备有所下降，但总体仍保持在较高水平，约是发达国家的两倍。

亚洲金融危机期间，新兴市场经济体外汇储备曾有过被过度占用的教训。亚洲金融危机前，泰国、韩国将部分外汇储备以金融机构存款的形式持有，存放于财务状况薄弱的国内银行及其国外分支机构。在危机中，这些外币存款不可使用，导致实际可用储备低于对外披露的外汇储备规模，严重削弱了央行干预能力和国家对外偿付能力，这是加剧危机恶化的一个重要原因。这促使国际货币基金组织1999年专门制定了特殊数据公布标准（SDDS）框架下的"国际储备/外币流动性数据模板"，对

存在的问题予以纠正。模板规定，货币当局在居民银行的存款不视为外汇储备资产，当且仅当这些银行具有对非居民实体的对应外币债权，并且这些对应债权受到货币当局的有效控制，随时可供货币当局使用，以满足国际收支融资和其他需要，才可允许列入外汇储备资产。

三、国际经验总结和启示

从国际经验看，外汇储备经营管理背后隐含着国家利益最大化的基本逻辑。我国是全球最大的新兴市场国家，外汇储备经营管理的国际经验具有启示和借鉴意义。

一是中央银行持有和经营管理外汇储备符合国际惯例。从经济机理看，外汇储备的来源根植于外汇市场和本国对外经济活动，本外币供求关系的变化是决定一国是否购售汇、进而稳定汇率的根本因素。谁调节本币和外汇市场资金余缺，谁就负责汇率政策，谁就持有外汇储备。我国与大多数外资流入较快的新兴市场经济体一样，外汇储备的增加主要来源于进出口贸易等国际收支盈余。在此背景下，由中央银行持有并管理外汇储备，可以有效保证外汇储备管理与货币政策的协调，外汇干预效率更高，不仅能稳定汇率，还可通过与货币政策配合，有效稳定跨境资金流动。

二是各国外汇储备管理体制的形成有其特殊的历史原因。历史上有些国家的财政部门早于中央银行成立，除履行纳税、发行国债等职责外，还履行稳定货币币值和公开市场操作等中央银行的职责，因而在有些国家形成了财政持有外汇储备的传统。但随着越来越多的国家成立了中央银行，并且央行独立性日益增强，由央行持有并管理外汇储备已成为国际共识。

三是从外汇储备合理规模看，不同国家有不同的标准。IMF认为，储备货币发行国或者与美国有货币互换协议的发达经济体，并不需要持

第七章 加强和完善外汇储备经营管理

有大量外汇储备。对于其他成熟的发达经济体，可以采用情景分析的方式来分析确定合理的外汇储备规模，综合考虑外汇市场失灵和金融机构资产负债表的风险状况。而对于新兴市场国家，从国际经验来看，传统的储备充足率标准要求能覆盖三个月的进口或短期外债，这种使用单一指标估算的外汇储备规模远不足以应对金融危机。IMF 从 2011 年起开展系列研究，在综合考虑各种危机情景下，提出了衡量外汇储备规模充足性的新标准。从各国实践看，无论是美欧日外的其他发达国家，还是新兴市场经济体，都有进一步增加外汇储备或防止外汇储备下降的趋势。

> **专栏14**
>
> ### 国际货币基金组织衡量外汇储备规模的新标准
>
> 传统外汇储备适度性衡量标准包括覆盖 3~6 个月的进口需求，偿还所有短期和其他外债等。IMF 认为，上述指标存在诸多不足，它只考虑进口支付和外债偿付等基本需求，而忽略了危机时期常常出现的资本外逃风险。此外，覆盖比例的选取也具有任意性，与现实存在较大偏差。
>
> 为弥补上述不足，IMF 于 2011 年 2 月首次发布实证研究《衡量外汇储备充足性》（Assessing Reserve Adequacy），构建了衡量外汇储备适度性的新标准，认为适度储备规模应该覆盖危机情形下可能的资本流出和其他风险。2013 年 11 月，IMF 发布政策论文《衡量外汇储备充足性——进一步考量》（Assessing Reserve Adequacy—Further Considerations），对新标准做了技术性修正和补充。在此基础上，2015 年 4 月，IMF 发布《衡量外汇储备充足性——具体提议》（Assessing Reserve Adequacy—Specific Proposals）。
>
> IMF 认为，对于实行固定汇率制度的国家，外汇储备的适度规模

> 应为30%的短期外债、20%的其他外债、10%的出口和10%的广义货币（M_2）总和的100%～150%。对于实行浮动汇率制度的国家，IMF认为可将广义货币、其他外债和出口三者的权重各下调5个百分点。对于存在资本管制的国家，M_2的权重在上述基础上再降低一半。在使用上述公式时，可以根据本国的情况（如出口的波动性、资本管制程度等）对各个权重进行适当调整。
>
> IMF新标准与传统标准的差异主要体现在三点：一是新标准全面考虑外汇流出的潜在渠道，纳入广义货币指标，以衡量危机发生时国内资本的外逃风险。二是IMF认为，虽然出口收入与进口规模差异不大，但前者更能反映外部需求和贸易条件冲击带来的外汇储备流失风险。三是根据历史上货币或金融危机国家的经验，IMF对各种外汇流出渠道赋予一定风险权重，这一做法更具现实意义。
>
> 一国持有多少外汇储备算是合理水平，国际和国内都没有统一的标准，需综合考虑本国的宏观经济条件、经济开放程度、利用外资和国际融资能力、经济金融体系的成熟程度等多方面因素。我国是一个发展中大国，保持充足的外汇储备对于确保国际清偿能力、提高风险应对能力、维护国家经济金融安全等具有重大的意义。

四是没有限定央行外汇储备投资的领域。由于需要保障国际收支支付，外汇储备面临的流动性和安全性要求较高，因此，外汇储备大部分投资于流动性好、安全性高的债券，但资产的风险收益特性不是一成不变的，风险资产也在不同时期有不同的界定。央行作为投资者，投资于不同形式的资产还有助于加深对市场的理解，增大与市场沟通和调控的有效性。

五是外汇储备经营管理体制机制向市场化靠拢。人才是储备经营的核心竞争力。外汇储备规模巨大，又在国际金融市场运作，要想在国际博弈中立于不败之地,关键靠人才。灵活的市场化体制机制有助于充分调动人才的积极性,在激烈的人才市场上保持竞争力。

第三节 我国外汇储备的经营管理

新世纪以来,我国外汇储备经营管理进入高速发展的阶段,以"安全性、流动性、保值增值"为经营管理原则,逐步探索出一条有中国特色的外汇储备经营管理道路,在投资经营、风险管理、机构建设、人才培养等各方面都建立起一整套完备的经营管理制度,组建了一支能打仗、打胜仗的专业队伍,无论是在规模快速增长期还是在高位波动下行期,都较好地完成了外汇资金的投资经营任务,守住防风险底线,对维护国家经济金融安全发挥了重要作用,同时积累了大量宝贵的国际市场运作经验。中国人民银行行长周小川 2013 年赴外汇储备经营管理机构开展党的群众路线教育实践活动调研时高度评价外汇储备经营管理工作,强调"外汇储备经营管理工作使命光荣、责任重大、任务艰巨","近年来,(具体负责外汇储备经营管理的)中央外汇业务中心工作非常务实,在外汇储备经营管理中精益求精,为我国金融事业发展作出了重要贡献"。

一、我国外汇储备在三级授权体系下,由中央银行集中统一管理

(一) 外汇储备是人民银行资产负债表上的主要资产

我国外汇储备是中央银行通过投放基础货币购买外汇形成的。外汇储备直接体现在央行资产负债表的资产方,与负债方的货币发行相对应。根据国际货币基金组织关于外汇储备的定义和分类,外汇储备由

货币当局持有，主要用于直接弥补国际收支失衡，或通过干预外汇市场间接调节国际收支失衡等用途，其他机构持有的外汇不属于外汇储备。同国际上大部分国家和地区的做法一样，我国外汇储备由央行——中国人民银行负责持有、管理和经营。这一点早在1995年的《中国人民银行法》、1996年的《外汇管理条例》中就已明确规定。

（二）外汇储备经营管理三级授权体系在实践中取得显著成效

2001年以来，外汇储备在国务院、中国人民银行、国家外汇管理局三级授权管理体系下经营管理，接受各级指导监督。这一安排符合外汇储备来源和性质的根本要求，确保了外汇储备管理与货币政策执行、国民经济宏观管理的协调一致，在实际操作中实现了决策的科学高效、执行的低调灵活和风控的严格有效。

二、坚持多元化、分散化的投资战略，取得"东方不亮西方亮"的投资效果

外汇储备经营遵循市场规律，在投资上"不把鸡蛋放在一个篮子里"，从长期、战略的角度出发，在国际市场上进行分散化配置。新世纪以来，特别是从2006年开始，国际金融市场风云变幻，进入低收益率环境。我国外汇储备多元化步伐总体大幅加快，具体节奏根据国际经济金融发展趋势、市场环境和时机进行灵活调整。外汇储备通过建立优化的资产配置组合，利用在不同经济环境下各类资产间回报的此消彼长，实现风险对冲，保障资产总体安全和盈利。

（一）构建分散化的投资组合

经过十余年的积极布局，外汇储备投资足迹已遍布全球，横跨包括亚、非、拉在内的70多个国家和地区，货币资产摆布从20世纪的以美

元和短期政府债为主扩展到涵盖30多种货币、50多类资产品种、6 000多家投资对象,几乎涉及全球主要货币和资产品种。不同货币和资产间市场价格此消彼长、互补平衡的效果明显,保持了外汇储备整个盘子资产价值的基本稳定,将外汇储备投资期限长、风险承受力强等优势转换为切切实实的保值增值能力。

(二) 加强多元化投资的风险防范

在实施多元化投资过程中,外汇储备并非无原则、无条件地进行多元化,而是基于"底线"原则,积极把握市场时机,稳步、审慎地向前推进。原则一是尊重市场规则和行业惯例,按照市场化原则和条件开展财务投资,维护和促进国际金融市场的稳定和发展。原则二是不进行短期投机,牢牢守住防范风险的底线。以美国次贷危机为例,在其爆发前几年市场繁荣、盲目乐观,次贷产品盛行,风险被掩盖和低估,但外汇储备经营管理始终保持审慎,没有涉足次贷等"有毒"产品,没有投资高风险的衍生产品,从而保障了外汇储备资产的总体安全。再以"两房"投资为例,"两房"(房地美、房利美)发行的机构债券是美国金融市场的一个投资领域。2010年6月,"两房"股票从交易所退市,引发公众对于我国外汇储备投资是否遭受损失的疑虑。对此,外汇局及时进行了系统、详尽的解答,明确表示,我国外汇储备没有投资"两房"股票,而"两房"债券价格稳定,还本付息正常,未受到负面影响。

(三) 完善多元化投资的全球经营平台

为了灵活实施投资策略、全方位推进多元化投资,外汇管理部门先后在新加坡、香港、伦敦、纽约、法兰克福等国际金融中心设立了驻外机构,负责拓展投资领域,开展全球24小时连续经营。目前,驻外机构已成为外汇储备多元化投资的重要平台,构建了市场、信息、人员全覆盖的全球网络，提升了在不同时区和不同市场的外汇储备投资管理能力。

（四）培育多元化投资的全领域经营能力

在多元化投资的推进过程中，外汇储备在现金、债券、股票、另类投资及拓展运用等领域都积累了丰富的实战经验和较强的投资管理能力，不仅有效保障了资产的安全性、流动性，更是实现了保值增值。从资产的整体购买力看，当前外汇储备的投资收益率远高于被投资国通胀率，资产的安全性得到切实保障。从资产的盈利能力看，外汇储备的各主要投资领域均已培育出国际先进的经营能力，在美国次贷危机后连续多年持续极低利率的不利投资环境下，外汇储备经营收益仍保持了稳定增长。

三、建立健全系统化的投资基准管理体系，进行科学高效的投资决策

经营全球最大规模的外汇储备，国际市场上并没有现成的方法，需要经营管理团队深入思考、不断摸索，探寻具有我国特色、适应时代变化的管理模式。2001年，借鉴国际上资产管理经验，建立了以投资基准为核心的经营管理模式，实现与国际接轨，适应了规范化、专业化经营的需要。次贷危机后，适时总结危机应对经验，分层深化基准管理模式，构建了多个层次的系统化投资基准体系，经营管理向更具战略体系、更加市场化的方向深入发展。

投资基准是国际资产管理行业普遍采用的一种经营管理模式。外汇储备投资围绕基准主动经营，允许经营人员对基准进行适度偏离，积极捕捉市场机会，灵活实施投资策略，在既定风险之下创造超出基准的收益。按照既定的投资基准进行操作，可以有效进行投资决策和管理投

资风险，还有利于客观评估经营业绩。

如上所述，投资基准管理理念科学，但在实践中要想取得较好的超额收益，离不开两个先决条件，即好的基准和有效的决策执行机制。一方面，我国外汇储备规模大、盘子大、对国家经济金融安全意义重大，这些特殊性是任何一个现有外部基准都无法顾及和解决的。因此，我国外汇储备经营没有简单使用外部基准，而是在坚持成熟投资经营、深入市场判断、严格风险管理的基础上，根据外汇储备投资的目标和要求，充分论证历史数据，兼顾未来趋势，自己制定和维护一整套投资基准，并根据外汇储备经营的发展不断丰富完善。过去几年的实践证明，这套基准满足了外汇储备自身的经营原则和特点，较好地指导了日常投资经营工作。另一方面，坚持以研究驱动投资决策，建立并积累了大量的研究方法、工具和数量模型，深入挖掘、积极把握市场机遇，以实实在在的理论研究和量化模型计算支持每笔投资决策，真正做到以投资基准为核心，建立从投资授权到交易清算、会计核算、业绩评估、管理监督的一整套投资管理体系，实现投资管理的规范化和专业化，让科学的模式落地并产生实效。

四、始终将风险防范放在经营管理工作的首位，坚守防风险底线

防止发生系统性金融风险是金融工作的永恒主题。外汇储备始终将风险防范放在首位，立足"保值增值"和"不发生重大操作风险事件"的双重底线，按照"系统决策、分散投资、预防为先、审慎评估"的核心逻辑，不断优化风险管理和内部控制框架、方法、工具和手段，实现对外汇储备经营全方位的风险控制。"系统决策"强调风险管理的决策集中统一，"分散投资"强调资产配置和投资风险分散化，"预防为先"强调风险分析把握趋势性、做好风险预警和风险准备，"审慎评估"则强调风险头寸全面监测和评估、操作风险零容忍以及严防道德

风险和声誉风险。

(一) 多元化、分散化是最基本的风险防范手段

在外汇储备快速增长时期，大规模外汇储备通过多元化投资分散风险。坚持多元化投资原则，加强风险管理，最大限度减少国际金融市场波动造成的负面影响。通过综合考虑我国对外经济贸易发展及国际支付需求、国际货币和金融体系发展趋势、各种资产的长期风险收益特征、市场容量和流动性等多种因素，不断优化多元化货币和资产配置，并根据经济及金融市场变化积极动态调整投资策略，构建多元、平衡、优化的配置组合，在较长的时间维度内实现资产安全和保值。

(二) 始终坚持审慎的投资理念和系统严谨的风险管理制度

审慎界定并前瞻性评估外汇储备可能面临的各种风险，采用先进的风险管理技术，提前预警，及时跟踪，全方位、多角度地对各类风险进行监控和管理。高度重视内部控制，按照规范化、程序化、制度化的要求，建立相互制衡的内控体系，不断完善各项规章制度和操作规程。同时，定期接受有关部门的审计，采取各种方式提高政策和管理透明度，积极接受外部监督。

(三) 外汇储备的风险管理经受住了实践的检验

外汇储备在新世纪中先后成功经受住了美国次贷危机、欧债危机等一系列严重冲击，不仅保持了外汇储备资产的总体安全性及流动性，还实现了经营业绩的稳定增长。2008年底，中国人民银行行长周小川看望慰问储备经营管理人员时说，美国次贷危机升级演变为席卷全球的金融危机，储备经营全体人员认真履行职责，积极应对危机挑战，经受住了考验，保障了储备资产整体安全。他要求在新的一年里再接再厉，按照科学发展观的要求，深入研判市场走势，加强风险管控，为国

家的储备经营管理作出更大贡献。经过多次外部冲击的洗礼，外汇储备经营的危机应对机制已趋于成熟，在历次危机中均有效运转，积极灵活应对了各类风险事件。外汇储备的风险控制也得到外部审计监督的肯定。过去20年，历年审计结果显示外汇储备投资管理、风险控制以及财务、账户、人事、信息系统等内部管理均规范、健全，外汇储备资产真实、安全。

五、坚持国家战略导向，稳妥推进外汇储备多元化运用

新世纪以来，我国经济快速发展，国家、企业综合实力迅速增强，伴随经济全球化程度加深，经济往来和联系不断加强，外汇储备支持国家战略的作用不断提升。外汇储备遵循市场化原则，积极开展多元化运用，切实服务稳增长、促改革、调结构、惠民生的各项政策要求，效果显著。

（一）积极推进"藏汇于民"

对于市场主体在外汇市场上合理、合法的购汇需求，外汇局不断完善外汇管理和服务，大力促进贸易投资便利化，为国内企业和居民用汇创造更加便利的条件。周小川行长曾对外公开表示："所谓'藏汇于民'并不是老百姓把外汇藏到自己手里，而是他们自行决定运用包括投资等机会。"外汇储备经营始终支持金融机构、各类企业、个人等各种主体按照权责清晰、风险自担的原则，购买并投资外汇资产，促进对外投资主体的丰富和多元，深化外汇资产多元化运用，推动"藏汇于民""用汇于民"。

（二）积极探索和拓展多元化运用渠道，服务实体经济发展

认真贯彻落实国家战略部署，不断深化多边双边投融资合作，大力

支持企业"走出去",为服务实体经济发挥了积极、重要的作用。2003年建立中央汇金投资有限责任公司支持国有商业银行改革,2007年配合国家设立中国投资有限责任公司,2011年成立外汇储备委托贷款办公室,2013年注资国新公司,2014年组建丝路基金,2015年注资国家开发银行、中国进出口银行,等等。开辟、拓宽包括委托贷款、股权注资等各类渠道,向商业银行、政策性银行等金融机构和实体经济部门提供外汇资金,形成权责清晰、目标明确、层次丰富、产品多样的外汇储备运用机制,重点支持了"一带一路"、国际产能和装备制造合作等重大战略以及资源能源、企业"走出去"、重点领域进出口等,切实服务实体经济发展。

(三) 积极开展多层次的国际合作

新世纪伊始,中国更多地参与国际治理逐渐成为多数国家共识。"世界那么大,问题那么多,国际社会期待听到中国声音、看到中国方案,中国不能缺席。"[①] 外汇储备从国家大局出发,广泛参与国际合作,树立我国负责任大国形象,为提升国家话语权贡献力量。次贷危机期间,外汇储备认购了国际货币基金组织和世界银行下属国际金融公司债券,配合国家开展国际救助。从2010年起,参与设立东盟十国与中日韩三国(10+3)区域外汇储备库,参与建立金砖国家应急储备安排,提升亚洲和金砖国家应对危机的能力。2013年以来,与国际金融公司、泛美开发银行、非洲开发银行等国际多边机构合作设立联合融资基金,支持世界经济发展。2014年以来,组建并积极支持丝路基金、中拉产能合作投资基金、中非产能合作基金,服务"一带一路"、国际产能和装备制造合作等重大战略。2015年以来,全力支持人民币加入国际货币基金组织特别提款权(SDR)货币篮子,按照IMF数据公布

---

① 摘自国家主席习近平2016年的新年贺词。

特殊标准（SDDS）公布外汇储备相关数据，稳步推进外汇储备信息披露。

作为全球最大的外汇储备国，我国外汇储备经营管理不仅取得了良好的经营成绩，在国际市场和同业间也得到了认可和赞誉。2014 年外汇储备经营管理团队被国际专业期刊《亚洲投资者》评为"最佳央行投资者"和"最佳中国投资者"，2015 年再次荣获《亚洲投资者》评选的"最佳机构投资者"大奖，《亚洲投资者》认为"国家外汇管理局是目前中国的大型投资者中目标最明确的机构，在政府类投资机构中，其拥有最好的团队和高水平的人才"，"作为一个管理如此大规模资产的机构，稍有不慎就可能偏离轨道，而国家外汇管理局的出色表现论证了其机制设计和人员管理的高水平"，成为亚洲央行投资管理的标杆。

▼ 专栏15

优化外汇储备多元化运用服务实体经济

新世纪以来，我国经济平稳较快发展，综合国力和企业实力不断增强，对外经贸往来持续扩大。与此同时，经济全球化程度不断加深，经济往来和联系不断加强。国家经济社会的长远发展要求加快转变经济发展方式，提高对外开放水平，更好地利用国内国外两个市场、两种资源。"十二五"规划纲要提出"加快实施'走出去'战略"，党的十八大报告提出"加快走出去步伐，增强企业国际化经营能力，培育一批世界水平的跨国公司"。2013 年，习近平主席提出了共建"丝绸之路经济带"和"21 世纪海上丝绸之路"的重大倡议。人民银行、外汇局高度重视发挥外汇市场支持国家经济社会发展的积极作用。在做好货币政策调控和外汇管理工作的同时，不断拓展外汇储备多元化运用，大力支持金融机构服务实体经济发展和"走出去"战略。2011年在外汇储备经营管理机构内，成立了外汇储备委托贷款办公室（SAFE Co - Financing），负责外汇储备多元化运用工作。

外汇储备坚持国家战略导向，加强多元化运用的统筹协调和风险防控，积极支持国家"一带一路"、国际产能和装备制造合作等重大战略，构建相互补充配合的对外投融资平台体系。一是搭建多元化运用资金平台。通过股权、债权、基金等方式，多层次、大力度支持"一带一路"等国家战略。在开展委托贷款的基础上，牵头设立了丝路基金、中拉产能合作投资基金和中非产能合作基金，其中丝路基金最初规模为400亿美元，在"一带一路"国际合作高峰论坛上宣布新增资金1 000亿元人民币；中拉产能合作投资基金和中非产能合作基金规模各为100亿美元。注资了中投国际、国新国际、国家开发银行和中国进出口银行，并以多种形式支持了中非发展基金、中拉合作基金、中国欧亚基金、中阿基金等多双边基金。上述相关机构成立以来，在功能定位、投资理念、业务实践、公司治理等方面开展了积极探索，取得了一系列早期成果。二是服务和支持我国"一带一路"等重大对外战略。重点支持"一带一路"等对外合作框架下的基础设施、资源开发、产业合作和金融合作等项目，实现中长期财务可持续和较好的投资回报，为中国与相关国家和地区的经贸合作、多边双边互联互通提供投融资支持。三是积极履行出资人职责。通过党的领导和公司治理两个维度，引导投资机构实施规范化和专业化管理。加强党的领导和健全党的建设体制机制，充分发挥党组织在公司治理中的核心作用。不断完善公司治理，健全激励约束机制，在业务拓展、公司搭建、风险防控、内部制度建设等方面迈出了稳定的步伐。

第七章 加强和完善外汇储备经营管理

> 外汇储备多元化运用开展以来，通过调节外汇市场资金供求，扩大了外汇储备投资范围与领域，同时始终把防范风险放在首位，实现了外汇储备保值增值，为我国金融机构及外汇市场参与主体扩大对外经贸投资往来提供了良好的基础条件和融资环境，较好地促进了国家经济社会发展。

第八章
提升外汇管理信息化水平

2000年以来,外汇管理部门不断适应外汇管理体制改革发展和创新的需要,逐步实现了外汇管理业务的电子化处理,通过信息化手段连接外汇局、企业、银行等,创新和改善政府管理。推进简政放权,积极探索系统和数据整合之路,提高业务监管能力,提升贸易投资便利化程度,助推资本项目可兑换进程,服务实体经济发展,防范跨境资金流动风险。按照网络安全和信息化是"一体之两翼、驱动之双轮"的要求,不断推进信息安全的建设发展,努力构建外汇管理信息安全防护体系。

第一节 加快外汇管理信息化建设

进入21世纪,我国经济持续高速发展,对外贸易往来和跨境资金流动规模不断扩大,外汇管理数据呈几何级数增长。传统的依靠人工台账登记的外汇管理模式已经不能适应新形势发展的需要,管理手段和服务方式亟需改进。面对新形势、新挑战,外汇管理科技部门进一步加大信息化建设投入,

第八章　提升外汇管理信息化水平

加快信息系统建设步伐，信息化建设步入了崭新的发展阶段。

一、实现各类业务的信息化覆盖

2000—2009 年，为适应国际收支统计、经常项目、资本项目外汇管理需要，外汇局充分利用现代网络通信技术和计算机应用技术，加快信息系统建设，实现了外汇业务的信息化管理，建立了面向金融机构、企业和广大社会公众的服务体系，有效提升了外汇管理服务能力和水平。这一阶段，外汇管理信息化建设呈现以下几个特点。

（一）各主要外汇管理业务实现信息化

2000—2009 年，陆续上线运行了个人购汇系统（2002）、外汇账户管理信息系统（2002）、外债统计监测系统（2002）、出口收汇核报系统（2004）、网上核销系统（2005）、个人结售汇系统（2007）、直接投资外汇管理信息系统（2008）、贸易信贷登记管理系统（2008）、国际收支平衡管理信息系统（2009）等主要业务系统。这些系统基本涵盖了当时主要的业务管理范围，系统用户涉及外汇局、银行、企业、会计师事务所等相关业务主体，实现了业务办理全流程的网络化、电子化和多主体联网操作，极大地减轻了外汇局、金融机构、企业的工作负担，提高了监管效率。

▼ 专栏16

个人结售汇业务的信息化发展之路

2000 年以前，境内居民个人购汇业务一直由中国银行独家办理，这主要是由于当时网络技术比较落后，银行电子化程度较低，大部分业务基本上都是手工操作、手工统计的，为了防止重复购汇，只好采取限制购汇银行网点、限制异地购汇等管理措施。这些措施虽然在管理上起到了一定的作用，对维护国际收支平衡也起到了积极作用，但也带来一些问题，如购汇网点较少，给个人购汇带来很多不便。随着我国加入世界贸易组织，只授权一家银行办理个人售汇业务，不利于银行间公平竞争，不符合世贸组织的非歧视性原则。

2002年，推广运行个人购汇系统，这是外汇管理领域第一个全国数据大集中的实时性业务系统。实现了居民个人购汇额度集中控制和实时办理，彻底打破了由一家银行独自经营个人售汇业务的限制，方便了居民购汇，为银行业的公平竞争创造了良好的环境。同时，通过联网实时操作，有效防止重复购汇和非法买卖外汇行为，提高了管理水平。截至2003年9月，个人购汇系统在中国银行、中国工商银行等12家中资银行和3家外资银行的2 600多个网点推广使用。个人购汇系统获得2003年度银行科技发展奖二等奖。

2007年，在个人购汇系统的基础上，推出个人结售汇系统。个人结售汇系统的推广运行，结束了广大居民个人用汇时需要提供各种凭证的历史，个人在年度额度内凭身份证明文件就可以直接办理购汇和结汇，极大地便利了居民用汇。通过采集个人结售汇交易明细数据，填补了外汇管理在个人结售汇数据领域的空白。该系统推广至全国所有外汇局分支局和办理个人结售汇业务的近3万个银行营业网点，有近140家银行的151条专线接入外汇局的银行端专线网络平台，系统登记用户数达到20万户，通过系统办理的个人结售汇业务平均超过10万笔/天。

2010年以来，个人外汇管理形势发生较大变化，个人结售汇业务量激增、电子银行等新兴用汇渠道迅猛发展、个人贸易等经营性用汇日益普遍，对重点主体的监管力度不断加强。为进一步便利个人结售汇业务办理，2016年1月1日正式上线个人外汇业务监测系统并替代现有的个人结售汇管理信息系统。实现全口径数据归集,将个人跨境外汇收支、银行结售汇统计口径的个人结售汇数据等纳入统计,实现对个人汇兑和收支数据的全口径监管;改善个人分拆结售汇"关注名单"管理;重点提升系统的监测分析功能。银行和个人本外币兑换特许机构通过联机接口,将柜台业务系统、网上银行、手机银行、自助终端等通过联机接口与个人外汇业务监测系统对接,实现个人结售汇业务数据的自动实时报送,可以有效减少手工录入工作量、缩短业务办理时间,在降低操作成本的同时也支持了网银、手机银行等新兴互联网业务发展。截至2016年底,个人外汇业务监测系统银行联机接口共接入193家银行和39家特许兑换机构及其他金融机构,占全部办理个人外汇业务的机构数量的近70%,通过联机接口办理的个人外汇业务量占到总业务数的93%。

个人购汇系统的建设和发展,从手工操作到系统办理业务再到支持网上银行、手机银行,极大地便利了个人结售汇业务的办理,在提高便利化的同时,规范了数据的采集,强化了事中事后监管。

(二)"总对总"系统部署和数据采集更加高效便捷

2001年之前,外汇业务系统采用的是逐级分布式部署的系统运行模式,即800多家分支机构均部署服务器,数据主要采取分散采集的方式,主要有两类情况,一是业务数据由银行网点平行报送到所在地外汇局分支局,外汇局分支局逐级上报,直至总局,如国际收支申报。二是由分行申报到分局,再由分局报至总局,如外汇账户系统。在分散式部署模式下数据采集时间跨度较长,中间环节较多,耗费较多的人力物力,数据的及时性和准确性也会受到影响。2009年,建立了银行总行对总局之间的数据报送渠道,同时发布数据采集接口规范,实现了对金融机构数据的直接采集，开启了从总行统一采集数据的新时代。数据集中采集后，减少了系统部署的层次，运行管理更加简单。对基层分支机构系统部署要求大大简化，人力成本和资金成本均大幅降低，数据采集效率和数据质量也大幅提高。

▼ 专栏17

建设国际收支平衡管理信息系统

跨境资金流动日益频繁，规模不断扩大，跨境收支笔数大幅增长，这些对国际收支统计申报数据的准确性和时效性、数据的采集方式和国际收支的综合分析功能都提出了更高的要求。

2006年，外汇局围绕维护国际收支平衡这一核心目标，建设国际收支平衡管理信息系统，提升我国国际收支统计监测和分析水平，为国家宏观经济决策提供信息支持。国际收支平衡管理信息系统是国家"金宏工程"的8个宏观经济管理业务应用系统之一，按照"分拆与整合相结合"的建设思想，建设了一个面向外汇局、银行和企业，服务于宏观经济管理的集国际收支平衡管理与辅助决策于一体的综合信息系统，其由7个子系统组成；采用了数据集中处理的大集中模式，首次实现了数据采集直接由银行总行向总局传输，减少数据报送环节，提高申报的时效性；整合了多部门的数据采集需求，数据主要以接口方式进行采集，提高了申报数据的准确性，也大大减轻了银行的工作量。

国际收支平衡管理信息系统为国际收支统计工作提供了有力的技术支持，在数据采集方式、编制方法、发布频率和准确率等方面均已达到国际水平，系统每日采集的数据量近50万笔。2009年，国际收支平衡管理信息系统在全国241家银行全面上线，取得了良好的社会效益和经济效益，获得2011年度银行科技发展奖二等奖。

第八章 提升外汇管理信息化水平

国际收支平衡管理信息系统在实现业务目标的同时,通过建立应用服务平台、外汇代码标准管理信息系统和消息传输系统,推进了外汇管理信息化基础应用环境建设,提升了外汇管理信息化整体水平。一是建立了外汇业务系统统一的访问门户,通过统一的门户、角色、功能的权限管理体系和应用系统集成,实现用户一次登录就可以访问所有授权的应用,方便了用户操作和使用,同时节省了后续新开发应用系统的开发工作量。二是建立了外汇局基础的消息交换体系。通过消息传输子系统建设,满足外汇局内部以及外汇局与外部机构(外部委、银行、企业等)之间信息传输的需要,并保证信息传输的稳定、可靠和安全,对传输过程中的信息可以进行加密、压缩处理。三是实现了公共代码和基础档案的统一管理和维护。外汇代码标准管理信息系统通过对所有公共代码和基础档案进行规范和管理,推进了数据标准化,为数据采集、交换、共享和建设数据库打下了基础。

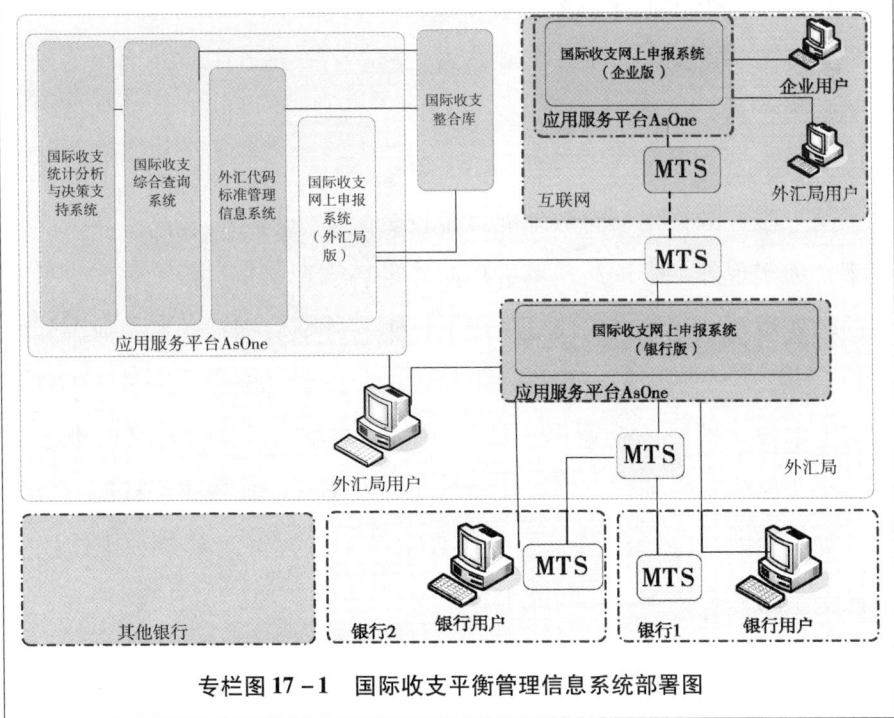

专栏图 17-1 国际收支平衡管理信息系统部署图

（三）外汇业务向互联网拓展

2004年，外汇管理科技工作确定了管理服务化的基本工作思路，信息化建设同样转变到以服务网络化为目标的方向上，根据国家信息化发展战略和总体要求，提出了以建立电子政务服务平台为核心的服务网络化构想。

2005年，国家外汇管理局网上服务平台正式投入运行，通过平台为互联网企业和银行各类业务办理提供免费服务，一是提供信息发布、网上调查、表格下载等功能，完成企业和银行的各种报表报送功能；二是为用户提供规范、方便、快捷的服务环境，为企业等各涉汇主体提供网上技术支持、互动服务；三是方便企业等各涉汇主体通过网上办理相关业务，及时、准确地公开业务处理的过程和结果，达到信息共享和提高办事效率的目的。

网上服务平台上线当年注册办理出口收汇核销的企业达6.7万家，办理业务500万批次，累计金额达到1 388亿美元。注册办理网上外债报告的银行达290家，用户数量达1 000余户，通过网上办理外债报告2万余笔。

网上服务的推出，有效地促进了投资贸易便利化，提高了自身工作效率，为实现外汇管理从现场管理向非现场管理、从过程管理向事后管理的转变奠定了基础。出口收汇网上核销、外债数据报送、企业国际收支网上申报、金融机构报表报送更为便捷、高效。例如，通过涉外收入的网上申报，扩展了企业申报渠道，使用方便、经济。与纸质申报相比，企业充分感受到网上申报在便利性、准确性、加快收汇核销、退税速度等方面的优势，有80%的企业表示网上申报可为其节约因往返银行而发生的人力成本、时间成本、交通费成本等，特别是路途较远、业务量较大的企业，能节约更多的时间和费用。出口企业使用出口收汇网上核销系统，真正实现了足不出户办理核销，许多出口企业由衷感慨：

"我们以后再也不用到外汇局排队等候了!"2008年出口收汇网上核销系统获得银行科技发展奖二等奖。

(四)信息管理向标准化、统一化转变

为规范外汇代码资源,2008年颁布实施《国家外汇管理局信息系统代码标准化管理办法》和《国家外汇管理局信息系统代码标准管理实施细则》,建立国家外汇管理局信息系统代码标准化工作制度,明确各级分支机构在代码标准化管理方面的职责和工作流程,发布了外汇管理代码标准——《国家外汇管理局信息系统代码标准库》,配套建设了外汇代码标准管理信息系统。

代码标准主要包括公共类代码和组织机构档案等主体档案代码。公共类代码包括国家和地区代码、行政区划代码、经济类型代码、货币代码、行业属性代码、涉外收支交易代码等11个公共类代码,共4 000多项具体码值。这些代码在国际收支统计监测、经常项目、资本项目等全部外汇管理业务中实现了共享使用,为实现数据统计口径的准确和一致提供了坚实的保障。档案类代码主要包括外汇局代码、金融机构代码、金融机构标识码、组织机构代码四类档案信息类代码,其中以组织机构代码为标识的企业档案经过标准化和在不同业务部门共享使用后,有效地解决了长期以来存在的信息标准不统一、信息冗余和不一致等问题,简化了业务环节和流程,减少了录入核对数据的工作量,工作效率迅速提高,数据质量也有了保障。尤为重要的是,为实现企业主体管理提供了基础条件,起到了数据整合"龙头"系统的作用,为实现创新服务,提高服务质量提供了技术支撑,企业也因此享受到了手续简化的便利和高质量的服务。

标准代码的统一管理和维护,便利了日常公共代码和基础档案的查询和维护,并在各业务系统间共享使用,形成了一套标准化的代码管理体系,为进一步提高外汇管理水平奠定了良好的基础。

二、信息化基础设施长足发展

信息化基础建设一直以来都是外汇管理信息化工作的重点，2000年以来，一方面外汇管理体制改革不断深入，外汇信息化需求不断增长；另一方面，科学技术日新月异，新的技术不断涌现，信息化基础建设的步伐进一步加快。

（一）拓展网络建设奠定系统基础

要发展，先"修路"，信息化基础建设主要内容之一就是铺好网络这条"路"。2001年，外汇局网络建设已初具规模，初步构建了总局、省分局、地（市）中心支局和县支局的星树形分级网络。外联网已经延伸到各商业银行、海关等外部门。2002年，完成与部分商业银行总部的高速联网，以适应商业银行数据大集中处理的趋势。网络系统的建设发展为加快外汇管理信息系统的建设和部署提供了坚实的基础。2005年，按照国家新修订的网络建设规范和安全要求，以更高的标准建设了业务网、外联网和互联网，为内部信息系统运行、外部服务对象接入提供了更加安全可靠的保障。

（二）完善软硬件设备保障运行环境

2006年，完成数据总中心新主机机房建设、设备购置和安装工作并投入生产使用，统一了数据库生产环境，极大地改善了外汇管理部门信息系统的运行基础，保障了系统安全稳定运行，提高了数据总中心的信息处理能力，数据总中心的数据处理能力提高了3倍，数据存储能力提高了12倍。为逐步实现系统和数据的大集中奠定了基础，在一定程度上满足了一段时期内信息化系统建设和运行对信息化基础资源的需求。

三、电子政务建设起航发展

推行电子政务,是新世纪初党中央、国务院作出的一项重大战略决策,随着外汇管理体制改革的不断深入,外汇管理科技部门充分应用现代信息和通信技术,将管理和服务通过网络技术进行集成,通过改进业务流程和工作方式,先后建立了网上服务平台和门户网站,提高了公共服务水平。

(一)建立网上服务平台推进电子政务发展

为积极响应国家实现电子政务的相关精神,推进电子政务建设,外汇管理科技部门提出了建立"一站式"网上服务平台的构想,实现"一门户入网、一次登录认证、一站式服务"的电子政务发展目标。2005年建设网上服务平台,2007年、2008年其内容不断得到发展和完善,实现了信息的发布和信息的报送双向数据交换模式,多个应用在网上服务平台上成功运行。陆续实现了贸易结汇关注企业名单向银行公布、通过商务部备案的房地产企业名单向银行公布、全国性银行结售汇综合头寸数据报送、银行外汇牌价数据的报送、贸易信贷网上登记、出口换汇成本调查等功能,并试点运行银行即期结售汇市场准入网上审批。2009年网上服务平台又开通了企业及会计师事务所联网端,实现合格机构投资者(QFII/QDII)托管机构业务数据的网上报送、中资金融机构外汇资产负债网上报送和电子化监测等功能,进一步推动了贸易投资的便利化。"一站式"网上服务平台的建设,在统一、规范企业、银行的业务操作,提供便利化的服务,降低成本等方面起到了积极的促进作用,为后续行政许可项目的网上办理奠定了基础,积累了宝贵的经验,对我国电子政务的发展起到了促进作用。

(二)建立门户网站提升对外服务能力

为进一步提升外汇管理对内对外信息服务能力，提高外汇管理政策的透明度和公开性，先后建立了三大门户网站，主要包括互联网门户网、银行信息门户网和内部信息门户网，形成了统一的信息门户技术支撑体系，实现了一点编辑，互联网门户网、银行信息门户网和外汇局内部信息门户网的统一发布与共享。国际互联网站由中文主站、英文主站、繁体中文主站和36个分局子站构成，网站主要对外提供外汇新闻、法规、数据信息、政策咨询和投诉建议等服务，方便了公众对数据的快速浏览和下载。银行信息门户网面向金融机构提供服务，集成了国际互联网站上的新闻、法规和数据资料等信息源，实现了银行用户"一门户入网，一站式办事"。内部信息门户网主要发布外汇管理政策法规、交流总分局工作情况，为各级外汇局搭建了统一的内部信息服务和共享平台。

四、跨部门数据交换和共享的初步探索

随着外汇管理改革的不断深入，外汇管理科技部门在加快自身信息化建设的同时，进一步加强了与外部委的信息交流和技术合作，积极探索与不同部门实现数据共享和对接，完善数据采集渠道和数据交换机制。

(一)推进与海关的数据共享

2001年实现了出口核销单和海关报关单电子数据的批量传输应用，大大减轻了核销数据录入和业务甄别工作量。之后几年，不断加大与海关数据共享力度，2006年，海关向外汇局增加进口报关单电子数据和出口未交单报关单数据的传输，同时外汇局将出口已核销数据

批量传给海关,实现双向的数据共享。此项工作的完成,实现了跨部门双向的数据交换与共享,不仅满足了业务部门对海关数据的需求,也提高了企业进出口核销效率。2008 年,为加强跨境资金流动监管,完善出口与收结汇的真实性及其一致性审核,外汇局、商务部、海关总署联合推出出口收结汇联网核查系统,以电子信息联网手段取代传统的纸质单证审核做法,实现对货物贸易外汇收结汇的监管。这一方式方便了银行和企业操作,节省了时间,提高了效率,同时改善了监管的有效性。

(二) 加强与税务部门数据交换

2006 年,为更好地服务于企业,服务于实体经济,减轻企业负担,降低企业成本,加大与国家税务总局的合作力度,打通实现出口收汇核销无纸化进程的最后瓶颈,国家税务总局和外汇局联合推出出口退税数据电子传输系统,实现了外汇局与国税局之间的电子数据交换与共享,对实行网上出口收汇核销的企业办理出口退税免于提供纸质核销单,简化手续,方便企业,提高了管理效率。据统计,仅免除在出口收汇核销单上盖章这一项,每年可减少 1 500 万次的手工操作。企业退税数据在完成核销后的 T+1 日即可完成,大大缩短了企业退税资金的到账时间,提高了退税资金的使用效率。

(三) 参与金宏工程建设,提高宏观经济信息整合

2006 年,国家发展改革委牵头,财政部、商务部、人民银行、国资委、海关总署、统计局、外汇局八部门联合共建宏观经济管理信息系统,简称"金宏工程",外汇局承担了其中的国际收支平衡管理信息系统与共享数据库两项建设任务,并于 2009 年成功实现了与国家"金宏工程"信息共享平台的对接。这项工作的顺利实施使外汇局参与到国务院宏观经济管理跨部门信息采集、分析、整合与共享工作中,并在最

终用户端实现了宏观经济信息的整合与共享。作为国家宏观监测体系的重要组成部分，该系统已成为开放经济条件下进行宏观决策的主要信息来源之一。

第二节　推进外汇管理系统与数据整合

2002年首次编制了《外汇管理信息化发展规划》，2006—2016年分别编制了外汇管理"十一五"、"十二五"、"十三五"信息化发展规划纲要，确定了各个时期外汇管理信息化技术架构的顶层设计，提出了信息化支持未来业务应用发展的阶段性要求，为外汇管理战略规划的实现提供了技术支撑。通过严格执行相关规划，2009年狠抓信息资源的整合与共享，满足快速应变和业务创新需求，提高系统建设效率，推动系统整合与业务流程再造，促进业务和技术融合发展，信息化建设又迈上一个新的台阶。

一、做好信息化发展规划和顶层设计

信息化建设总体思路是科学配置信息化资源，加大系统和数据整合力度，优化数据采集，提高数据利用效率。进一步加强与其他部门之间的沟通与协调，建立有效的工作机制，促进外汇管理信息化协调发展。与时俱进，推动体制与机制创新，优化信息化过程管理，抓住重点，加强制度规范和标准化建设，提升信息化管理水平。高度重视信息安全和运维工作，不断加强信息化安全保障体系的建设，完善运维机制，加强应急管理，防范和控制计算机系统引发的风险，建立以数据为中心、面向服务的应用架构。

应用架构。建立"一个门户、三个平台"，实现外汇局、企业、银

第八章 提升外汇管理信息化水平

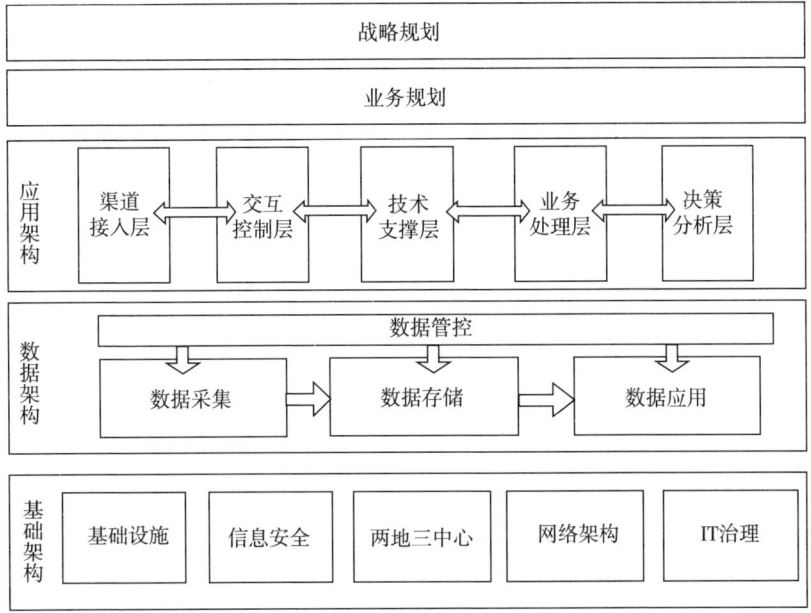

图8-1 外汇管理信息系统总体框架图

行一门户入网，统一建设网上服务平台、数据采集平台和监测分析平台。在三个平台之上，构建各种类型的应用项目，并按业务条线进行集成，采集外汇业务数据，开展各项外汇业务，监测跨境资金流动风险，为外汇管理提供全方位的支持与保障。

数据架构。以支持业务应用为目标，以外汇管理各项业务所必需的数据资源为基础，建立基础数据与监测分析指标之间的联系，构建管理和使用数据资源的支撑体系。

基础架构。主要包括：一是网络规划与网络架构，保障网络建设与"两地三中心"项目建设目标一致；二是进一步完善集中存储，推进软硬件平台资源共享；三是加强风险管理，完善网络和重要信息系统应急预案，建立备份中心组织机构和运行管理机制；四是加快信息安全技术防护体系建设、网络和系统等级保护建设等。

二、数据管理进入制度化规范化时代

2012年,外汇管理科技部门一方面加强数据标准建设,制定完成了数据标准的分类框架体系,为实现全局信息资源的有效管理和数据仓库的建设奠定了基础。另一方面制定了《国家外汇管理局信息系统数据管理办法（试行）》,明确了数据采集流程和要求,从制度层面加以规范和约束,并加强对数据全生命周期的管理。按照统一采集和共享使用的思路,不断完善数据采集内容,充实数据采集接口规范,在2006年以来发布的涉外收支、境内划转和单位基本情况表等银行数据接口规范的基础上,根据业务扩展情况分别于2014年和2016年发布了《金融机构外汇业务数据采集规范（1.0版）》《金融机构外汇业务数据采集规范（1.1版）》,配套制定了《外汇业务数据采集操作规程》,扩充了银行资本项目自身业务和代客业务、个人/机构外币现钞存取、外汇账户信息、账户内结售汇和对外金融资产负债及交易数据等接口采集内容,成为外汇管理业务数据的主要来源,广泛应用于外汇管理各个系统。

三、加强系统整合,提升数据综合利用

2009年之前,外汇管理各系统自成体系,系统间关联不够,数据共享不足,信息资源利用不充分,各业务系统间存在不同程度的功能交叉和数据重复采集,系统部署也跨多个网络,增加了银行、企业的负担,也加大了外汇局分支局的工作量和难度。2010年以来,外汇管理科技部门不断加大系统整合力度,打破了"一个业务,一个系统"的局面,开展应用门户整合,逐步建立和完善外汇监管信息平台、外汇业务数据采集平台、网上服务平台,实现了信息化建设历史性的重大转

折,确保了重点领域外汇管理改革的顺利推进,业务创新和数据采集、数据分析工作结合得更加紧密。

(一)整合系统登录,提升多系统运行效率

为进一步便利社会主体办理各项业务,简化操作流程,从2009年开始,外汇管理科技部门分阶段稳步实施外汇应用系统门户整合,全面完成"一门户、三平台"搭建工作,形成了以应用服务平台为统一登录门户,以数据采集平台、外汇业务监管平台、网上服务平台为基础支撑的信息系统架构。

2012年,外汇管理科技部门全面完成信息系统的接入和展现整合工作。成功实施应用门户整合后,面向银行的外汇应用系统登录接口统一整合到外部机构接入网上的应用服务平台,面向企业的外汇应用系统登录接口统一整合到互联网上的网上服务平台,并采用统一用户管理、权限分配、身份认证和单点登录等技术手段实现了同一用户名与密码在不同外汇应用系统间的授权访问,为银行、企业和个人等涉汇主体提供了"一门户入网,一站式办事"的便利化渠道,大大简化了涉汇主体的办事流程,提高了办事效率,降低了办事成本,进一步凸显了外汇管理与服务水平,得到银行、企业的一致好评。

(二)加强业务应用整合,提高数据利用效率

从2009年起,外汇管理科技工作紧紧围绕改革目标,重视顶层设计,深入推进技术和业务的融合发展,对信息系统和各项业务流程进行了有机整合。原来服务于经常项目、资本项目、国际收支、办公及政务公开四大类15项业务的31个信息系统,被整合到网上服务平台、外汇业务数据采集平台和外汇业务监管平台之上,分别支持国际收支业务、经常项目、资本项目、外汇检查等各项业务领域。

其中,货物贸易外汇监测系统取代了原出口收汇核报系统、网上核

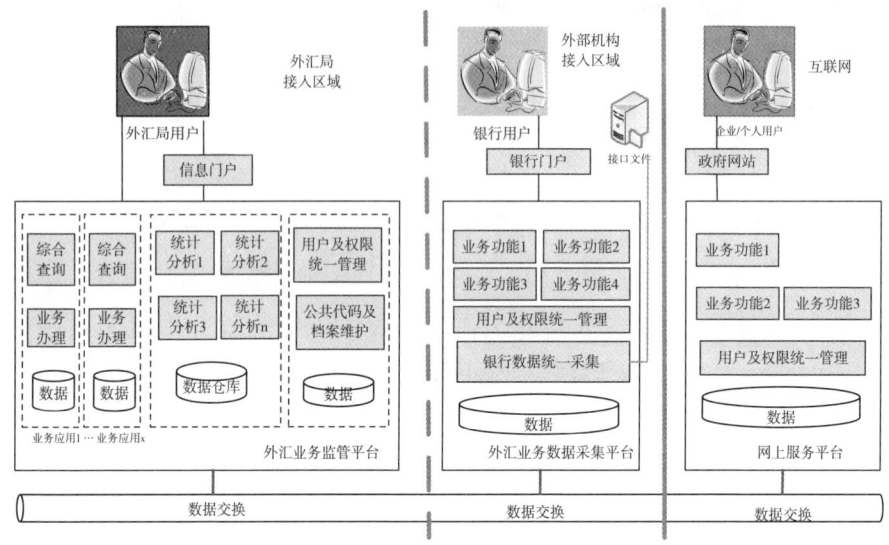

图8-2 系统整合后"三平台"架构图

销系统、退税无纸化数据传输系统、贸易信贷登记管理系统、出口收结汇联网核查系统、贸易收付汇核查系统、进口付汇核销监管系统、进口报关单联网核查系统、货物贸易出口收入存放境外管理辅助软件9个业务系统,既实现了进出口一体化总量核查监测,又为货物贸易核销改革和业务监管提供了有力的抓手。资本项目信息系统通过业务流程再造,简化业务环节,打破以往"单系统(管理)单业务"的条线分割管理模式,推进全业务、全流程的电子化,按照主体监管的思路,通过简化环节、流程再造、数据共享、加强监测,对现有投资、外债、担保、市场、不良资产、银行自身等14大类资本项目业务进行了实质性再造整合,全面提升了对资本项下跨境资金流动统计监测和预警水平,搭建起一个面向主体的、全流程动态监测跨境资本交易的平台。2012年还规范了表单类应用建设的管理和实施,与以往传统的软件开发方式相比,时间可缩短70%,工作量可节约50%,先后完成了银行结售汇综合头寸、银行结售汇统计、贸易信贷调查、中资金融机构资产负债统计、个人外币现钞数据、保险业务数据等 20 类报表应用的上线运行。

四、构建跨境资金流动监测与分析平台

2009 年以来，随着我国外贸经济的快速发展，涉外经济规模大幅增长，贸易方式日趋多样化，跨境资金流动频率日益加快且渠道多样，具有资本项目和项目经常双重性质的交易行为越来越多，以交易性质和交易行为为主要特征的行为监管方式，其监管效率较低且监管成本较高，便利化的市场需求与效率较低的行为监管方式之间的矛盾日益突出。为此，2009 年 7 月，外汇局研究确定了开展数据整合的工作目标：充分发挥各外汇管理信息系统的作用，加强对跨境资金异常流动的监测预警。研究建立监测预警信息系统基础平台，利用数据整合技术，实现管理信息的共享利用和对跨境资金流动的有效监测。

2012 年建设了数据标准体系，打牢跨境资金流动监测与分析系统建设基础。建立了七大类 4 526 项业务数据项标准和 228 项指标数据标准，为实现全局信息资源的有效管理和监测分析系统的建设奠定了基础。同年，实现各类外汇业务存量数据和流量数据的共享和整合，搭建外汇管理数据仓库，实现了跨境收支、境内收付、账户、结售汇、货物贸易、资本项目、进出口数据、个人结售汇、标准代码等主要业务数据的共享和整合。

2013 年，不断加大应用建设力度，基于跨境资金流动监测分析系统，完成了监测分析系统应用、服务贸易外汇监测分析应用以及外汇检查分析应用建设，并于 2014 年初在全国推广使用。跨境资金流动监测与分析系统的建成，打通了各业务系统数据之间的界限，不仅能满足外汇形势分析、跨境资金流动监测和主体监管需要，并且利用系统开放、灵活的功能可以实现一些紧迫的、个性化的监测分析。系统构建了"宏观、中观、微观"多层次监测分析框架。宏观层面，强化外汇收支

形势动态监测分析,为监管政策设计提供决策支持;中观层面,突出结构性分析,捕捉外汇收支异常波动;微观层面,推进全口径数据分析,助推主体监管,定位违规异常交易,实施精准打击。

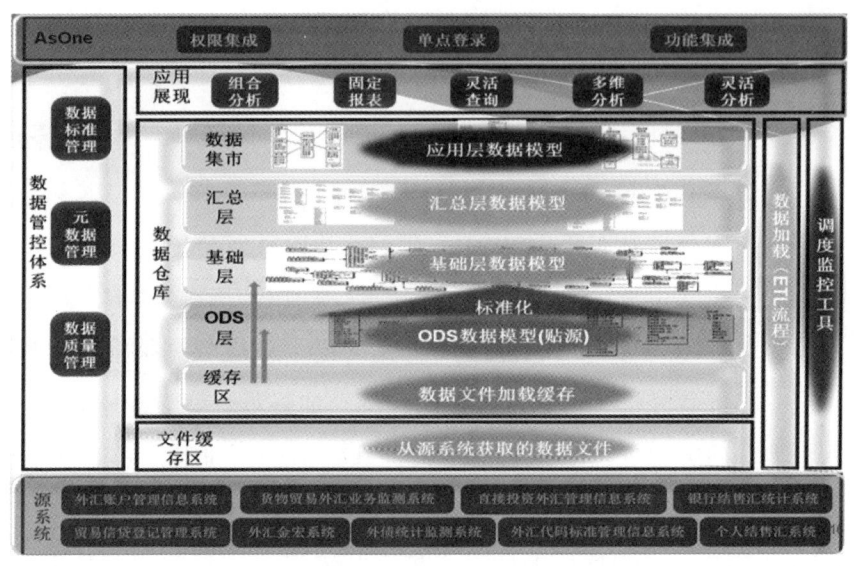

图8-3 监测分析系统的总体构架图

跨境资金流动监测与分析系统的上线运行,为外汇管理事中事后监管提供了数据和系统支持,切实提高了外汇收支形势监测分析效率,提升了外汇管理监测预警能力;有助于推行主体监测,实施分类监管;同时便于定位违规线索,实施精准打击,尤其是通过专项监测和监督检查,可以从海量数据中快速发现违规线索。例如,2014年在外汇局查处的案件当中,通过外汇非现场检查应用发现并查处的案件占比超过三分之一,罚没款金额占比达70%。2012年至2014年期间,通过数据分析共发现外汇违规和异常交易线索7 318条,涉及交易89 252笔,金额合计1321.4亿美元,查处案件1 524起,共处行政罚没款人民币6.5亿元,极大震慑了外汇违法违规行为。

第八章 提升外汇管理信息化水平

五、信息化保障能力不断提升

(一) 不断优化完善基础设施

2009年以来，持续加大信息化基础设施投入，顺利实施生产中心计算机机房改造、网络设备备份、数据备份及主机备份等项目，采用虚拟化技术完成信息系统基础软硬件资源优化整合，不断提升业务处理性能和资源利用率，最大限度保障业务连续性，为各项外汇管理改革和发展保驾护航。2011年，进行了基础计算环境的虚拟化改造，形成了全局统一的软硬件生产环境。按照资源整合共享的思路，统一了总分局的基础运行环境架构，升级改造了总分局的数据备份系统，使全系统的数据备份、主机备份能力得到进一步提升，近200台物理服务器整合为3个网络平台的计算资源，信息系统安全运行风险进一步降低。外汇局生产平台资源整合项目获得2013年度银行科技发展奖三等奖。

(二) 提升灾备能力

从2009年起，开始大力推进"两地三中心"（总局生产中心、北京同城备份中心、上海异地灾备中心）建设，有效提升信息系统容灾能力。2013年完成生产中心网络升级改造工作，调整生产中心网络架构和区域划分，使用国产设备替换原有负载均衡设备和联网设备，建成基本由国产设备组成的三层网络，达到了优化网络架构、替代国外产品、划清网络边界、消除单点故障、提升网络性能的建设目标。2014年完成上海灾备中心基础环境和主机、存储设备的生产环境建设工作，并成功实现了总局生产中心生产数据到上海异地灾备中心的异地同步和备份，数据安全保障水平得到跨越式提升。上海异地灾备中心计算机机房被中国工业合作协会测评为A级机房。2015年，"两地三中心"的建设工作进入了全面实施阶段。

(三) 信息安全不断发展

2014年,编制发布了《国家外汇管理局信息安全规划》,进一步建立健全信息安全制度保障体系。面对信息技术的快速发展和应用带来的安全风险,依据国家信息系统安全等级保护和金融行业信息科技风险管理等标准要求,以外汇管理业务需求为出发点,结合"数据整合、数据大集中、互联网服务"等信息化发展特点,围绕重要信息系统的可用性和重要信息数据的安全性,从管理、技术、运维和监督检查四个方面,逐步建立和完善与外汇管理信息化发展相适应的信息安全保障体系。夯实信息安全防护体系基础,大力开展信息安全风险评估,强化科技风险管理,不断完善网络和重要信息系统应急预案,定期组织开展计算机系统应急演练,努力提升应对突发事件的快速反应能力和风险防范工作水平。

第九章
未来外汇管理改革展望

第一节 未来中国外汇管理改革环境

当前,国内国际经济金融环境正处于深刻变革之中,我国外汇管理体制改革面临着新的形势,这对外汇管理工作提出了更高要求。

一、国际金融危机后金融监管理念出现新变化

2008年国际金融危机以来,加强宏观审慎、微观审慎和行为监管的协调配合,尤其是强化对跨境资本流动的审慎管理,在必要时运用国际收支保障条款实施临时性的资本管制,已成为包括国际货币基金组织在内的许多国际组织和国家的共识。英美等发达国家在发挥汇率、利率作用以及运用反洗钱、反恐融资、反避税等传统工具的同时,重点强化对系统重要性机构的风险防范,运用以逆周期调节金融机构杠杆、金

融市场杠杆和跨境资本流动杠杆为核心的宏观审慎管理措施,防范跨境资本流动顺周期波动引发的系统性金融风险。新兴经济体更是高度关注跨境资本流动风险,在保留对跨境交易的"痕迹追踪"登记、申报等合规性管理的基础上,采取类托宾税、无息准备金等审慎管理手段,防范货币期限错配、过度加杠杆等金融风险或顺周期行为。

国际社会对跨境资本流动风险的新认识,以及金融监管理念的新变化,为我国在稳步推进资本项目可兑换过程中,转变管理方式,减少微观管制、加强审慎管理提供了有益借鉴。

二、中国经济深度融入全球经济金融体系

我国已是高度开放的大国经济体。中国贸易投资活动在世界经济体系中举足轻重。作为货物贸易第一大国,2015年我国在全球货物贸易中占比超过13%;服务贸易占全球服务贸易总量的7.7%,位居世界第二位;对外直接投资(ODI)和外国来华直接投资(FDI)继续保持活跃,均位居世界第三位;2016年底我国对外净资产1.8万亿美元,是世界第二大净债权国。中国企业国际化与跨国企业本土化程度加深。我国外贸企业已达150万家,外商来华直接投资企业累计超过20万家,有超过2.5万家中国企业"走出去";世界500强企业中,中国上榜企业达106家,稳居世界第二。2016年我国对外直接投资规模首次超过外国来华投资规模,我国企业"走出去"进入了新的发展阶段。未来,随着"一带一路"战略实施,金融业双向开放步伐将加快,我国企业"走出去"和"引进来"将迈上新台阶。目前,中资银行在海外设立分支机构超过1 200家,外资银行在华设立法人银行、分支机构超过1 000家;工商银行、农业银行、中国银行、建设银行在2015年《银行家》及《福布斯》全球排名中位列前十,全部入选全球系统重要性银行。资本市场、外汇市场开放稳步推进,截至2016年12月,累计277家

QFII 机构和 176 家 RQFII 机构获准进入我国资本市场；180 家境外机构或产品进入银行间债券市场；27 家境外央行类机构进入银行间外汇市场。

中国经济和市场主体与世界经济的深度融合，要求外汇管理应坚持更加开放的理念，促进贸易投资便利化，更好地服务实体经济发展。

三、中国经济市场化程度不断提升

改革开放以来，市场在资源配置中的决定性作用不断增强。产品和要素价格形成机制更加市场化，我国绝大部分经济领域已基本通过市场进行资源配置。目前，水务、石油、天然气、电力、交通、电信等领域价格改革稳步推进，竞争性环节价格逐步开放。金融要素价格市场化改革取得积极进展，利率管制基本放开，市场利率自律定价机制不断完善；人民币汇率市场化形成机制不断完善，央行退出对外汇市场的常态化干预，人民币汇率弹性明显增强，运用市场化手段调节跨境资本流动顺周期进出的能力进一步增强。统一开放、公平透明的市场规则不断成熟。推进简政放权，大幅减少了政府对微观事务的直接干预。改革工商注册制度，注册资本登记改为认缴登记制，积极探索准入前国民待遇和负面清单的管理方式改革，为各类市场主体创造公平、透明的制度环境。

中国经济市场化程度的不断提升，需要外汇管理创新监管理念，进一步简政放权，按照准入前国民待遇和负面清单管理新模式，稳妥推进资本项目可兑换，有序提高跨境资本和金融交易可兑换程度。

四、深化外汇市场建设面临更高要求

外汇市场是人民币汇率形成、发现的市场，市场的深度与广度既影响人民币汇率的弹性和灵活性，也影响外汇资源的配置效率。但现有的外汇市场建设仍面临制约因素：一是外汇市场体系有短板。目前，境内的外汇产品体系还不完整，价格发现、套期保值的功能未得到充分发挥。二是市场交易主体单一。我国外汇市场参与主体以银行为主，非银行金融机构的市场份额仅为1.5%，境外主体参与度较低，不利于形成多样化、竞争性的市场结构，制约了外汇市场资源配置功能的发挥。三是外汇市场基础设施建设不足。目前，多层次、包容性的外汇市场交易、清算平台尚未到位，全覆盖的交易报告体系尚未建立，市场自律机制有待完善。

金融业对内对外开放需要深化外汇市场建设，进一步理顺人民币汇率发现的"主板市场"，不断深化外汇市场投资和避险功能，夯实面向国内外市场参与者的基础设施，提高外汇资源配置效率。

五、国际国内金融市场风险波动和传染上升

当前，经济金融全球化不断提升，金融交易跨区域、跨市场、跨机构、跨币种特征愈发明显，国际国内金融市场风险联动和传染上升。从国际环境看，2008年国际金融危机以来，全球经济深度调整和再平衡，主要国家货币政策出现分化，金融市场动荡加剧，金融风险事件的跨市场风险传染增多。尤其是国际保护主义抬头，美国特朗普政府的政策制定具有较大的不确定性，不利于全球经济复苏。从国内环境看，金融领域的各种风险相互交织、相互传染，系统性金融风险因素上升。在国内各金融市场紧密联系的背景下，金融市场的局部性风险事件有可能对外汇市场产生负面影响，加剧跨境资本短期波动。

面对国际国内金融市场风险波动和传染，外汇管理需要加快构建宏观审慎管理框架下的跨境资本流动管理体系，防范跨境资本大进大出和内外风险联动，维护国家经济金融安全。

六、外汇储备经营管理面临新的挑战

2016年起频频发生的"黑天鹅"事件可能会对国际政治、经济秩序产生极大的冲击，在未来重塑国际政治经济格局的过程中，国际金融市场可能剧烈波动，外汇储备经营管理的难度较以往显著增加。首先，全球经济表现分化，大宗商品价格低位反弹，政策不确定性与政治风险相互交织，金融市场波动性显著上升。在应对低收益环境和防范各类风险的同时，外汇储备经营持续面临更加严峻的挑战，保值增值面临更大的压力。其次，近年来我国外汇市场形势发生显著变化，外汇储备规模出现下降。未来随着各国货币政策的分化和经济周期的不同步，我国外汇收支可能受到进一步的冲击。从另一个角度看，外汇储备的下降既有市场面因素，也有中国经济双向开放程度加深、企业及居民用汇需求增大等经济基本面原因，属于特定发展阶段的正常现象。最后，随着外汇储备多元化投资领域的不断拓展，防范各类风险的需要有所加大。外汇储备规模庞大，在国际金融市场上投资运作，受到各方较高关注。随着外汇储备所投资市场和地域的不断拓展，全球金融市场的个别事件都可能成为外汇储备面临的风险，需要加强风险防范。

世界经济和金融市场新的不确定因素，要求外汇储备经营管理继续坚持安全、流动和保值增值原则，妥善防范相关风险，在波动的金融市场中保障外汇储备资产安全，为国家经济金融发展作出新的贡献。

第二节　未来外汇管理体制改革思路

面对国内外经济金融环境的新变化、新挑战，深化外汇管理体制改革将进一步增强责任感、紧迫感，紧紧围绕"服务实体经济、防控金

融风险、深化金融改革"三项任务,在改革过程中坚持便利化和防风险相结合,坚持微观审慎与宏观审慎相结合,坚持外部监管与市场自律相结合,制定立足当前、着眼长远的外汇管理改革方案。

一、外汇管理体制改革的长期思路

长期来看,我国贸易投资便利化、汇率市场化、金融国际化的趋势将逐步深化。随着我国经济开放度不断提高,人民币资本项目可兑换有序推进,人民币国际化稳步发展,未来将取消绝大部分跨境资本流动的汇兑限制,与国际惯例接轨,更多地发挥汇率在外汇资源配置中的决定性作用,完善宏观审慎跨境资本流动管理,逆周期调节跨境资本流动。

未来跨境资本流动管理,将依靠多层次政策工具体系。一是发挥汇率的决定性作用,利用汇率在外汇供求中的"自动调节器"功能,促进国际收支基本平衡。二是利用宏观审慎工具的逆周期调节作用,在汇率水平失衡、外汇储备快速下降等情况下,综合运用类托宾税等政策工具,对跨境资本流动进行逆周期调节。三是用好"三反"管理,通过反洗钱、反恐融资、反避税等日常性管理措施,强化跨境资本流动的合规性管理,防范各种违法违规资金流动。四是保留临时性保障措施,在国际收支危机等特殊情况下,可启动国际收支保障条款,依法实施临时性资本管制。

外汇管理的职能将主要集中到以下领域:一是国际收支和跨境资本流动统计监测,完善市场基础设施;二是外汇市场发展和监管,夯实人民币汇率市场化的微观基础;三是外汇储备经营管理和使用,保障外汇储备的安全性、流动性和收益性;四是宏观审慎的跨境资本流动管理,研究无息准备金、类托宾税等价格型工具,完善对跨境资本大进大出的逆周期调节。

▼ 专栏18

跨境资本流动管理的国际实践

因经济基础、金融市场发展、宏观经济管理、金融监管水平以及资本项目开放程度等不同，发达经济体和新兴经济体跨境资本流动管理的组织架构、管理工具等存在较大差异。

一、美国

在资本开放的条件下仍保留必要的管理。美国作为全球主要储备货币发行国，虽不对跨境资本自由汇兑设置限制，但在交易环节仍然保留管理。一是基于国家安全，禁止对阿富汗、伊朗、朝鲜、利比亚、叙利亚等国家的资金交易转移。二是基于国家安全和国计民生，对涉及美国核能、航空、深海采矿等行业以及涉及银行所有权的FDI进行审查。三是对风险程度较高的资本市场业务有监管要求，规定非居民在美国出售或发行股票、债券或货币市场工具及衍生产品，必须在证券交易委员会进行登记；非居民发行或出售集合投资证券，必须获得证券交易委员会批准。

对跨境资本流动保留多种手段。一是准入管理。美国保留了进出口许可证或进口配额等外贸准入管理和汇兑管制。二是审慎管理措施。美国采取宏观审慎和微观审慎相结合的管理手段，防范货币错配、期限错配等金融风险或顺周期行为。三是统计申报和信息报告。美国要求大型外汇市场参与者按周、按月或按季报告其持有的五种主要外币。四是管理出入境携带外币现钞。美国对出入境携带纸币、支票、证券或黄金有一定限制，并实行申报制度。

二、日本

日本资本项目可兑换后仍保留必要的管理。出于国家安全、反洗钱、反避税和反恐融资等目的，日本保留准入限制、真实性审核、额度管理等措施，形成有严有宽、便利性与风险防范相结合的管理模式：一是对特殊交易和支付需事前审批或备案，如与核材料加工处理相关的特定劳务交易需取得批准。二是银行有义务确认交易合法性、真实性，信息记录保存七年。对拒绝配合的客户，银行可拒绝与其交易。三是个别交易采取额度管理，如境内保险公司收购海外资产导致其外汇计价资产占其总资产的比例超过30%，则将受到一定限制。

三、巴西

巴西宣布可兑换后的外汇管理仍然比较严格。2005年，巴西对外宣布资本项目可兑换，但实践中实行比较严格的管理。一是严格控制外汇在境内流通。除金融机构和特定机构外，居民和非居民均不得在巴西境内开立外汇账户和保留现汇。二是实施强制结汇制度。除金融机构外，公司和个人的外汇收入必须全额卖给商业银行，但对市场主体购汇对外支付基本没有限制。三是开展逐笔外汇交易登记。市场主体办理资金汇兑，需与外汇指定银行签订标准化合同。资金交割前，必须将交易合同信息向巴西央行登记，银行只有获得登记号码后才可办理结售汇业务。四是加强外汇交易核查检查。巴西央行采取系统监测、现场核查、远程调查等方式，加强对银行执行"展业三原则"、业务操作办理、内控建设和更新等情况的监督检查。

运用金融交易税等价格工具进行调控。除了账户管理、交易登记等微观审慎管理手段外，巴西较早运用类托宾税等宏观审慎措施对跨境资本流动进行调控。1994年，巴西对外汇交易征收金融交易税，调控跨境资本流入。此后，巴西多次调整金融交易税的征收范围和税率。近年来，巴西逐步将税率相对固定为两档，即基础税率为0.38%，适用于长期交易；最高税率为6.38%，适用于短期交易；同时根据调控需要界定长期、短期的时间窗口。国际金融危机以来，为应对本币升值和外汇流入压力，2009—2012 年加大金融交易税调控；2013 年受美国退出量化宽松影响，逐步取消大部分金融交易税。

四、俄罗斯

俄罗斯资本项目可兑换后仍保留管理后手。俄罗斯宣布资本项目可兑换后，逐步取消汇兑限制，但对资本项目交易仍保留一系列管理。包括：一是行业管理。从国家经济安全角度，对外国直接投资有行业限制和持股比例要求。二是"三反"管理。基于反洗钱、反恐融资、反避税要求，强化银行真实性审核权力和责任。银行有权要求居民和非居民提供必要文件等材料。三是宏观审慎管理。对银行借外债要求保持适度的资产负债比例。四是加强跨境资本交易信息统计监测，实施"交易护照"制度，超过 5 万美元、与进出口和服务以及与跨境借贷相关的外汇收付均须取得银行颁发的交易护照，银行以此为媒介实现对客户外汇收支的数据采集和全过程监督。

五、南非

重视银行等金融机构的合规性管理。南非大部分外汇业务授权银行办理，充分发挥银行在合规性审核中的职能。如外汇贷款的发放和偿还、公司间的结算和退款、涉外分支机构向母公司贷款、境外借款等，银行办理业务后向南非储备银行报备。

强化对银行的内部审计管理。要求银行按外汇管理政策，制定详细的外汇业务操作流程，连同每年外部审计和内部审计，向南非储备银行备案。南非通过将监管规定内化为金融机构的内部控制与信息系统建设等，既实现监管目标，又降低了监管成本与投入。

依托信息化手段提升监管效率。依托计算机和网络技术，实现了外汇监管数据智能化采集、分析和评价，设计标准一致、要素全面、接口统一的外汇数据报送系统，解决标准差异、不兼容等问题。客户交易信息应逐笔按日上报监管当局。

二、近中期深化外汇管理体制改革的重点内容

近中期外汇管理体制改革的核心是按照党中央、国务院的一系列战略部署,统筹兼顾好促进贸易投资便利化和防范跨境资本流动风险的关系,提高外汇管理有效性。制定和执行外汇管理政策时,坚持两项基本原则。一是坚持改革开放。审慎有序推动中国资本项目开放,支持和推动金融市场双向开放,进一步提升跨境贸易、投资的便利化水平,服务实体经济。我国已经实现的外汇管理开放政策不会取消。二是坚持防范跨境资本流动风险,防止跨境资本无序流动对宏观经济和金融稳定带来的冲击,维护外汇市场稳定,为改革开放创造良好的市场环境。

(一)建立宏观审慎的跨境资本流动管理体系

建立宏观审慎的跨境资本流动管理体系,核心是防范跨境资本流动的顺周期行为和系统性风险。围绕这个目标,需要建立宏观审慎跨境资本流动的预警、响应机制和工具箱。

建立宏观审慎跨境资本流动管理的预警和响应机制。包括三个方面内容:一是早期识别。构建我国宏观审慎的跨境资本流动监测指标体系,提前预判风险隐患和程度。二是分级响应。将跨境资本流动风险划分为若干等级,设计对应的风险量化指标阈值范围,建立分级启动的工作机制。三是灵活调整。建立定期评价的工作机制,评估分级启动和应对的效果,优化机制的科学性和及时性。

丰富跨境资本流动宏观审慎管理工具箱。一是完善跨境资本流动逆周期调控政策工具。对全口径跨境融资实施宏观审慎管理,研究运用风险准备金、类托宾税等新的宏观审慎工具,建立基于宏观调控需要的跨境资本流动逆周期调节长效机制。二是构建针对外汇领域风险的审

慎性风险缓冲工具。主要包括三类：针对资产负债不匹配，研究运用外汇贷款资本金要求、外汇贷款集中度限制等外汇借贷管理工具，重点防范风险积聚。针对外汇流动性风险，研究设定外汇资产负债流动性（流动性资产与流动性负债的比例）要求，降低系统重要性银行和企业偿付风险。针对货币错配等风险，引入外汇敞口头寸等外汇头寸管理工具，降低系统重要性机构风险敞口和杠杆率。

（二）完善跨境资金流动的微观市场监管体系

按照金融业对内对外开放的新要求和审慎监管的新思路，继续推进外汇管理方式转变，创新监管手段，注重从事前到事中事后、从正面清单到负面清单、从规则监管到规则与自律相结合，提高监管效能。主要包括四个方面：

逐步取消微观领域的汇兑限制。一是做好汇兑改革的"减法"。研究取消大部分事前审批等行政性管理，逐步取消跨境投融资的汇兑限制，逐渐缩短负面清单。二是做好留痕管理的"加法"。加强事中事后监管，保留跨境资本与金融交易的登记环节，强化合同信息的登记，动态掌握微观主体偿付能力信息。

基于审慎原则设定负面清单内容。负面清单管理主要集中在：一是金融机构外汇业务准入管理。基于风险业务划分，对风险程度较低的业务，按负面清单予以事前准入便利；对风险程度较高的创新业务，设定必要的准入门槛。二是高风险的跨境项目管理。将外债、衍生品交易等风险较大、杠杆率较高的交易项目或领域，作为负面清单的保留内容。三是完善市场主体分类管理。对合规程度高的企业，给予用汇便利；对合规程度较差的可疑或违规企业实施更加严格的审慎监管。

完善以合规性检查为重点的事中事后管理。一是完善日常核查工作机制。依托电子化信息系统，以单个主体的全口径外汇收支为基础，进行真实性、合规性核查，提高发现异常主体的及时性和准确性。二是完善外汇检查工作机制。精确开展针对重点渠道和主体的外汇检查和核查，保持对非法买卖外汇、地下钱庄等违法违规行为的高压打击。完善外汇违法信息披露和分类监管机制，奖优惩劣，引导社会预期。

完善行政执法与市场自律相配合的监管框架。推进外汇市场自律机制建设，以银行签署自律公约的形式，促使银行自觉执行自律规则，落实真实性合规性审核要求，落地外汇管理政策要求，更好发挥银行在外汇管理部门与市场主体间的政策传导作用。

（三）建立健全开放的有竞争力的境内外汇市场

外汇市场是我国多层次金融市场体系的重要组成部分，是完善人民币汇率形成机制的基础，是理顺外汇供求关系的关键。未来将按照市场化、规范化、国际化的目标，建立交易产品多样化、参与主体多元化、基础设施完善的多层次外汇市场体系，更好地满足市场主体的多元化外汇交易需求。

增加外汇市场的深度。发挥好外汇市场联系宏观调控和微观主体的作用。一是丰富交易工具。完善远期、掉期、期权等外汇衍生品，进一步满足市场主体外汇资产负债管理需求。增加外汇期权产品类型，适时推出外汇期货，满足市场主体对交易工具的多样化选择需要。发展汇率ETF、外汇保证金等交易型业务，增加外汇市场深度。二是增加交易主体。支持境内个人有序参与境内外汇市场，满足投资者多样化配置和汇率风险管理需求。放松证券、基金等非银行金融机构在银行间外汇市场的交易限制。允许合格境外主体进入境内外汇市场。

完善外汇市场基础设施建设。一是建立分层、包容的交易平台。改进竞价交易机制，引入主经纪制度。二是稳步发展集中清算业务。扩大银行间外汇市场集中清算的产品类型，将更多符合条件的衍生品纳入集中清算，全面实施中央对手清算业务。三是完善外汇市场交易报告制度。完善银行对客户市场的统计监测体系，实施全覆盖的外汇市场交易报告制度。四是推动市场组织者发展。支持中国外汇交易中心、上海清算所等市场组织者"走出去",在更高层面上扩大对外开放和参与全球竞争。

转变外汇市场监管方式。坚持简政放权,赋予市场主体产品创新的灵活性、金融展业的主动性。促进市场自律,建立政府监管和市场自律并行的管理框架,维护公平竞争、诚信有序的外汇市场环境。

(四) 完善跨境资本流动统计监测体系

国际收支统计是国民经济四大统计体系之一,是完善跨境资本流动监管的基础设施。未来,将重点从产品体系、利用体系等方面夯实跨境资本流动统计监测体系。

以当前统计框架为基础,建成既符合国际标准又满足我国审慎管理需要的跨境资本流动数据产品体系。一是形成更加完备的国际收支统计系列产品。按照 SDDS 增强版（SDDS＋）和弥补 G20 第二阶段数据缺口动议（DGI Ⅱ）的要求,提供更详细、更高频的国际收支平衡表、国际投资头寸表。二是建立全流程、全覆盖的跨境资金流动数据网络及其系列产品。通过银行结售汇、人民币外汇衍生品、跨境资金(含本外币)流出入、外汇账户划转和余额等数据,实现对跨境资本流动总量、地区、主体、行业、交易性质、交易国别全覆盖。

立足服务决策与预期管理、宏观和微观审慎管理,建立完备的跨境资本流动数据利用体系。一是提供服务决策与预期管理的分析产品。密切关注国内外形势对我国跨境资本流动的影响,提高对外汇形势预判的科学性、准确性。二是提供服务审慎监管的跨境资本流动数据。发挥"宏观—中观—微观"监测链条作用,从区域、行业、主体等维度,满足审慎管理数据内容、时间频率、时效性等需要。

(五）进一步加强外汇储备经营管理

做好外汇储备经营管理是一项长期性工作。面临复杂严峻的国际经济形势，我国将在"稳中求进"工作总基调这一治国理政重要原则下，扎实推进一批基础性、关键性改革，大力振兴实体经济，多措并举扩大对外开放，促进经济保持稳定运行。我国经济发展的稳定向好，是持续做好外汇储备经营管理的宏观基础。

外汇储备经营管理将继续按照党中央、国务院的部署，围绕外汇储备维护国际收支平衡和汇率稳定的基本功能，不断加强资产配置，优化货币资产结构，完善符合我国特色的经营管理体制机制，在波动的金融市场中保障外汇储备资产安全、流动和保值增值。继续做好大类资产布局的优化、投资布局和投资策略的前瞻性调整等经营管理各项工作，继续推进投资管理重点领域的发展，提高交易执行能力。继续坚持国家战略导向，加强多元化运用的统筹协调和风险防控，提高资金运用效率。继续加强机构管理能力建设，服务好经营活动和机构发展，向国际一流资产管理机构不断迈进。

附录一
大 事 记

2000 年

1 月

➢ 国家外汇管理局印发《外币清算业务操作细则》和《外币清算业务内控细则》。

➢ 国家计划发展委员会、中国人民银行、国家外汇管理局联合发布《关于国有商业银行实行中长期外债余额管理的通知》。

➢ 国家外汇管理局印发《关于对进口货物报关单证明联分类进行售付汇、核销管理有关问题的通知》。

5 月

➢ 国家税务总局、国家外汇管理局联合发布《关于非贸易及部分资本项目项下售付汇提交税务凭证有关问题的通知》。

6月

➢ 国务院任命中国人民银行副行长吴晓灵同志兼任国家外汇管理局局长。

➢ 国家外汇管理局印发《关于自费出境留学人员预交人民币保证金购付汇的通知》。

8月

➢ 国家外汇管理局印发《关于支付涉外担保费有关处理原则的通知》。

➢ 国家外汇管理局印发《出口加工区外汇管理暂行办法》。

12月

➢ 截至2000年底,国家外汇储备余额为1 655.74亿美元,中国登记外债余额折合1 457.3亿美元。

2001 年

1月

➢ 国家外汇管理局、海关总署联合发布《关于进行"口岸电子执法系统"出口收汇核销联网核查试点的通知》,决定在北京、上海、天津、广州地区试点运行出口收汇系统。

2月

➢ 中国证券监督管理委员会、国家外汇管理局联合发布《关于境内居民个人投资境内上市外资股若干问题的通知》,对境内居民个人投资B股的外汇资金、开户程序等具体事项作出了明确规定。自2001年2月26日起,境内居民个人可以办理资金划转和开立B股资金账户。

3月

➢ 海关总署、对外贸易经济合作部、国家税务总局、国家工商行政管理局、国家外汇管理局、国家质量技术监督局联合发布《关于在全国范围内对口岸电子执法系统入网用户进行资格审查的通知》。

4月

➢ 国务院任命郭树清同志为中国人民银行副行长、国家外汇管理局局长。

➢ 中央机构编制委员会办公室批准国家外汇管理局调整内设机构：撤销政策法规司，有关职能并入综合司；设立经常项目管理司，承担从管理检查司中分离出来的经常项目管理职能；人事司从综合司中分离出来，单独设置，并加挂内审司的牌子。

5月

➢ 中国证券监督管理委员会、国家经济贸易委员会、对外贸易经济合作部、国家工商行政管理总局和国家外汇管理局联合发布《国有企业境外期货套期保值业务管理办法》。

7月

➢ 国家外汇管理局发布《关于正式运行"口岸电子执法系统"出口收汇系统的通知》，从2001年8月1日起在全国正式运行出口收汇系统。

8月

➢ 国家外汇管理局发布《关于对外商投资项下外汇资本金结汇管理方式进行改革试点的通知》，将原由外汇管理部门直接审批的外商投资项下外汇资本金结汇授权给符合条件的外汇指定银行直接办理。

9月

➤ 中国人民银行、国家外汇管理局联合发布《关于调整资本项下部分购汇管理措施的通知》，取消对购汇偿还逾期国内外汇贷款的限制，放宽对购汇提前偿还国内外汇贷款、外汇转贷款及偿还外债的限制，放宽对购汇进行境外投资的限制。

10月

➤ 国家外汇管理局公布2001年上半年中国国际收支平衡表，2001年上半年我国国际收支状况良好。这是我国首次公布半年度国际收支平衡表。

11月

➤ 国家外汇管理局发布《关于调整出口收汇核销和外汇账户管理政策的通知》，简化出口收汇核销手续，降低中资企业经常项目外汇账户开立标准，调整账户限额核定方法，自2001年12月1日起施行。

➤ 中国人民银行公布截至2001年6月底全国外债余额，这是我国首次按照新的国际标准口径公布外债数据。按照新口径统计，截至2001年6月底，中国外债余额为1 704.1亿美元。

➤ 中国人民银行发布《关于外币现钞管理有关问题的通知》，调整银行美元挂牌汇价的定价方式，适当放宽境内居民个人外币账户资金划转的限制，增加个人外币结汇网点，自2001年12月1日起施行。

2002年

2月

➤ 海关总署与国家外汇管理局签署《合作备忘录》，双方成立协调工作小组，建立多形式、多层次、多渠道的协调机制、联络机制和会议制度；完善口岸电子执法系统和进出口报关单联网核查系统；加强沟通，实现监管信息、统计信息和政策信息的共享。

3月

➢ 财政部、国家外汇管理局联合发布《关于进一步加强外商投资企业验资工作及健全外资外汇登记制度的通知》，规定会计师事务所在对外商投资企业出具验资报告前应向外汇局进行询证，外汇局在审核有关单据的基础上进行外资流入情况登记。自2002年5月1日起施行。

4月

➢ 银行间外汇市场开设欧元对人民币交易。这是继美元、港币和日元之后开设的第四种外币对人民币交易。

➢ 中国数据公布通用系统的"数据诠释模板"英文稿在国际货币基金组织网站正式公布，标志着中国正式加入数据公布通用系统（GDDS）。国家外汇管理局的GDDS模板同时在局国际互联网站公布。

➢ 国家外汇管理局公布2001年末外债数据。截至2001年12月底，中国外债余额为1 701.1亿美元，各项外债指标均在国际标准安全线之内。

5月

➢ 国家外汇管理局公布2001年中国国际收支平衡表。2001年中国国际收支总体状况良好，经常项目、资本和金融项目继续保持双顺差，外汇储备平稳增长。

7月

➢ 国家外汇管理局修改和发布《保税区外汇管理办法》，规范了保税区内企业外汇登记及外汇年检、外汇账户、外汇收支和结售汇管理等内容。自 2002 年 10 月 1 日起施行。

8 月

➢ 国家外汇管理局与中国证监会联合发布《关于进一步完善境外上市外汇管理有关问题的通知》，进一步明确了境外上市外汇管理的基本原则和具体政策。自 2002 年 9 月 1 日起施行。

9 月

➢ 国家外汇管理局发布《关于进一步调整经常项目外汇账户管理政策有关问题的通知》，放宽中资企业开立经常项目外汇账户的标准，统一中外资企业开户条件，合并账户种类，实行统一的限额管理。自 2002 年 10 月 15 日起施行。

➢ 中国人民银行发布《关于调整外币现钞管理政策有关问题的通知》，提高外币现钞的银行买入价，允许各银行在边贸地区加挂人民币对边贸国货币的汇价。自 2002 年 10 月 1 日起施行。

➢ 国家外汇管理局、中国保险监督管理委员会联合发布《保险业务外汇管理暂行规定》，规范了保险领域的外汇收支活动。自 2002 年 11 月 1 日起施行。

11 月

➢ 中国人民银行发布《外汇指定银行办理结汇、售汇业务管理暂行办法》，对外汇指定银行结售汇业务的市场准入和退出、周转头寸管理、会计核算等内容进行了明确。自 2002 年 12 月 1 日起施行。

➢ 国家外汇管理局发布《合格境外机构投资者境内证券投资外汇管理暂行规定》，对中国证监会与中国人民银行联合下发的《合格境外机构投资者境内证券投资管理暂行办法》中有关内容进行了细化和补充。自 2002 年 12 月 1 日起施行。

12 月

➢ 经国家外汇管理局批准，上海、福建、山东、广东和江苏 5 省（市）开始进行境外投资外汇管理改革试点。至此，包括浙江省从 10 月 1 日起试点在内，全国共有 6 个省市开展了境外投资外汇管理改革试点。

2003 年

1 月

➢ 中国人民银行发布《金融机构大额和可疑外汇资金交易报告管理办法》，规定了大额和可疑外汇资金交易报告的标准、程序等。自 2003 年 3 月 1 日起施行。

5 月

➢ 国家外汇管理局发布《关于银行外币卡管理有关问题的通知》，明确外币卡使用环节中所涉及的外汇管理政策。自 2003 年 6 月 1 日起施行。

6 月

➢ 国家外汇管理局、中国保险监督管理委员会联合发布《关于境外再保险分出业务售付汇管理有关问题的通知》，对符合条件的境内人民币保险，允许保险公司购汇向境外支付分保款项。自 2003 年 7 月 1 日起施行。

7 月

➢ 国家外汇管理局发布《关于跨国公司非贸易售付汇管理的通知（试

行)》,允许北京、上海、深圳三地符合规定条件的跨国公司及其境内关联公司,直接对外支付境外代垫或分摊的非贸易费用。自发布之日起施行。

8月

➤ 国家外汇管理局发布《出口收汇核销管理办法》,对出口单位的收汇核销实行分类管理,除保留原有的逐笔核销外,新增了批次核销和自动核销两种管理方式。自2003年10月1日起施行。

➤ 国家外汇管理局、海关总署联合发布《携带外币现钞出入境管理暂行办法》,调整并统一了居民和非居民个人携带外币现钞出入境标准,以满足个人的合理日常需求。自2003年9月1日起施行。

9月

➤ 国家外汇管理局发布《关于调整境内居民个人经常项目下购汇政策的通知》,提高了居民个人经常项目下的购汇限额,并扩大了供汇范围。自2003年10月1日起施行。

➤ 国家外汇管理局发布《关于银行间外汇市场开展双向交易的通知》,允许中国外汇交易中心自2003年10月1日起,在银行间外汇市场实行双向交易。

➤ 国家外汇管理局发布《边境贸易外汇管理办法》,规范了边境贸易结算和核销管理,并鼓励开通边贸的银行结算渠道。自2003年10月1日起施行。

10月

➤ 中国人民银行发布《外币代兑机构管理暂行办法》,规范了外币代兑机构办理外币兑换业务的市场准入和经营行为,明确了银行和外汇局的职责。自2003年11月1日起施行。

➤ 国家外汇管理局发布《关于进一步深化境外投资外汇管理改革

有关问题的通知》，在总结试点经验的基础上，进一步深化了境外投资外汇管理改革，包括扩大试点地区外汇分局的外汇资金来源审查权，允许试点地区的投资主体提前汇出项目前期资金等。自 2003 年 11 月 1 日起施行。

11 月

➤ 公安部、国家外汇管理局联合发布《公安部、国家外汇管理局外汇领域反洗钱合作规定》，明确了公安机关和外汇管理部门在外汇领域反洗钱合作中的职责分工、合作机制和合作程序等。这是我国反洗钱职能部门联合制定的第一个合作文件。

12 月

➤ 国家外汇储备达 4 032.51 亿美元，较 2002 年末增加 1 168.44 亿美元，增长 40.80%，年增长额创历年新高。

➤ 根据国务院对中国银行和中国建设银行进行改革试点的决定，国家外汇管理局动用 450 亿美元的外汇储备为试点银行补充资本金。

2004 年

2 月

➤ 国家外汇管理局发布《关于规范非居民个人外汇管理有关问题的通知》。针对非居民个人外汇收支活动的特点，从外汇流入、流出，结汇、购汇等各环节，规范非居民个人的外汇收支行为。自 2004 年 3 月 1 日起施行。

3 月

➤ 中国人民银行发布《关于结售汇业务管理工作的通知》，进一步明确由国家外汇管理局及其分支局具体负责结售汇业务的市场准入、退出管理。自发布之日起施行。

➢ 国家外汇管理局发布《关于调整经常项目外汇账户限额核定标准有关问题的通知》，提高了企业经常项目外汇账户限额，并取消经常项目外汇账户地区总限额，全国按统一的标准核定。自2004年5月1日起施行。

5月

➢ 国家外汇管理局发布《关于改进外商投资企业资本项目结汇审核与外债登记管理工作的通知》，采取有效措施，控制外商投资企业外债和结汇规模的增长。自发布之日起45日后施行。

➢ 国家发展和改革委员会、中国人民银行、中国银行业监督管理委员会联合发布《境内外资银行外债管理办法》，加强外债的全口径管理，有效调控外债总量，规范境内外资银行外债管理。自发布之日起30日后施行。

6月

➢ 国家外汇管理局发布《关于实施〈境内外资银行外债管理办法〉有关问题的通知》，明确外资银行短期外债余额指标的核定、过渡期外债登记和结汇、担保等有关外汇管理问题的具体操作。自2004年6月26日起施行。

8月

➢ 国家外汇管理局发布《关于个人对外贸易经营有关外汇管理问题的通知》，适应2004年7月1日施行的《中华人民共和国对外贸易法》，规范了个人从事货物贸易的外汇收付行为等。自发布之日起30日后施行。

10 月

➢ 国家外汇管理局发布《关于金融机构大额和可疑外汇资金交易报告管理办法实施细则的通知》，规范了国家外汇管理局对外汇领域反洗钱工作的监管以及对反洗钱数据的汇总、筛选、甄别和分析以及法律适用问题。自发布之日起施行。

➢ 国家外汇管理局发布《关于扩大远期结售汇业务试点的通知》，满足条件的外汇指定银行均可申请开办远期结售汇业务，并明确了远期结售汇业务市场准入的条件和程序。自 2004 年 11 月 1 日起施行。

➢ 中国人民银行发布《关于内地银行与香港、澳门银行办理个人人民币业务有关问题的通知》，统一了内地银行办理香港、澳门银行个人人民币业务的各项管理政策。自发布之日起施行。

11 月

➢ 中国人民银行发布《个人财产对外转移售付汇管理暂行办法》，允许个人所有的合法财产对外转移，包括移民财产转移和继承财产转移两类。自 2004 年 12 月 1 日起施行。

➢ 国家外汇管理局发布《关于调整境内居民个人自费出国（境）留学购汇指导性限制的通知》，进一步调整了境内居民个人自费留学购汇政策。自 2005 年 1 月 1 日起施行。

2005 年

2 月

➢ 国家外汇管理局发布《关于境外上市外汇管理有关问题的通知》，延长所筹资金存放境外时间。

➢ 国家外汇管理局发布《关于调整经常项目外汇账户限额管理办

法的通知》，延长境内机构超限额结汇期限，扩大按实际外汇收入100%核定经常项目外汇账户限额的企业范围。

3月

➢ 胡晓炼同志任国家外汇管理局党组书记，3月27日任国家外汇管理局局长。

➢ 国家外汇管理局发布《关于边境地区境外投资外汇管理有关问题的通知》，扩大了边境地区外汇管理部门境外投资外汇资金来源审查的审核权限，简化边境地区境外投资相关手续。

5月

➢ 国家外汇管理局发布《关于扩大境外投资外汇管理改革试点有关问题的通知》，将试点地区扩大到全国，提高年度境外投资购汇总额度，进一步下放审批权限。

7月

➢ 国家外汇管理局发布《关于境内外资银行集中管理结售汇周转头寸的通知》，进一步规范境内外资银行结售汇头寸管理，允许符合条件的境内外资银行总行或授权分行对境内所有分支行实施结售汇头寸集中平盘，统一管理。

➢ 中国人民银行发布《关于完善人民币汇率形成机制改革的公告》，宣布自7月21日起开始实行以市场供求为基础、参考一篮子货币进行调节、有管理的浮动汇率制度；人民币汇率不再盯住单一美元，形成更富弹性的人民币汇率机制；7月21日19时美元对人民币交易价格调整为1美元兑8.11元人民币。

8月

➤ 国家外汇管理局发布《关于放宽境内机构保留经常项目外汇收入有关问题的通知》，再次提高境内机构经常项目外汇账户限额。

➤ 国家外汇管理局发布《关于调整境内居民个人经常项目下因私购汇限额及简化相关手续的通知》，提高境内居民个人经常项目下因私购汇指导性限额，简化有关购汇凭证，并允许境内持卡人在境内发卡金融机构购汇偿还境外经常项目下的消费支付所形成的透支。

➤ 中国人民银行发布《关于加快发展外汇市场有关问题的通知》，宣布扩大银行间即期外汇市场交易主体范围，并允许符合条件的交易主体开展银行间远期外汇交易和人民币对外币掉期交易。8月15日，银行间远期外汇交易正式上线。

➤ 国家外汇管理局发布《关于调整境内银行为境外投资企业提供融资性对外担保管理方式的通知》，调整境内外汇指定银行为我国境外投资企业融资提供对外担保的管理方式，扩大实施对外担保余额管理的银行范围以及可接受境内担保的政策受益范围。

9月

➤ 国家外汇管理局发布《关于调整银行结售汇头寸管理办法的通知》，实行结售汇综合头寸管理，统一中外资银行的头寸管理政策和限额核定标准。

10月

➤ 国家外汇管理局发布《关于印发〈外汇指定银行对客户远期结售汇业务和人民币与外币掉期业务备案操作指引〉的通知》，指导国家外汇管理局分支局和外汇指定银行顺利开展银行对客户远期结售汇和人民币与外币掉期业务的备案工作。

➢ 国家外汇管理局发布《关于完善外债管理有关问题的通知》，将超过一定期限和金额的进口延期付款以及跨国公司吸收境外关联企业的有关资金纳入外债管理，规范特殊类型外商投资企业的外债管理，调整境内贷款项下的境外担保管理规定。

➢ 国家外汇管理局发布《关于境内居民通过境外特殊目的公司融资及返程投资外汇管理有关问题的通知》，规范境内居民（包括法人和自然人）有关的境外融资和返程投资的外汇管理问题。

11 月

➢ 国家外汇管理局发布《关于在银行间外汇市场推出即期询价交易的通知》，从 2006 年起，在即期外汇交易中引入双边授信、双边清算的询价交易方式，同时延长询价交易时间至 17：30。

➢ 国家外汇管理局发布 2005 年上半年《中国国际收支报告》。这是外汇局首次发布国际收支报告。

12 月

➢ 国家外汇管理局发布《关于农村合作金融机构开办结售汇业务有关问题的通知》，进一步规范农信社结售汇业务准入及日常监管，完善农信社结售汇业务管理。

➢ 国家外汇管理局核准中国中化集团成为首家银行间即期外汇市场的非金融企业会员。

➢ 国家外汇管理局发布《关于非金融企业和非银行金融机构申请银行间即期外汇市场会员资格实施细则（暂行）的通知》，对非金融企业和非银行金融机构申请银行间即期外汇市场会员资格及交易管理作出详细规定。

➢ 商务部、中国证券监督管理委员会、国家税务总局、国家工商行政管理总局、国家外汇管理局发布《外国投资者对上市公司战略投资管理办法》。

2006 年

1 月

➢ 我国银行间外汇市场正式引入做市商制度，推出双边授信、双边清算的询价交易方式，延长询价交易时间。

2 月

➢ 中国外汇储备余额达 8 536.72 亿美元，超过日本，居世界第一。

4 月

➢ 国家外汇管理局批准银行间外汇市场正式推出人民币与外币掉期交易，银行可以在该市场上开展以套期保值和头寸结构调整为目的的人民币外汇掉期交易。

5 月

➢ 境内居民个人购汇管理信息系统升级上线，正式实行个人购汇 2 万美元年度总额管理。

➢ 国家外汇管理局发布 2004 年末和 2005 年末中国国际投资头寸表。这是外汇局首次发布该表，对中国对外经济统计领域具有里程碑意义。

7 月

➢ 国家外汇管理局调整银行结汇售汇综合头寸管理，将权责发生制管理原则推行至全部外汇指定银行。

➢ 建设部、商务部、国家发展和改革委员会、中国人民银行、国家工商行政管理总局、国家外汇管理局六部委联合发布《关于规范房地产市场外资准入和管理的意见》，对外资进入境内房地产市场进行规范和管理。

8月

➢ 银行间即期外汇市场正式开设英镑/人民币交易，银行间即期外汇市场的外币交易币种扩大到5个。

9月

➢ 国家外汇管理局与建设部发布《关于规范房地产市场外汇管理有关问题的通知》，明确境外机构和个人购买境内商品房须符合自用、自住原则，并对外商投资房地产企业借用外债及结汇等行为进行了明确规定。

10月

➢ 中国外汇储备突破1万亿美元。

12月

➢ 中国人民银行发布《个人外汇管理办法》，决定自2007年2月1日起对个人结汇和境内个人购汇实行年度总额管理。

2007年

1月

➢ 发布《个人外汇管理办法实施细则》，对《个人外汇管理办法》进行细化，规定个人结汇和境内个人购汇年度总额分别为每人每年等值5万美元。

3月

➢ 中国银行业监督管理委员会、国家外汇管理局联合发布《信托公司受托境外理财业务管理暂行办法》，允许符合条件的境内信托公司开展受托境外理财业务。

5月

➢ 银行间即期外汇市场人民币兑美元交易价浮动幅度由千分之三扩大至千分之五，即每日银行间即期外汇市场人民币兑美元的交易价可在中国外汇交易中心对外公布的当日人民币兑美元中间价上下千分之五的幅度内浮动。

6月

➢ 商务部、国家外汇管理局联合发布《关于进一步加强、规范外商直接投资房地产业审批和监管的通知》，进一步规范房地产市场外资准入和管理。

7月

➢ 批准中国石化财务有限公司以第一家财务公司的身份进入银行间外汇市场交易。

➢ 中国保险监督管理委员会、国家外汇管理局联合发布《保险资金境外投资管理暂行办法》，扩大保险资金境外证券投资的资金来源和投资范围，进一步完善保险公司境外证券投资监管。

8月

➢ 指导中国外汇交易中心发布《全国银行间外汇市场人民币外汇衍生产品主协议（2007版）》，该协议涵盖了目前市场上已有的人民币对外币远期、掉期等业务，为将来其他衍生产品的推出预留了空间。

➤ 批准我国境内个人直接对外证券投资业务试点，允许居民个人在试点地区通过专门通道，以自有外汇或人民币购汇直接对外证券投资。

9月

➤ 批准南方基金管理有限公司境外证券投资额度40亿美元。这是《合格境内机构投资者管理办法》发布后，获得境外证券投资额度的首家基金QDII。

➤ 与商务部和国家统计局联合发布《2006年中国对外直接投资统计公报》，三部门首次共同对外发布中国全行业对外直接投资统计数据。

11月

➤ 完成《中华人民共和国外汇管理条例》修订稿最后复核工作，由国务院法制办向其他有关部门复核后报国务院审议。

2008年

1月

➤ 批准挪威银行2亿美元的合格境外机构投资者（QFII）投资额度，是2007年12月宣布QFII投资总额度由100亿美元增至300亿美元后，第一家获批投资额度的QFII机构。

6月

➤ 批准中国外汇交易中心推出银行间外汇市场询价交易净额清算业务，进一步提高银行间外汇市场会员银行的清算效率，促进外汇市场长远发展。

7 月

➢ 与商务部、海关总署联合发布《出口收结汇联网核查办法》。

➢ 在中国电子口岸试运行出口收结汇联网核查系统。

➢ 对企业货物贸易项下预收货款实行登记管理，加强预收货款与未来实际出口的跟踪监管，防止无真实贸易背景的资金借用贸易渠道流入境内投机获利。

8 月

➢ 经国务院常务会议审议通过，正式施行修订后的《中华人民共和国外汇管理条例》。

10 月

➢ 对企业货物贸易项下延期付款实行登记管理，改进对进口延期付款的监督管理，防止潜在的债务风险。

➢ 决定在银行间外汇市场引入货币经纪公司开展外汇经纪业务，并制定《货币经纪公司外汇经纪业务管理暂行办法》，进一步发展外汇市场，提高外汇衍生产品市场流动性。

11 月

➢ 对企业货物贸易项下预付货款实行登记管理，预防国际金融危机向实体经济蔓延，规范了贸易项下资金流出。

12 月

➢ 对企业货物贸易项下延期收款实行登记管理，进一步完善了境外债权统计监测管理。

2009 年

2 月

➢ 发布《关于改进出口收结汇联网核查管理有关问题的通知》,改进出口收结汇联网核查政策,提高企业流动资金使用效益,大力推动贸易便利化。

5 月

➢ 发布《关于调整部分资本项目外汇业务审批权限的通知》,将资本金账户异地开户、境内机构对外提供担保、个人财产对外转移以及证券项下部分外汇市场市场退出等十项资本项目外汇业务审批权限下放分局。

6 月

➢ 发布《关于境内企业境外放款外汇管理有关问题的通知》,改进境外放款外汇管理,扩大境外放款主体和放款资金来源,简化核准和汇兑手续,支持境内企业"走出去"发展壮大。

7 月

➢ 国务院决定,任命易纲为国家外汇管理局局长。

➢ 发布《境内机构境外直接投资外汇管理规定》,改进境外直接投资外汇管理方式,简化程序,促进投资便利化。

➢ 发布《银行执行外汇管理规定情况考核办法》,在 2008 年度试点的基础上,完善银行执行外汇管理规定情况考核指标和评分方法,进一步提高考核工作的科学性和公平性。

9月

➤ 与中国人民银行等六部委联合出台金融支持服务外包政策，简化服务外包企业外汇收支手续，并对符合条件的服务外包企业发展离岸外包业务给予账户开立、资金汇兑等方面的政策便利。

10月

➤ 发布《合格境外机构投资者境内证券投资外汇管理规定》和《关于基金管理公司和证券公司境外证券投资外汇管理有关问题的通知》，进一步完善跨境证券投资外汇管理，对现行合格机构投资者外汇管理制度和规定进行修订和规范，明确相关监管要求。

➤ 发布《境内企业内部成员外汇资金集中运营管理规定》，进一步提高境内企业外汇资金使用效率、降低财务成本、增强竞争优势。同时，推动银企合作、业务创新，加快我国金融服务业与国际运作接轨的步伐。

11月

➤ 发布《关于进一步完善个人结售汇业务管理的通知》，对个人分拆结售汇行为实行针对性管理，并进一步规范和明确相关业务办理要求，防范异常资金通过个人渠道流出入。

2010年

1月

➤ 批准中国银行试点开办电子银行个人结售汇业务。境内个人持本人有效中华人民共和国居民身份证在试点银行开立账户后，即可通过网上银行或自助终端办理本人年度总额以内经常项下非经营性的购汇和结汇业务。

3月

➢ 会同财政部开展财政转贷款外汇管理改革试点，进一步改革财政转贷款外汇管理方式，简化相关手续，减轻企业负担，降低汇兑成本，提高转贷款资金的使用效率。

4月

➢ 发布通知，核定2010年度短期外债余额指标。将2010年度境内金融机构短期外债余额指标在2009年基础上调减1.5%，并提示部分外汇贷款发放较快的银行关注外汇信贷风险。

5月

➢ 批准中国银行、招商银行和工商银行试点开办电子银行个人结售汇业务。境内个人持本人有效中华人民共和国居民身份证在试点银行开立账户后，即可通过网上银行或自助终端办理本人年度总额以内经常项下非经营性的购汇和结汇业务。

➢ 为便利企业贸易对外支付，在天津、江苏、山东、湖北、内蒙古、福建、青岛7个省（市）开展进口付汇核销制度改革试点，合规企业的正常进口付汇业务无需再办理现场核销手续。

➢ 发布《通过金融机构进行国际收支统计申报业务操作规程》，进一步提高我国国际收支统计申报的及时性、准确性和完整性。

6月

➢ 发布通知，印发《资本项目外汇管理内控制度通则（2010年版）》，进一步完善内控制度，规范业务操作，防范操作风险。

➢ 发布通知，将中资企业借用短期外债、境内企业境外放款等10

项资本项目外汇业务审核权限下放，包括由总局下放至分局、分局下放至中心支局（支局），以及由外汇局审批变为授权银行直接办理等层次，进一步简政放权，简化行政审批。

7月

➤ 外汇非现场检查系统正式上线运行。该系统集外汇管理数据综合利用和外汇检查经验固化与共享功能为一体，大大提高了外汇管理部门深入挖掘违规资金流动线索的能力。

8月

➤ 发布通知，修订《银行执行外汇管理规定情况考核办法》，增加了风险考核指标，考核内容更加完善；配合了考核系统的更新升级，考核手段更为科学；明确了考核结果定期通报要求，考核机制更加健全。

10月

➤ 启动在北京、广东（含深圳）、山东（含青岛）、江苏四个地区开展的出口收汇存放境外政策试点，允许境内企业将具有真实、合法交易背景的出口收汇留存境外，提高境内企业资金使用效率。

11月

➤ 发布通知，结合跨境资金流入形势，启动应对预案，加强外汇业务管理，通过对银行结售汇头寸、出口收结汇、短期外债、外商直接投资、境外上市、返程投资、外汇处罚七个方面的政策调整，合理引导跨境资金流动。

12月

➤ 在全国范围内推广实施进口付汇核销制度改革，95%以上进口企业的正常付汇业务无须再办理核销手续，全面取消银行为企业办理进口付汇业务的联网核查手续，便利了企业贸易项下对外支付。

➢ 发布《货物贸易出口收入存放境外管理暂行办法》及其操作规程，在前期试点基础上，自2011年1月1日起，在全国范围内实施出口收汇存放境外政策。

2011年

1月

➢ 发布《国家外汇管理局关于外汇指定银行对客户人民币外汇货币掉期业务有关外汇管理问题的通知》（汇发〔2011〕3号），自3月1日起在银行对客户市场推出人民币外汇货币掉期业务，完善货币掉期市场结构。

➢ 发布《国家外汇管理局关于印发〈电子银行个人结售汇业务管理暂行办法〉的通知》（汇发〔2011〕10号），符合条件的银行均可申请接入个人结售汇管理信息系统，通过电子银行系统为个人办理结售汇业务。

2月

➢ 发布《国家外汇管理局关于人民币对外汇期权交易有关问题的通知》（汇发〔2011〕8号），自4月1日起在银行对客户市场和银行间外汇市场推出人民币对外汇期权业务，进一步丰富外汇市场产品。

➢ 首次发布《2010年中国跨境资金流动监测报告》，帮助社会各界正确解读我国跨境资金流动状况。

3月

➢ 发布《国家外汇管理局关于进一步加强外汇业务管理有关问题

的通知》（汇发〔2011〕11号），进一步规范资金跨境流动，遏制违法违规资金流入和结汇。

➤ 发布《国家外汇管理局关于金融资产管理公司对外转让不良资产涉及担保备案管理有关问题的通知》（汇发〔2011〕13号），明确金融资产管理公司对外处置不良资产担保补登记有关管理程序。

4月

➤ 发布《国家外汇管理局综合司关于规范跨境人民币资本项目业务操作有关问题的通知》（汇综发〔2011〕38号），对境外直接投资、外商直接投资、境外放款、外债、对外担保、A股外资股东汇出减持股份及分红所得、H股上市公司汇出外方股东股息等资本项下人民币业务操作以及相关统计内容予以规范。

5月

➤ 发布《境内居民通过境外特殊目的公司融资及返程投资外汇管理操作规程》（汇发〔2011〕19号），规范并简化特殊目的公司登记程序。

➤ 发布《国家外汇管理局关于取消和调整部分资本项目外汇业务审核权限及管理措施的通知》（汇发〔2011〕20号），下放贸易信贷、对外担保等五项业务的审批权限，优化业务管理流程。

7月

➤ 发布《国家外汇管理局关于进一步推进外国政府和国际金融组织转贷款外汇管理方式改革的通知》（汇发〔2011〕26号），按照"统一登记、统一结汇、统一购汇"的管理模式，进一步推动银行转贷款的外汇管理方式改革。

➤ 发布《国家外汇管理局综合司关于完善外商投资企业外汇资本

金支付结汇管理有关业务操作问题的补充通知》（汇综发〔2011〕88号），开展发票核查工作试点，强化外汇资本金结汇管理。

9月

➤ 发布《国家外汇管理局关于完善中国进出口银行外债转贷款外汇管理方式的通知》（汇发〔2011〕36号），进一步简化外汇管理程序，推动中国进出口银行负责转贷的外国政府贷款和国际金融组织贷款（含赠款）外汇管理方式改革。

10月

➤ 发布《国家外汇管理局关于银行开办电子渠道个人结售汇业务试行个人分拆结售汇"关注名单"管理的通知》，要求开办电子银行个人结售汇业务的银行同时实施本行个人分拆结售汇"关注名单"管理，实现对分拆结售汇违规交易个人的分类管理。

11月

➤ 发布《国家外汇管理局关于进一步明确和规范部分资本项目外汇业务管理有关问题的通知》（汇发〔2011〕45号），进一步规范外商投资企业直接投资和外债管理等部分资本项目外汇业务管理。

➤ 发布《国家外汇管理局关于境内企业外汇质押人民币贷款政策有关问题的通知》（汇发〔2011〕46号），逐步消除中外资企业融资政策差异，缓解中小企业贸易融资难问题。

12月

➤ 发布《国家外汇管理局关于基金管理公司、证券公司人民币合格境外机构投资者境内证券投资试点有关问题的通知》（汇发〔2011〕50号），推动人民币合格境外机构投资者境内证券投资试点业务的开展。

2012 年

2 月

➢ 发布《国家外汇管理局关于境内个人参与境外上市公司股权激励计划外汇管理有关问题的通知》（汇发〔2012〕7 号），扩大法规适用范围，简化管理流程，加强事后统计监测，促进藏汇于民。

➢ 发布《国家外汇管理局关于银行贵金属业务汇率敞口外汇管理有关问题的通知》（汇发〔2012〕8 号），自 2012 年 2 月 27 日起扩大银行贵金属业务汇率敞口平盘范围。

3 月

➢ 发布《国家外汇管理局关于核定 2012 年度境内机构短期外债余额指标有关问题的通知》（汇发〔2012〕12 号），指标总规模与 2011 年基本持平，在指标分配上适当向中西部地区和服务于小微企业的中小银行倾斜。

4 月

➢ 发布《国家外汇管理局关于完善银行结售汇综合头寸管理有关问题的通知》（汇发〔2012〕26 号），自 2012 年 4 月 16 日起对银行结售汇综合头寸实行正负区间管理，并取消对银行收付实现制头寸余额的下限管理。

5 月

➢ 首次公布中国境内金融机构直接投资流量和存量数据。

6月

➢ 发布《国家外汇管理局关于鼓励和引导民间投资健康发展有关外汇管理问题的通知》(汇发〔2012〕33号),简化境外直接投资资金汇回和境外放款外汇管理,适当放宽个人对外担保管理,允许境内个人作为共同担保人对外提供担保。

➢ 会同海关总署、国家税务总局发布《国家外汇管理局、海关总署、国家税务总局关于实施货物贸易外汇管理制度改革的公告》(国家外汇管理局公告2012年第1号),自2012年8月1日起在全国范围内实施货物贸易外汇管理制度改革,并相应调整出口报关流程、简化出口退税凭证。

➢ 发布《国家外汇管理局关于印发货物贸易外汇管理法规有关问题的通知》(汇发〔2012〕38号),整合货物贸易外汇管理相关法规,制定了《货物贸易外汇管理指引》《货物贸易外汇管理指引实施细则》《货物贸易外汇管理指引操作规程(银行企业版)》《货物贸易外汇收支信息申报管理规定》等,并自2012年8月1日起全国上线运行货物贸易外汇监测系统,停止使用贸易收付汇核查系统、贸易信贷登记管理系统、出口收结汇联网核查系统以及中国电子口岸——出口收汇系统,便利银行和企业理解和操作。

8月

➢ 在全国范围内实施货物贸易外汇管理制度改革,实现货物贸易外汇管理由逐笔行为核销向主体总量核查转变,取消进出口收付汇核销制度,促进贸易投资便利化和涉外经济发展。

➢ 配合货物贸易外汇管理制度改革全国施行,货物贸易外汇监测系统全国推广运行。

11 月

➢ 发布《国家外汇管理局关于外商投资合伙企业外汇管理有关问题的通知》（汇发〔2012〕58 号），大幅简化管理流程，简化和规范外汇登记和外汇账户管理，规范外国合伙人出资确认登记等。

➢ 发布《国家外汇管理局关于进一步改进和调整直接投资外汇管理政策的通知》（汇发〔2012〕59 号），取消部分直接投资项下管理环节，进一步简化现有管理程序及放松直接投资项下资金运用限制，大幅简化事前审批事项，强化事后管理与统计监测工作。

12 月

➢ 发布《合格境外机构投资者境内证券投资外汇管理规定》（国家外汇管理局公告 2012 年第 2 号），提高特殊类型 QFII 机构投资额度上限，允许主权基金、央行及货币当局等机构投资额度上限超过 10 亿美元，简化并便利 QFII 有关操作和资金汇出管理，放宽 QFII 客户资金开立多个账户的限制，进一步支持我国资本市场改革开放与发展。

2013 年

1 月

➢ 发布《国家外汇管理局关于境外上市外汇管理有关问题的通知》（汇发〔2013〕5 号），以登记为核心，大幅简化业务手续和审核材料，并规范境外上市企业境内股东增持（或减持）其境外股份的资金汇兑等业务，进一步完善境内企业境外上市外汇管理。

2月

➢ 发布《国家外汇管理局综合司关于开展支付机构跨境电子商务外汇支付业务试点的通知》（汇综发〔2013〕5号），在上海、北京、重庆、浙江、深圳等地区开展试点，允许参加试点的支付机构集中为电子商务客户办理跨境收付汇和结售汇业务。

3月

➢ 发布《国家外汇管理局关于人民币合格境外机构投资者境内证券投资试点有关问题的通知》（汇发〔2013〕9号），配合人民币合格境外机构投资者试点扩大，进一步规范人民币合格境外机构投资者外汇管理，放宽机构类型、投资范围，完善资金流出流入监管。

4月

➢ 发布《国家外汇管理局关于印发〈海关特殊监管区域外汇管理办法〉的通知》（汇发〔2013〕15号），进一步便利和完善海关特殊监管区域外汇管理，促进海关特殊监管区域健康发展。

➢ 发布《国家外汇管理局关于发布〈外债登记管理办法〉的通知》（汇发〔2013〕19号），对外债登记管理流程进行优化，简化外债登记管理环节，取消部分外债管理审批事项，进一步完善外债的登记和统计监测。

5月

➢ 发布《国家外汇管理局关于加强外汇资金流入管理有关问题的通知》（汇发〔2013〕20号），加强银行结售汇综合头寸管理，强化对进出口企业货物贸易外汇收支的分类监管，要求银行增强责任意识，同时加大外汇管理核查检查力度，防范外汇收支风险。

➢ 发布《国家外汇管理局关于印发〈外国投资者境内直接投资外汇管理规定〉及配套文件的通知》（汇发〔2013〕21号），进一步规范和明确外国投资者境内直接投资外汇管理，促进直接投资便利化。

6月

➢ 发布《国家外汇管理局关于国有企业境外期货套期保值业务外汇管理有关问题的通知》（汇发〔2013〕25号），大幅简化境内企业境外衍生产品业务管理程序和流程，取消账户开立、资金划转及汇出入、购结汇等审批，进一步促进资本项目便利化。

➢ 首次公布非居民人民币存款余额数据。

7月

➢ 与国家税务总局联合发布《国家税务总局、国家外汇管理局关于服务贸易等项目对外支付税务备案有关问题的公告》（国家税务总局、国家外汇管理局公告2013年第40号），明确对外支付税务备案的交易项目，简化对外支付税务备案程序。

➢ 发布《国家外汇管理局关于印发服务贸易外汇管理法规的通知》（汇发〔2013〕30号），取消服务贸易购付汇核准，简化单证审核，放宽境外存放，强化均衡管理和事后管理，进一步推进贸易投资便利化。

8月

➢ 发布《合格境内机构投资者境外证券投资外汇管理规定》（国家外汇管理局公告2013年第1号），简化管理流程，取消业务限制，更好地满足境内机构和个人境外证券投资等的需求。

9月

➢ 支付宝（中国）网络技术有限公司、深圳市财付通科技有限公司等17家支付机构通过验收，成为首批开展跨境电子商务外汇支付业务的试点机构。

10月

➤ 发布《国家外汇管理局关于在部分地区试行小额外保内贷业务有关外汇管理问题的通知》（汇发〔2013〕40号），在广东省、浙江省、福建省和深圳市分局辖内试行小额外保内贷业务，允许境内企业在境外机构或个人提供担保的条件下，从境内金融机构取得一定金额的本外币贷款或授信额度。

11月

➤ 国务院总理李克强签署国务院第642号令，公布了修改后的《国际收支统计申报办法》，明确将国际收支统计范围扩大至对外金融资产、负债，增加中介服务机构、在境内发生经济交易的非中国居民和境内个人等申报主体，并修订保密条款和罚则等。

12月

➤ 发布《国家外汇管理局关于印发〈对外金融资产负债及交易统计制度〉的通知》（汇发〔2013〕43号），采用最新国际统计标准，全面修订1996年发布的《金融机构对境外资产负债及损益申报业务操作规程》。

➤ 发布《国家外汇管理局关于完善银行贸易融资业务外汇管理有关问题的通知》（汇发〔2013〕44号），督促银行完善贸易融资真实性、合规性审查，加强企业分类管理并加大对银行、企业违规行为的处罚力度，遏制无真实交易背景的虚假贸易融资行为，防范异常外汇资金跨境流动。

➤ 发布《国家外汇管理局关于调整人民币外汇衍生产品业务管理的通知》（汇发〔2013〕46号），简化外汇掉期和货币掉期业务准入管理,增加货币掉期业务本金交换形式,支持银行完善期权业务定价和风险控制。

2014 年

1 月

➤ 发布《国家外汇管理局关于进一步改进和调整资本项目外汇管理政策的通知》(汇发〔2014〕2 号),进一步深化资本项目外汇管理改革,推进简政放权,促进贸易投资便利化。

➤ 发布《国家外汇管理局关于印发〈外债转贷款外汇管理规定〉的通知》(汇发〔2014〕5 号),参照国内外汇贷款管理方式,取消账户开立、还本付息和结售汇等环节的限制,转贷款债务人逐笔登记转变为债权人集中登记,简化外债转贷款外汇管理。

2 月

➤ 易智付科技(北京)有限公司、北京银联商务有限公司、网银在线(北京)科技有限公司、拉卡拉支付有限公司、资和信电子支付有限公司 5 家支付机构通过验收,成为第二批开展跨境电子商务外汇支付业务试点机构。

3 月

➤ 发布《国家外汇管理局关于边境地区贸易外汇管理有关问题的通知》(汇发〔2014〕12 号),规范和便利边境贸易结算,促进我国与周边国家边境贸易健康发展。

4 月

➤ 会同海关总署发布《国家外汇管理局、海关总署关于印发〈银行调运外币现钞进出境管理规定〉的通知》（汇发〔2014〕24号），进一步规范银行调运外币现钞进出境管理。

5月

➢ 发布《国家外汇管理局关于发布〈跨境担保外汇管理规定〉的通知》（汇发〔2014〕29号），合理界定跨境担保的外汇管理范围和监管责任边界，取消或大幅度缩小跨境担保的数量控制范围和登记范围，以登记为主要管理手段，取消所有事前审批，简化和明确跨境担保外汇管理。

6月

➢ 发布《国家外汇管理局关于印发〈银行对客户办理人民币与外汇衍生产品业务管理规定〉的通知》（汇发〔2014〕34号），自8月1日起实施支持产品创新、完善实需管理、简化市场准入等外汇衍生产品市场发展新措施，更好满足市场主体管理汇率风险需求。

➢ 发布《银行办理结售汇业务管理办法》（中国人民银行令〔2014〕第2号），降低银行结售汇市场准入条件，简化市场准入管理。

7月

➢ 发布《中国人民银行关于银行间外汇市场交易汇价和银行挂牌汇价管理有关事项的通知》（银发〔2014〕188号），取消银行对客户美元挂牌买卖价差限制，由银行根据市场供求自主定价，实现人民币对所有外币挂牌汇价管理的完全市场化。

➢ 发布《国家外汇管理局关于在部分地区开展外商投资企业外汇资本金结汇管理方式改革试点有关问题的通知》（汇发〔2014〕36号），将外商投资企业外汇资本金意愿结汇改革试点扩大到天津滨海新区等其他16个国家级经济、金融改革发展试验区,便利外商投资企业经营与资金运作需要。

➢ 发布《国家外汇管理局关于境内居民通过特殊目的公司境外投融资及返程投资外汇管理有关问题的通知》(汇发〔2014〕37号),对返程投资外汇管理政策进行了大幅改革,进一步便利境内居民跨境投融资活动。

➢ 组织中国外汇交易中心发布《银行间外汇市场职业操守和市场惯例指引》和《银行间外汇市场职业操守和市场惯例专业委员会工作章程》,促进公平竞争、诚信有序的外汇市场发展环境建设。

9月

➢ 正式实施《对外金融资产负债及交易统计制度》。

➢ 发布《国际收支和国际投资头寸手册》(第六版)系列解读材料,方便社会公众和申报主体学习了解最新要求,更好地配合国际收支统计制度和系统建设实施工作。

12月

➢ 发布《国家外汇管理局关于调整金融机构进入银行间外汇市场有关管理政策的通知》(汇发〔2014〕48号),自2015年1月1日起取消对金融机构进入银行间外汇市场的事前准入许可,进一步发挥市场机制的调节作用。

➢ 资本项目信息系统二期监测类功能上线。

➢ 国家外汇管理局管理检查司与中国人民银行征信中心签署合作备忘录,自2015年1月1日起将企事业单位实质性外汇违规信息纳入金融业信用信息基础数据库。

2015 年

1 月

➢ 启动对 7 家全国性商业银行的外汇业务合规性专项检查,严厉查处通过银行渠道跨境套利及异常交易行为。

➢ 发布《国家外汇管理局关于印发〈保险业务外汇管理指引〉的通知》(汇发〔2015〕6 号),简政放权、整合法规、简化手续,加强对外汇保险业务外汇收支的事后监测和核查。

➢ 发布《国家外汇管理局关于开展支付机构跨境外汇支付业务试点的通知》(汇发〔2015〕7 号),将支付机构跨境外汇支付便利化业务试点推广到全国。

2 月

➢ 发布《国家外汇管理局综合司关于规范个人本外币兑换特许业务和外币代兑业务有关事项的通知》(汇综发〔2015〕38 号),明确市场准入、事中监管和事后处置环节的监管内容,促进个人本外币特许业务和外币代兑业务的健康发展。

➢ 发布《国家外汇管理局关于进一步简化和改进直接投资外汇管理政策的通知》(汇发〔2015〕13 号),将直接投资外汇登记下放银行办理,进一步促进和便利企业跨境投资。

➢ 启动外债宏观审慎管理试点,在北京中关村国家自主创新示范区核心区、深圳前海深港现代服务业合作区及江苏省张家港保税区(金港镇)等部分特殊经济区域,实施以外债比例自律为主要方式的宏观审慎管理试点。

3月

➢ 首次按照《国际收支和国际投资头寸手册》（第六版）标准公布我国国际货物和服务贸易数据。

➢ 发布《国家外汇管理局关于改革外商投资企业外汇资本金结汇管理方式的通知》（汇发〔2015〕19号），在全国范围内实行外商投资企业外汇资本金意愿结汇制度。

5月

➢ 首次按照《国际收支和国际投资头寸手册》（第六版）标准，公布我国第一季度国际收支平衡表初步数据。

➢ 发布《国家外汇管理局关于个人本外币兑换特许机构办理调运外币现钞进出境及外币批发业务的批复》（汇复〔2015〕16号），允许三家特许机构开展调钞及批发业务，丰富境内外币现钞供给渠道。

6月

➢ 发布《国家外汇管理局关于印发〈通过银行进行国际收支统计申报业务实施细则〉的通知》（汇发〔2015〕27号），规范申报主体通过境内银行进行的涉外收付款国际收支统计申报业务。

➢ 首次按照《国际收支和国际投资头寸手册》（第六版）标准，公布我国国际投资头寸表数据。

7月

➢ 首次按照国际货币基金组织（IMF）数据公布特殊标准（SDDS）公布我国全口径外债数据。

➢ 发布《国家外汇管理局关于境外交易者和境外经纪机构从事境内特定品种期货交易外汇管理有关问题的通知》（汇发〔2015〕35

号），明确境外投资者参与境内原油等期货交易外汇管理政策。

8月

➤ 在全国推广运行跨境资金流动监测与分析系统2015版，为事中事后监管提供重要支撑。

➤ 发布《国家外汇管理局关于印发〈跨国公司外汇资金集中运营管理规定〉的通知》（汇发〔2015〕36号），赋予符合条件的跨国公司更多便利。

9月

➤ 发布《国家外汇管理局关于个人本外币兑换特许机构通过互联网办理兑换业务有关问题的通知》（汇发〔2015〕41号），将互联网技术与传统的本外币兑换业务融合，提升国内兑换服务水平。

11月

➤ 发布《内地与香港证券投资基金跨境发行销售资金管理操作指引》（中国人民银行、国家外汇管理局公告〔2015〕第36号），明确基金互认额度管理规则和相关操作，便利两地基金跨境发行销售所涉及汇兑及流出入。

12月

➤ 正式加入国际货币基金组织协调证券投资调查（CPIS）和国际清算银行的国际银行统计（IBS）。

➤ 发布中国人民银行、国家外汇管理局公告〔2015〕第40号，延长外汇交易时间，进一步引入合格境外主体，推动外汇市场对外开放，促进形成境内外一致的人民币汇率。

➤ 发布《国家外汇管理局关于印发〈境内机构外币现钞收付管理

办法〉的通知》（汇发〔2015〕47号），进一步规范和满足境内机构外币现钞业务的实际需要。

➢ 发布《国家外汇管理局关于进一步完善个人外汇管理有关问题的通知》（汇发〔2015〕49号），进一步完善个人外汇业务"关注名单"管理。

2016年

1月

➢ 个人外汇业务监测系统正式上线运行，为300余家银行和特许机构提供实时服务。

➢ 国务院决定，任命潘功胜为国家外汇管理局局长。

➢ 配合中国人民银行发布《关于扩大全口径跨境融资宏观审慎管理试点的通知》（银发〔2016〕18号），面向27家金融机构和注册在上海、天津、广东、福建四个自由贸易试验区的企业，扩大本外币一体化的全口径跨境融资宏观审慎管理试点。

➢ 首次公布我国对外证券投资资产分国家和地区数据。

2月

➢ 发布《合格境外机构投资者境内证券投资外汇管理规定》（国家外汇管理局公告2016年第1号），对合格境外机构投资者（QFII）外汇管理制度进行改革。

3月

➢ 首次公布中国银行业对外金融资产负债数据。

4 月

➢ 配合中国人民银行发布《关于在全国范围内实施全口径跨境融资宏观审慎管理的通知》（银发〔2016〕132 号），将本外币一体化的全口径跨境融资宏观审慎管理试点扩大至全国范围内的金融机构和企业。

5 月

➢ 发布《国家外汇管理局关于境外机构投资者投资银行间债券市场有关外汇管理问题的通知》（汇发〔2016〕12 号），规范境外机构投资者投资银行间债券市场外汇管理。

6 月

➢ 发布《国家外汇管理局关于改革和规范资本项目结汇管理政策的通知》（汇发〔2016〕16 号），全面实施外债资金意愿结汇管理，并统一境内机构资本项目外汇收入意愿结汇政策。

8 月

➢ 与中国人民银行联合发布《关于人民币合格境外机构投资者境内证券投资管理有关问题的通知》（银发〔2016〕227 号），对人民币合格境外机构投资者（RQFII）管理制度进行便利化改革。

9 月

➢ 发布《国家外汇管理局关于规范货物贸易外汇收支电子单证审核的通知》（汇发〔2016〕25 号），允许银行在遵守现行货物贸易外汇管理规定和落实"展业三原则"的条件下，审核电子单证。

12 月

➢ 中国数据正式纳入国际清算银行国际银行业统计的本地银行业统计（LBS）全球汇总数据。

➢ 印发《外汇管理"十三五"信息化发展规划纲要》。

附录二
相关重要文献选编

分析全球经济不平衡的若干视角[①]

周小川

当前全球经济不平衡以及全球经济不平衡后面所隐含的储蓄问题,特别是涉及中国的储蓄剩余(Saving Glut)问题,是一个热点问题,同时也是一个多角度的问题。

一、对全球经济不平衡问题的探讨是一个多角度问题

从责任推诿的角度看,全球经济不平衡是一个容易引起争议的问题。当前,对全球经济不平衡问题的分析和当前对金融危机的原因、责

---

① 本文为周小川行长 2009 年 7 月 17 日在北京大学国家发展研究院的演讲,载于《国际金融危机:观察、分析与应对》。

任等分析有关,是一个容易引起争议的问题。危机发生国把金融危机归咎于一些新兴市场和发展中国家,认为这些国家储蓄过多、顺差过大、外汇储备积累过快是危机的原因。政治层面的责任推诿从来不少见,在历史少有的危机面前,经济领域出现类似责任推诿的反应也很正常的。从经济学科本身来看,虽然不能像自然学科那样通过重复实验来验证推理,但很多事后数据是可以用来实证推理的。

从应对金融危机的角度看,需要对全球经济不平衡问题加以冷静分析。在分析和应对当前的金融危机时,全球,特别是具有系统重要性的国家,需要对一些重大问题形成共识。从储蓄角度看,全球确实表现出不平衡,体现为:危机发生前,美国储蓄率偏低(特别是家庭储蓄率甚至一度降低为负值),中国等亚洲新兴市场储蓄率偏高。如果分析认定全球不平衡是一个必须治理的问题,就涉及如何进一步分析、认识和解决当前的不平衡问题,涉及应采取哪些对策来提高美国的家庭储蓄率、降低中国的总储蓄率。

我国当前参与很多国际事务,从2009年7月27日即将举行的中美战略经济对话来看,会对全球经济不平衡等问题进行探讨,会出现上述两个角度的观点。既有责任问题,也有谈判的博弈。中、美两国能不能达成共识,作为最大的发达国家和最大的发展中国家能否采取共同行动治理全球经济不平衡、减少未来经济金融风险,是一个有争议、有挑战性的问题,需要从经济理论、数据计量、一系列历史上的经济现象和经济政策角度深入研究,以找到解决问题的出路。同时对这个问题的分析,也和我国改革开放进程以及未来政策取向相关。

二、对全球经济不平衡的回顾

西方国家最早对全球经济不平衡问题的关注,是从本世纪初期开始的,最初表现为对贸易、外汇储备和资本流动问题的关注,直到近一两年才开始转移到对储蓄不平衡问题的关注。

全球经济不平衡这个问题在2003年左右开始提出，时任国际货币基金组织总裁、美国财长等访华时对全球经济不平衡的分析多是从贸易顺差角度入手，提出应该对人民币汇率进行改革。当时我们已经向他们提示，从宏观经济角度对全球经济不平衡进行分析的同时，还应从储蓄入手，还应从总储蓄和总投资之间的平衡关系来分析，但这一分析角度当时并没有得到太大的重视。

2005年7月人民币汇率形成机制改革后，人民银行首先提出：解决全球经济不平衡问题不可能一蹴而就，不能对汇率寄予太大希望，因为全球经济不平衡背后是储蓄问题和结构性问题。与此同时，人民银行对我国需要提升内需、如何提升内需（特别是消费内需）、如何改善社会保障体系、如何发展服务业等问题提出了一系列结构调整的政策建议①，目的在于提出：全球经济不平衡涉及背后的储蓄问题和结构调整的过程，可能比发达国家想象的要复杂，不是单凭汇率一个政策工具就可以解决的。

从一些美国人对中国经济的分析中也可以看到这种角度。例如，美国前任财长保尔森2007年3月在上海期货交易所演讲时坦陈，单凭人民币升值不可能解决美国的贸易失衡问题，他倾向于将解决全球经济失衡、贸易失衡问题和建设发达、有效的金融市场联系在一起，认为建立强健、有竞争力的资本市场有助于带来更高的储蓄回报率，从而降低预防性高储蓄率，促进内需。

总之，如果能够对全球经济不平衡达成共识，对全球和我国来说，都有助于加速推动进一步的改革和开放。

---

① 周小川行长曾就这些问题接受《财经》杂志专访，访谈内容以《周小川谈治本之策》为题刊于2005年10月3日出版的《财经》杂志2005年第20期。

三、中国总储蓄的构成

从总储蓄的历史变化和国际比较看，近年来，我国的总储蓄率确实上升较快（见图1）。20世纪90年代末期，中国的总储蓄率与GDP之比是37%左右，近年来已经逐步达到了50%。从国别比较看，世界上比较高的新加坡也就41%左右，日本在经济高速成长期间储蓄率基本略高于30%。

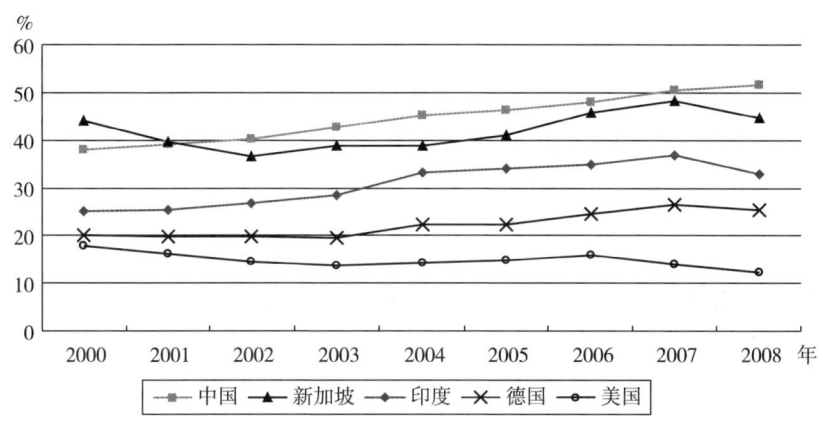

数据来源：Wind数据库。

图1　中、美、新、印、德五国的总储蓄率（2000—2008年）

企业储蓄增长比较快是近年来我国储蓄率增长的一个最主要的因素。从我国储蓄结构看，政府储蓄提高得比较快，但是政府储蓄基数比较低，因此提高快也不是最大的因素。家庭储蓄率基数比较大，增长相对比较平稳，比较重要的因素就是企业储蓄比较快（见图2）。

储蓄率和国民收入分配密切相关。传统分配理论中比较强调"按劳分配"，党的十七大报告中正式提出"健全劳动、资本、技术、管理等生产要素按贡献参与分配的制度"。换言之，资本、劳动、技术和管

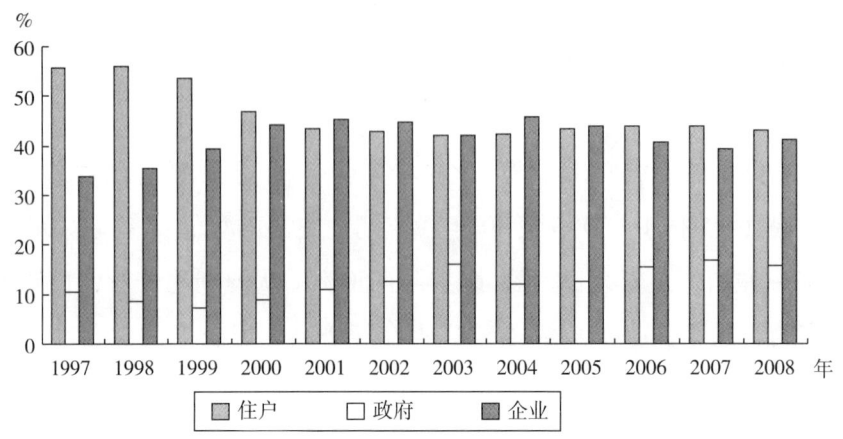

数据来源：中国人民银行调查统计司。

图2　中国各部门储蓄占国民总储蓄的比重（1997—2008年）

理可以按照其对净产值的边际贡献率来参与初次分配。因此，不同部门的储蓄，首先与不同生产要素在初次分配中的占比有关。在初次分配的基础上，借用税收、转移支付等二次分配的概念，企业所得到的利润应该向所有者分红，实际上也具有二次分配的性质和实际效果。如果家庭在所有者中所占比重比较大，则企业分红转化为家庭（作为投资者）的收入就越多，就可以变成家庭消费。例如，美国通过个人参与401K养老金计划，实际上使养老金在公司股权中占据了相当的比重。因此从这一角度看，储蓄实际上也取决于所有者的结构。

近年来，有一些对于家庭储蓄率的研究，将家庭储蓄和社会保障体系、文化、儒家传统等因素联系在一起。但是对企业储蓄率从20世纪90年代末到现在如此大的变化，相关的研究并不太多。

四、劳动力供给与初次收入分配

对于企业储蓄率的分析，可以首先从生产函数和资源的稀缺程度入手分析。无论表达式如何，生产函数都会涉及资本、劳动力、技术、管理等要素。不同要素所获得的分配，取决于各自在净产出中的边际贡献率，或说取决于不同要素的稀缺程度。比较稀缺的要素，在初次分配中所得到的分配就会比较多，在经济的不同发展阶段，不同要素的稀缺程度也会相应变化。我国的实际情况是，长期存在大量从事小农经济生产的，甚至处于半就业状况的农民，其劳动生产率比较低。从20世纪90年代开始迅速成长为加工制造业就业的后备大军。

客观存在的大量后备劳动力对劳动工资上涨形成了制约。一个常被引用的例子是从20世纪90年代初到2004年，珠三角农民工的劳动工资基本稳定在600元/月，延续了十多年。后备大军的存在，加上所需技能并不太复杂，略经过培训就可以上岗，使劳动工资难以跟随企业净产出的上升而上升。对于这些劳动力来说，在选择进城打工还是留在农村务农时，其主要看在两种不同选择中哪个选择带来的货币收益更多，并不直接和资本、技术、管理在初次分配中获得的比重相关。换言之，在企业净产值增长后，各个要素参与初次分配时会向资本倾斜，劳动所获得的分配所占比重始终较小甚至可能下降。一个相反的例子是，从2004年开始，随着农村生产率的提高、农村各类补贴的增加、农业税的取消以及鼓励"三农"发展的各类政策的出台，务农的收益也开始比过去有所改善，进城打工的工资标准才开始有所提高。总之，劳动后备大军和未充分就业问题的存在，使得劳动工资并不一定同步于人均GDP的提高，而是取决于边际劳动生产率。我国和其他没有大量富余劳动后备大军的国家相比，情况几乎完全不同，和一些小国经济也完全不同，后者在GDP上升时劳动成本上升得很快。

近年来，我国企业利润增长较快首先与资本相对稀缺有关，也和产业成熟化密切相关。经过多年，特别是亚洲金融危机以来的体制改革、基础设施建设，我国产业成熟化程度迅速提高，企业利润开始大幅度增加。同时，在国民收入分配中，劳动所占比重在下降，家庭部门储蓄率相对比较稳定，客观上导致家庭部门的总消费在 GDP 中明显下降（见图3）。

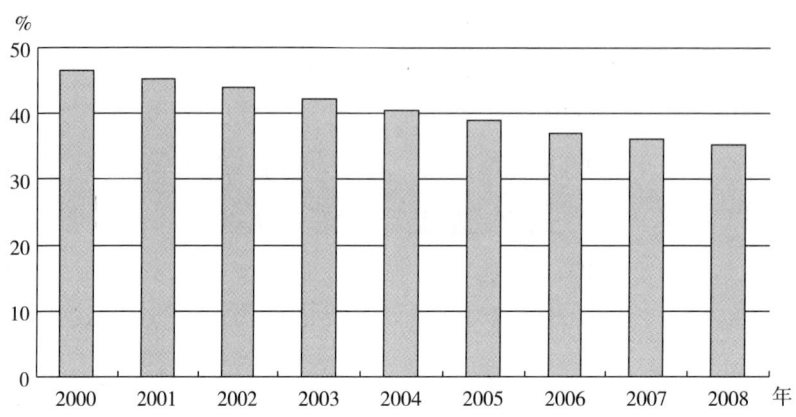

数据来源：根据 CEIC 数据库计算得到。

图3　中国家庭总消费占 GDP 的比重（2000—2008 年）

　　总储蓄增长过快，大于国内总投资的部分形成了对外投资，从宏观平衡的恒等式来看，它大致对应了经常项目顺差。从解决全球经济不平衡角度看，应该降低总储蓄率，但是降低总储蓄率绝不是轻而易举的事，并不像一些外国人认为的只要提高消费或者让人民币升值就可以轻易解决。例如，提高消费，也不是仅仅依靠资本市场开放和社会保障体制改革就可以解决。中国作为发展中国家，人均收入并不高，百废待兴，在城镇化过程中需要投资改善的领域还很多，总储蓄率虽高一点，但如果总投资也高一点，经常项目顺差就不一定很大。高储蓄率为什么没有完全或者部分通过家庭部门的消费、企业部门的投资消化，可能另有原因。

五、强制性储蓄剩余

　　强制性储蓄的概念，最早出现于20世纪80年代联合国统计委员会在进行通货膨胀统计的国际经济比较研究中。当时可以观察到，苏联、东欧、中国、越南等储蓄率都比较高，在分析高储蓄率背后的原因时，通过比较研究发现并提出：在市场经济体制下，经济主体的消费、投资、住房、养老、储蓄等行为是自主选择的，但前社会主义国家并非如此。一方面，人均生活水平很低，有大量需要改善之处；另一方面，由于供给不足，有钱买不到东西，即使排队后买到的东西还不见得合用。因此，一部分未能买到东西的剩余购买力被动形成储蓄，称其为"强制性储蓄"。强制性储蓄导致了通货膨胀统计不准。这也是传统计划经济中"物质生产统计"（MPS）和市场经济中的国民账户核算体系（SNA）之间难以调和的原因之一。强制性储蓄在国内外生活中的体现，在传统计划经济时期的事例，比比皆是。简单地说，如果要有钱买不到东西，就有可能导致强制性储蓄，从而使储蓄率高于合理水平。

投资领域也会有强制性储蓄剩余现象，说明储蓄有时候和管制有密切关系。生产领域或行业发展中的投资如果不能较好地做到可自由进入（Free Entry），存在管制、对民营投资有禁止准入等，客观上会导致投资对象供应不足。供应领域狭窄，大量资金追求少量领域，剩余投不出去的资金形成了强制性储蓄剩余。同时会带来税收和价值观的扭曲，形成进一步的恶性循环。例如，我国在计划经济时期所谓的"三大件"和现在比较常见的"国人在境外购买高档奢侈品热"都表明，其实对这些产品的追求不一定和真实需求有关，在很大程度上和管制经济下供应不足、产品稀缺、价格体系扭曲有关，也和不合理的利润上缴机制、税收体系，特别是关税体系有关。

某些行业投资如果不能放开准入、不能平等竞争、不能自由进入，行政管理上有繁复、严格的"条块分割"，导致企业的投资选择受到严格限制。当前我国在产业成熟化、企业盈利上升较快，而劳动要素在初次分配中所占比例不升反降，企业对所有者基本不分红或分红很少，在这种情况下，企业主（特别是民营企业主）手中有大量剩余的待投资资金。如果投资领域和范围受到限制，企业要么继续投资本行业，客观上可能导致产能过剩；要么形成企业层面上的强制性储蓄剩余。而且，一旦放开某一新的投资方向，在这一新投资领域就会出现"一哄而起"和"一窝蜂"现象。

从总量角度看，在被允许投资的领域，很多产品已经出现了产能过剩，不得不面向出口，加上多年来进口替代的发展下进口可能低于均衡水平，进一步拉大了进出口顺差。在受管制的领域由于缺乏投资、缺乏发展、缺乏活力，导致供给不足，进一步影响消费增长。

六、投资服务业领域的过度管制

当前主要的行政限制体现在服务业投资领域。从传统的制造业生产领域的投资看，我国的市场开放程度已经比较好了，但是对服务业领域的投资则开放程度不够，存在大量限制，投资者的选择很少。现代经济中，服务业在GDP中所占比重会越来越大，理论上应该超过一半左右，当然也取决于服务业发展中能否获得足够的投资。

我国对投资领域的管制仍旧相当多。很多行业和领域有严格的准入条件，一些行业在准入方面的规定是模糊的，办事也很难。从大的方面说，我国对于传统制造业的投资放得比较开；对于一些高科技行业，虽然一些手续很复杂，但是没有明确的限制，特别是对民营投资。

以国际收支平衡表对服务业分类为例，可以分析一下我国服务业对外资的开放程度。一方面，在交通运输中的邮政、快递，计算机与信息服务中的ISP、ICP，移动通讯，金融服务中的银行、证券、基金，教育，医疗，健康保障，文化娱乐等方面，或者存在股权上的限制，或者在安全或意识形态等方面存在限制，客观上导致庞大的市场需求难以满足。另一方面，在商业和批发领域，虽然政策条文是禁止外资进入，但也有不少绕道而行、造成"既成事实"的运作。宾馆和餐饮服务业的开放程度比较好，已经成为我国服务业中有较强竞争力的行业。总的来看，我们在服务业领域对于准入方面管得比较严。一般来说，这些领域对民营投资的管制也会更严。在当前应对金融危机时，大家形成的共识之一是，在政府的一揽子刺激措施之后，应大力鼓励民营投资。要拉动民间投资，就需要放宽民间投资的准入范围，在这个过程中，更需要对准入现状仔细评估，解决在发展思路上长期存在的问题。否则要真正对民间投资放开限制时，又会由于思路分歧而出现反复。

这里面也涉及就业的问题。如果投资领域放宽了，就业领域变宽，就会降低就业对劳动密集型出口的过度依赖，从而降低稳定问题和劳动密集型出口的关联度。从各国经验看，服务业在吸收就业方面比传统制造业和出口行业有更大的空间，应该充分发挥服务业在吸纳就业方面的作用。

七、关注税收体制改革

不合理的税收结构对行业准入会产生明显的歧视，造成价格扭曲。从我国税收体制改革的历史看，这样的例子有很多。20世纪80年代中期之前，实行的是利润上缴；1984—1985年的税改着重做的是"利改税"。不同行业之间价格不平衡，由于定价暂时动不了、全面准入还没有、竞争也还没有全面引入，忽然一下子利改税，企业可能并不愿意。随后形成了具有阶梯式累计特点的"产品税"，产品税的最大问题是歧视了专业分工。在产品税体制下，分工越细交税越多，一个工厂除了原材料不得不买以外，如果生产环节中的所有东西都自己做，制造出成品后再销售，所需缴纳的税收是最少的。从产业环节来说，越是上游环节交的税越少，越往下游越交越多，客观上导致所有生产型企业倾向于搞

"大而全""小而全",自干自的服务,不鼓励专业化分工,必然导致制成品和最终服务业是价格昂贵的,造成价格的扭曲。这会影响到投资者的倾向和对投资的准入,这也是扭曲的。这种现象在计划经济时期的国内外都很普遍。

税收体制的不合理,实际上具有歧视行业准入的效果。相反,增值税体系下,即使有很小的增值,也可以鼓励中小企业参与整个生产环节上的专业化分工。对专业化分工的鼓励是我国在1994年左右引入增值税体系、废止产品税体系的主要原因之一。增值税本应全面扩展到包括服务业在内,因为服务业中很多是在整个供应链中做一点服务增值,增加一点附加价值。如果生产领域是增值税,服务领域是营业税,服务行业的公司通过服务获得的增加值收入有可能无力缴纳营业税,其在财务上无法可持续。

不合理的税收体制对服务业发展的负面影响不可小视。虽然从20世纪80年代后期对小部分工业行业试行增值税,1994年正式开始在工业领域全面推行增值税,后来扩充到批发和大型零售业等服务业,但是像交通、通讯、文化、娱乐、医疗、教育等行业依然没有实行增值税。要想发展服务业,发挥服务业在国民经济中更大的作用,同时也减少歧视和过度管制,合理的税收制度是一个需要考虑的改革内容。

八、家庭需求尚未充分发挥

当前我国服务业占 GDP 的比重依然比较低,需要转变思维习惯。首先,和世界很多国家相比,我国服务业占 GDP 的比重偏低(见表1)。2008 年服务业在我国 GDP 中的占比不足 40%;发达国家服务业占 GDP 普遍在 60%~70%,发展中国家中印度在 2004 年、2005 年时该比例大约已超过 50%。其次,虽然都认识到发展服务业是拉动内需的重要措施,但真正发展服务业时对于最终消费的服务业还有很多歧视。歧视最根本的原因还是受计划经济时期思维的影响。计划经济时期所采用的物质生产统计体系,不把服务业算做国民收入,认为服务业不创造价值,服务业只对最终物质生产服务。直到今天,很多地方在鼓励发展服务业时,重点还是要发展生产服务业,并不强调发展消费服务业。

表1 中国与其他若干国家的服务业占GDP的比重(2000—2008年)

单位:%

年份 国家	2000	2001	2002	2003	2004	2005	2006	2007	2008
美国	75.37	76.52	77.19	77.24	76.64	76.65	76.74	76.95	77.45
日本	65.82	67.28	67.86	67.95	67.90	68.02	68.52	69.14	70.22
新加坡	65.35	68.12	68.06	68.81	67.12	68.34	68.66	71.02	73.29
巴西	66.67	67.10	66.33	64.77	62.97	65.02	65.75	66.63	66.19
韩国	57.31	59.00	59.78	59.63	58.13	58.96	59.67	60.00	60.84
印度	50.46	51.46	52.66	52.79	53.05	53.04	52.86	52.70	54.2
泰国	48.99	48.72	48.13	45.96	46.30	45.77	44.88	44.59	44.39
马来西亚	43.08	45.79	45.90	44.12	42.20	41.89	41.53	42.39	41.89
中国	39.02	40.46	41.47	41.23	40.38	40.51	40.94	41.89	41.82
印度尼西亚	38.47	38.25	40.08	41.07	41.04	40.33	40.08	39.48	37.46

数据来源:Wind 数据库。中国数据为第三产业增加值占GDP的比重,其他国家数据为世界银行口径下的服务业增加值占GDP的比重。

另外,从个人作为投资者角度看,近年来,个人可以投资股票、债券等资本市场工具和一些结构性产品,但是如果想投资实业、办小企业,还是存在门槛高、某些行业进入难、程序比较复杂等问题。应该说个人投资者的潜在领域大量也都在服务业领域,如果服务业领域依然存在比较多的限制,个人在服务业方面的投资也会受到制约。例如,随着人均收入的提高,个人在医疗保健、教育等方面的需求相应也会提高,如果过多将教育、医疗保健等局限于单一的公营或者作为政府的福利体系,禁止中小企业或个体经营进入,也会导致家庭层面的强制性储蓄。

虽然说中国总储蓄率高主要来自企业部门,但家庭部门的储蓄也是略微偏高，除了预防性储蓄外，还有需要反思之处。总体而言，我国人均收入还偏低，消费领域还存在一些限制，特别是家庭部门在服务业消费方面还受制于服务业发展水平。另外，对收入较高阶层的消费需求，在一定程度上存在供给不足，这一问题的解决涉及经济学中对消费层次问题的探讨。

九、产能形成与内、外需的转换

中国出口型企业特别是制造业中出口型企业的迅速发展，是和改革开放以来对传统制造业放宽准入分不开的，也与外汇管理上的"奖出限入"、对出口型外商直接投资的鼓励和优惠等外资政策有关。出口产能的迅速增长导致了贸易顺差。在做宏观经济分析时，一些西方经济学家容易假定产品的出口和内销之间完全是线性替代的关系，即假设产品生产后的销售可以在国内外市场间轻易转换。从经济现实看，出口和内销并不是完全线性替代关系。主要原因在于一些制造业产能在建立之初就是完全按照出口目的国的标准所设立的，例如，机电设备中的强弱电设置等，不能相互替代。另外，国内外消费习惯、消费档次、基础设施的标准之间有显著差别。制造业产能在出口和内销之间的转换并非想象中的平滑。

大部分由于外商投资所形成的、主要面向出口的制造业产能积累起来后，随着外资带来技术、设备、管理，产业成熟度不断提高，出口能力不断增强，随之而来的是快速增长的外汇储备。如果外汇能够用于进口或者支持"走出去"，就可能部分解决不平衡问题。从政策角度看，虽然从2000年开始中央就提出来"走出去"，但是门始终开得很窄、各方面的措施都没配套上、制度上还存在很多障碍。实地调研会发现，过去传统遗留下来的大量行政限制依然没有解除。

从外向型经济鼓励出口出发，可以解释出口产能的积累、出口创汇导致外汇储备增加；从储蓄角度可以解释，总储蓄大于总投资导致经常项目顺差，导致外汇储备增加。其实，从宏观经济学分析看，很多宏观恒等式可以互相论证，经济学分析中很多因素互为因果。换个角度可以看到两者之间的联系。

理论上，从生产方积累外汇资源角度看，如果超出需要的外汇可以用于国内投资，也可以解决不平衡问题。实际上，国内需要投资领域很多，但是在国内投资主要需要的是人民币，就基础设施投资而言，大量投资都可以在国内购买完成，只有一小部分必须依靠进口。因此，在分析投资对解决贸易不平衡问题的作用时，就需要注意到投资品生产在国内生产和依靠进口之间是有差别的，因此需要关注的是在国内上不同行业投资项目时，投资中需要依靠进口的比例。从实际情况看，这个比例并不大，表明即便总投资上去了，经常项目顺差也未必能通过进口消化吸收。

通过刺激消费也有类似问题。假设设法扩大个人可支配收入，其中有多少比例会用于买进口货？也许只有较少比例可能买了进口货，结果还不够消化掉整体经常项目顺差。上述推理的顺序说明，也许不能够简单地用国内总需求和国内储蓄率来解释贸易顺差的问题。从国际范围内，也很难找到特别有说服力的统计数据和实证分析来验证这些关系。常被使用的一个相反例子，是日本在"广场协议"后贸易顺差的格局始终没有出现根本性变化；即使在日本泡沫经济时期、"失落的十年"和当前金融危机状态下，贸易顺差的格局依然如故。更多分析表明，贸易顺差和生产能力、生产能力的全球布局之间有着更为紧密的联系。

以上分析想说明，结构性政策也是重要的，产能已经形成，内需与外需之间转换存在技术上的刚性，需要通过改革和结构性政策才能减少刚性，实现调整。

十、对外向型发展战略的再认识

某些西方学者认为：以中国为代表的亚洲国家采用了外向型（也有人称出口导向型）的发展模式，大力发展出口，导致贸易顺差，因此往往将全球经济不平衡归咎于外向型的发展模式。

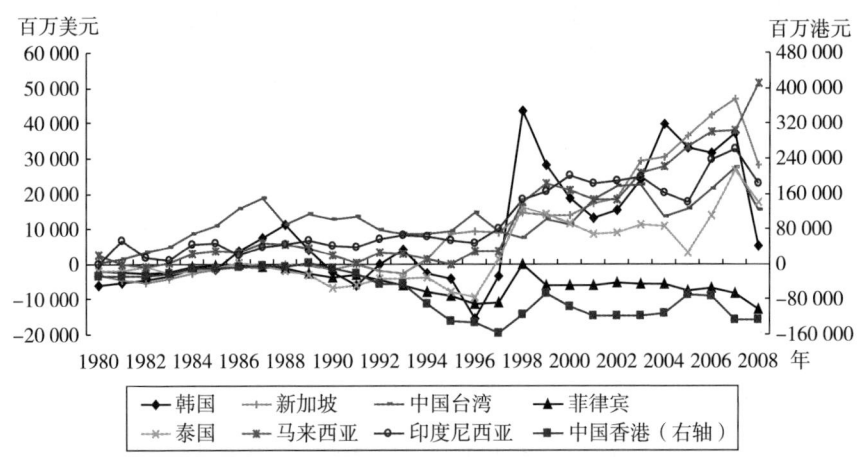

数据来源：中国台湾数据源自 Wind 数据库，中国香港数据来自香港金管局，其他数据源自国际货币基金组织出版的 *International Financial Statistic*（IFS）。

图4 亚洲"四小龙""四小虎"的贸易顺（逆）差（1980—2008年）

回顾历史，其实罪责并不应该加在出口导向型发展战略上。最早由亚洲"四小龙"创建的出口导向型发展战略模式，不仅包括汇率贬值、鼓励出口，更重要的是建立了市场机制，引入了包括国际竞争、税制改革、外汇管理改革等制度性安排，从而使亚洲"四小龙"经济不断融入国际经济体系，发挥出自身比较优势，取得了巨大的成功，对后来"四小虎"的发展战略起到了巨大的示范效应。外向型发展战略对于大国是否适用？我国在20世纪80年代对此曾经有很多争议，其中一条反对理由是认为外向型发展战略的国家，经济十分脆弱，但历史的实际情况是，在两次石油危机中，外向型经济抵御石油危机的效果最好。今天来看，我国的进出口和 GDP 相比接近 70%，改革开放以来经济取得了巨大的成功，这些是当初所想不到的。

回顾历史，外向型发展战略的成功，对第二次世界大战以后联合国贸发会议、77 国集团所试图倡导的"国际新秩序"，对拉丁美洲的进口替代型发展战略形成了强烈的冲击。出口导向型的发展战略（世界银行纠正为外向型发展战略）是面向国际市场系列化改革的一个过程和结果，经过 20 世纪七八十年代的实践检验和理论界的总结提炼，已经成为世界银行向拉丁美洲、非洲、南亚等欠发达国家推荐的发展模式。如果把金融危机的责任归咎于外向型发展战略，忽视外向型经济发展过程中市场机制建立的重要性，是非常片面和简单化的做法，和西方国家一贯倡导的自由市场体系是矛盾的。

从国际比较看，实行外向型发展战略的国家并不一定会出现持续顺差。从图 4 可以看到，亚洲"四小龙""四小虎"有些是长期有贸易顺差的，有些是长期有贸易逆差的。其中，新加坡在亚洲金融风波之前的大部分年份里都是贸易逆差；中国香港除 1989 年外始终是贸易逆差；韩国除了 80 年代有四年、90 年代初有一年是贸易顺差，其他年份均是贸易逆差；中国台湾从 80 年代开始就比较明显贸易顺差。"四小虎"中的泰国，在亚洲金融风波之前一直是贸易逆差；菲律宾除了亚洲金融风波期间外，1999 年以来都是明显贸易逆差；马来西亚自 80 年代以来除了有两三年是略有逆差，其他全是顺差；印度尼西亚基本上始终是顺差。中国 90 年代中期以前基本上是逆差，90 年代中期以后开始基本是顺差。可见外向型发展战略下，通过出口获得的外汇不一定大量变成外汇储备，这还涉及进口的体制，如解除管制和准入等各方面制度安排得当，多余的外汇是可能消化平衡好的。

以上从强制性储蓄、出口行业产能与外汇储备、总储蓄、总需求之间的联系等角度，对全球经济不平衡问题进行的分析表明：解决全球经济不平衡要从多方面入手，至少从中国来讲是这样。这恐怕比有些人所主张的单一且简单的逻辑要更复杂，解决起来并不容易。同时，中国也不能因为担心招来批评而采取回避态度，而是应该对这个问题有冷静、深入和细致的研究，立足于中期的、综合的政策应对。

中国外汇体制演进的路径回顾[①]

周小川

从1997年亚洲金融风波到这次国际金融危机，中国外汇体制始终是人们关注的焦点，回顾中国外汇体制演进路径，有助于更深刻地理解中国外汇体制改革的进程及未来方向。

一、转轨期外汇管制的背景

在讨论外汇体制变迁之前，有必要弄清楚我们过去为什么会有外汇管制。外汇体制并非一个普遍应用的词，外汇体制包括哪些内容呢？人们认为包括汇兑、外汇管理、国际收支平衡，也包括对国际收支一些重要项目进行的管理等。从经济体制的角度看，外汇管制过去主要是由传统计划经济体制决定。在集中型计划经济体制下，国民经济的所有活动都服从计划安排，包括计划制订、计划分解等。其中，国际收支活动是国民经济的重要组成部分，包括进出口、资本进出等。从这个角度讲，要实现国民经济计划，就必然涉及国际收支的计划管理，先设置目标、进行分解，然后去执行、统计、评估效果，并对偏差及时进行校正等。

当前，我国实行社会主义市场经济体制，从市场经济角度看，至少在五种条件下，外汇管制仍在一定程度上有必要性。一是外汇短缺。对于稀缺资源，历来都需要特别的管理。二是本币高估。本币高估是前苏联、东欧、古巴等传统计划经济国家的共性。本币高估则需国家集中安

[①] 本文为周小川行长2009年10月30日在上海市金融学会年会上的讲话。

排使用外汇,但容易抑制出口,所以本币高估往往导致外汇短缺。本币高估使外汇价格脱离实际,难以按市场原则分配,必须计划分配。不仅计划经济体制的国家,不少发展中国家也曾在第二次世界大战后采用了本币高估政策,后来亚洲"四小龙"通过发展外向型经济,改变了本币高估及其带来的问题。三是价格体系扭曲。最普遍的现象是初级品价格偏低,制成品价格偏高;加工深度越高的制成品,价格越高。导致这种状况的原因是产品税体系,即串级式征税。制成品加工深度越高,重复征税次数越多,价格越高。还有一些计划经济体,没有产品税,实行利润上交,依靠深度加工制成品的利润补贴初级产品。市场经济体多按增值部分征税。两种体制下产品的含税差异较大,在同一市场竞争时,必然有些产品竞争力强、有些竞争力弱。这在转轨经济国家特别明显,一旦经济转轨,往往在初始转轨阶段,对外贸易很难执行单一汇率,必须执行多重汇率,为此,也就需要管理外汇。四是国际收支不平衡,外汇储备不足。外汇管制可以帮助恢复国际收支平衡和积累外汇储备。回顾我国外汇体制历程,有几个阶段外汇储备接近枯竭,只好依靠外汇管制。五是维护经济和金融市场的稳定。这个原因持续性较强,如果经济脆弱,就更要强调稳定性,对资本流出入和某些国际收支活动进行管制。管制必然要付出代价,关键是寻找收益与成本的平衡点。

二、我国外汇体制演进的路径回顾

党的十一届三中全会以来,我国相继出台了汇率、国际收支平衡等外汇改革措施。70年代末期,我国坚持贸易改革先行,打破原有外贸垄断格局,允许工业部门成立贸易公司,开始实行"工贸结合"。1979年出台了第一部《中外合资经营企业法》。1980年底,中央决定进行汇率改革,实行贸易和非贸易的双重汇率体制。与其他计划经济体相同,当时人民币官方汇率高估,70年代末,1美元兑换1.5元左右的人民币，汇率既不鼓励出口，也不能抑制过度进口需求。由于外汇短缺，进口项目立项后并不能获得外汇，一些大的建设项目只能停建或下马。当时国家对汇率进行了调整，把贸易汇率定在2.8元/美元，非贸易汇率维持在不到2元的水平。这次汇率调整鼓励了出口，但也抑制了进口。1984年我国外汇储备达到80亿美元左右。可见，汇率调整在改革开放初期就起到了非常重要的作用。

1984年后经济过热，用汇需求高涨，到1985年外汇储备又进入低谷。双重汇率既存在漏洞，也不符合国际规范。在这种情况下，我国进行了新一轮汇率改革，即双重汇率并轨，将贸易汇率和非贸易汇率统一为2.8元，但这一汇率水平依然偏高。1985年通货膨胀压力增大，考虑到汇率贬值会加剧通货膨胀，我国采取了逐步调整策略，人民币汇率从2.8元、3.2元一直到3.7元。80年代后期，人民币继续贬值到4.7元，但这一汇率还是不能发挥出口潜力，国家依然外汇短缺。为了改变这种局面，我国采取了外汇留成制度。与此相适应，我国建立了外汇调剂市场，外汇留成部分可以到外汇调剂市场交易。外汇调剂市场的价格比官方汇率高，所以出口者可获得更大利益，鼓励了出口。同时，只有国家计划内的进口项目才能用官方汇率，其他进口要到外汇调剂市场购买外汇留成。买到外汇留成后，这些非计划内的进口也就用了较高汇率。在外汇留成额度比例上，机电产品外汇留成高，轻纺产品稍低，初级产品就没有留成。这正符合刚才所说的加工深度越深，价格越高，所以国内价格扭曲造成了多重汇率。外汇留成比例不一样，实际也代表了一种多重汇率。

1984年我国开始间接税（流转税）改革，确立了产品税体系，还开始对部分产品试行增值税。在产品税体系下，每个产品有不同的含税量特别是累计含税量，在产品出口时，要想办法对不同产品退不同的税，这在一定程度上校正了对机电产品、制成品出口的歧视。增值税体系则可使每个产品含相同比例的间接税，为此，直到1994年正式推出

外汇管理体制改革与创新

增值税改革后，出口退税问题才得到较好解决，基本上消除了产品税体系下的价格扭曲。这说明汇率改革、增值税改革、外贸改革相互联系并促成了第二次汇率并轨，即将留成外汇和计划内的外汇统一，把人民币和人民币兑换券统一，形成单一的汇率制度。这就是1993年设计、1994年推出的外汇改革。

除逐步调整汇率外，外汇体制改革也逐渐展开。90年代初，受西方国家制裁等影响，我国外汇供应紧张，人民币汇率已到5.7元/美元。1993年设计汇率并轨改革时，也是从5.7元起步，而当时各地外汇调剂市场人民币汇率是8元或9元。在1989—1993年期间，有观点认为要少依靠外汇调剂市场，所以对外汇调剂市场交易曾有很多限制。有些市场甚至是固定价格，交易双方要想获得更高价格，只能在场外交易，汇率受到压制。但只要管制就必然存在场外价格或者影子价格。这促使下决心改革外汇体制，也认识到必须与增值税改革相配合，正是同期进行了增值税改革，才使得汇率并轨、外汇改革得以平稳推进。从绩效看，1994年的单一汇率制度改革是极为成功的。

1993年，十四届三中全会文件提出"逐步使人民币成为可兑换货币"。但由于当时"三资"企业没有参加1994年外汇改革的新体制，直到1996年，我国才正式接受《国际货币基金组织协定》第八条款，宣布经常项目可兑换。后来外汇体制改革进程因1997年亚洲金融风波一度停顿。直到2005年，我国进一步明确实行有管理的浮动汇率制，汇率和外汇管理体制又有了新的大幅进展。

外汇改革历来都受外汇形势严峻的倒逼推动。伴随着外汇体制改革，我国外汇形势逐渐好转。1993年设计汇改方案时，我国外汇储备只有200多亿美元。1994年汇改实施后，外汇储备年均增加200多亿美元，到1996年达到1 000多亿美元，抵御风险能力逐步增强。亚洲金融风波时，企业亏损严重，出口也不景气，加之周边国家货币急剧贬值，导致出口上升缓慢。2002年开始出现转机，出口和外汇储备开始较快增长。随后外贸持续顺差、外汇储备连续上升，这为 2005 年实行人民币汇率改革创造了条件。

回顾历史，我们不难理解中国外汇体制演进的路径：一是我国外汇体制和汇率是不断变化的，不像西方所说的那样一成不变；二是汇率改革、外汇体制改革是优化资源配置的关键环节，它和价格改革、税制改革等都是紧密联系的，是整个经济改革的重要组成部分，因此要用整体的、联系的观点看待外汇体制改革；三是外汇体制变迁的过程是和国际收支状况密切相关的，国际收支状况在一定程度上推动了外汇改革的进程；四是改革要在外汇管制、实现宏观经济目标与便利微观经济活动上取得平衡，需要明晰外汇管理的内容、目的和程度，并合理进行权衡抉择。

三、若干值得关注的政策讨论

在路径回顾的基础上，我们再来回顾一下当年经济金融理论和政策方面的选择与争议。

一是汇率有无弹性的问题。这里的汇率弹性不是指汇率自身的浮动弹性，而是汇率对进出口的价格弹性。如果汇率有弹性，就意味着本币贬值有利于增加出口和抑制进口；反之，本币升值有利于扩大进口和减少出口。当前，有人坚持认为汇率调整无助于调节国际收支，因此，汇率改革是无用的。针对这种观点，可以从历史数据中寻找答案。人民币汇率从 1981 年起开始调整到 2.8 元，再加上外汇留成和出口退税的试点（出口退税改变了出口商的财务损益，与汇率的价格弹性作用相似），1994 年汇改后，我国的国际收支平衡发生了根本转变，且进出口总量也同步上升，可见，汇率调整确实对进出口存在价格弹性，否则进出口商和政策决策层也不会这么关心汇率问题。所以，汇率弹性是政策分析框架中的一个基石。

二是国际收支平衡及其调整方式。在过去国际收支紧张的情况下，我国曾经采取"奖出限入、外汇宽进严出"的政策，有人称之为"鱼笼政策"。为平衡国际收支，我国在80年代设计并使用了外汇兑换券。在市场准入方面，当时要审查外商投资企业的出口比率和国产化率。可见，我们过去除了财务政策，还有不少针对实体经济的国际平衡政策。这些政策后来大都已过时，但有些政策仍在继续使用。我国加入世界贸易组织（WTO）后，此类不适合举措大都被取消。

从目前情况看，过去体制依存的经济基础、基本条件发生了根本变化。外汇管制基础也发生重大变化：一是不存在外汇短缺情况。二是不存在本币严重高估，人民币逐步显现升值的压力。三是价格体系的系统性严重扭曲问题基本被克服，不存在制成品价格偏高、初级品价格偏低的普遍现象。当然，个别价格还是有扭曲，但多数发生在服务价格上，而商品市场的价格已基本由市场决定。四是外汇收支不能平衡、外汇储备偏小需要补充的阶段已是过去时了。最后，为经济稳定和金融市场稳定而进行外汇管理的理由还存在，且近几年全球经济金融不稳定现象频发，如1997年亚洲金融风波、2000年纳斯达克泡沫破灭、2001年"9·11"事件、2001年安然事件、2007年美国次贷危机等。总之，我们过去设计的政策体系的条件已发生根本变化，必然会导致今后的政策变化。从金融稳定角度加强外汇管制的那些政策也需要进一步研究。

如果国际收支不平衡，究竟在什么情况下使用汇率工具，什么时候使用出口退税或者进出口关税进行调整？关税只对进口起作用，本质是一种附加的价格信号。如果将关税折算进入产品价格，则相当于汇价更高。出口退税则主要对出口起作用。前几年对产品进行退税率调整，都说明税率政策的价格调节作用，也从一个侧面说明了汇率是有弹性的。但究竟哪些情况下用汇率更好，哪些情况用出口退税更好？有两个问题需要注意：一是资源优化配置问题。要分清仅仅是出口行业的问题还是国际收支的问题，这涉及国民经济资源配置是否实现优化。要从政策优化的角度来衡量哪个政策工具更合适。二是国际规则问题。上世纪90年代,由于担心出口退税骗税,也考虑到当时的国际收支形势,曾调降过出口退税率。以后也降低过部分劳动密集型产品的出口退税率,维持对高科技产品的出口退税率。尽管税率调整在中国比较方便,但在贸易摩擦中则给别国以口实。国际上认可零税率出口,而出口退税率则不应人为调整,易被认定为政府补贴。同时,WTO 谈判是限制关税总水平的,下调容易上调难。因此,从财务角度讲,汇率调整、外汇留成和出口退税虽然都通过影响进出口商的损益来调节国际收支,但实际效果却存在区别。

市场准入问题。70 年代末、80 年代初,我国部分行业的市场准入有很大阻力,有关部门要求保护国内行业,否则这些行业会承受不了国外优势企业的严重冲击。但市场开放后实际情况并非如此。最明显的是电子工业。改革开放前,我国电子工业与西方差距较大,电子工业作为第一轮放开市场准入的行业,并没有被国外企业冲垮。80 年代后期,我们就成为音像电子产品出口大国,90 年代成为音像设备第一出口大国。准入问题表层上是竞争力问题,但实际上牵涉到对国际收支平衡的忧虑。

进口替代战略。进口替代是发展战略问题,第二次世界大战后,拉丁美洲若干国家实行进口替代战略;而亚洲"四小龙"则开始实行出口导向战略。两者发展思路和路径截然不同,进口替代呈现劣势并被逐渐取代。有人说,在这项选择方面小国和大国的情况是完全不同的。究竟实行出口导向增长还是进口替代增长?这涉及生产要素更多向出口部门倾斜还是向替代进口部门倾斜的问题,由于小国经济资源有限,特别是国内人才有限,一旦向某个部门倾斜,就自动放弃了另外部门。有人认为这个规律对中国可能并不适用。中国人口众多,既有大量高科技人才,也有大量普通劳动力,因此在发展进口替代产业的同时,也可以发展出口行业。这与发展经济学理论不一致,也不符合中国经历过的实践。

另外，出口导向战略实际上更重视参与国际竞争、引入价格合理化、税制合理化等一整套保障平等竞争的系统，并不是只重视出口部门发展。最近，国际上有观点批评中国和部分亚洲国家的出口导向型经济。其实，出口导向型发展战略跟贸易顺差没有必然关系。尽管出口导向型战略确实能够为一国积累外汇，但该国发展和改善民生也需使用外汇，一些出口导向型国家也是进口占比很高的国家。不能因为出现贸易顺差，就将全部责任归结到出口导向政策。

一国货币的信心问题。虽然我国过去通过兑换券、外汇管制等方式增强了外汇控制力，但也导致国际国内对人民币缺乏信心。货币信心的缺乏会影响居民的选择倾向，比如相信外汇保值还是人民币保值。80年代至90年代初，居民倾向于尽可能地持有外汇或兑换券。在国际收支平衡表上表现为整个90年代"误差与遗漏"项目都是负值，每年大约几百亿美元资金外流。有人估算，如果剔除技术误差和重复计算，资金外流可能年平均400亿美元左右。2002年以后，居民预期开始向人民币升值转变，人们更多地持有人民币。总之，居民和企业的外汇选择会取决于对货币的信心。外汇改革也要从货币信心的角度来考虑。特别是我国有大量"三资"企业、海外华侨及劳务输出人员，他们对人民币和外币的权衡选择对我国国际收支影响很大。在国际比较时，一定要注意到一国开放程度对贸易的依赖程度，这个依赖程度的大小导致的体制选择是不一样的。即便需要管制外汇，也必须寻找外汇管制措施与促进投资贸易便利的平衡点。

四、外汇体制改革需要研究的几个问题

面向未来的外汇体制改革，既要认真总结各国经验教训，又要结合我国经济发展需求及国际货币体系改革趋势。

一是慎重对待外部债务融资。债务融资的主体,既包括国家也包括民间。亚洲金融风波时,泰国之所以受到冲击,原因主要不是外汇储备太少,而是对外债务太多,尤其是民间的外汇债务融资突增,且币种不匹配。韩国也是因为大型商业银行和财务公司大量借入外债而陷入困境。尽管 IMF 和西方国家强调投资贸易便利化和资本账户自由兑换,但也强调对外债务融资一定要特别谨慎。这次国际金融危机中,一些波罗的海国家和匈牙利受到的金融冲击,主要是因为居民购买住房大多用外资银行的外币抵押贷款。为此,我们将来即便实现了货币可兑换,在对外债务融资方面也一定要加以小心。

二是关注短期投机性资金的流入流出。短期投机性资金主要是为牟取短期利益。国际投机者有时采取对冲基金的策略,冲击一国经济货币体系。我国从 2003 年开始开放 QFII,后来又开放了 QDII,但在框架设计上,我们都假设它是通过机构投资者流入流出的,而且鼓励长期投资为主。对于以对冲基金为代表的短期资金的流入,我们一直相当警惕。当然,从技术上看,短期资金和长期资金往往很难区分。

三是关注"走出去"战略实施问题。"走出去"主要是指实体经济对外投资。国家实施"走出去"战略,一方面有利于解决经济发展面临的资源约束,另一方面也有利于应对经济全球化的机遇与趋势。大约十年前,国内曾经讨论过"走出去"的问题,但受当时外汇体制限制,企业对外投资进展不大。在目前形势下,我们要积极支持企业和居民"走出去"做实业投资,逐步完善相关政策措施。在金融投资方面,实施"走出去"战略,应考虑的是"藏汇于民"。我国外汇储备超过 2 万亿美元,由中央银行统一管理,民间持有的外汇只有约 4 000 亿美元。而日本民间的外汇资产数倍于官方储备,企业和居民对外投资较普遍。企业和居民的微观信息比宏观信息更加丰富,而且自己要对其投资行为负责,因此"藏汇于民"有利于提高外汇资源配置效率。其次,"藏汇于民"要扩大对外投资渠道。在其不具备海外投资实业能力时,应先允许其购买债券、股票等金融外汇产品，增加其未来投资、增值的机会。此外，还要认真研究完善QFII、QDII制度。

四是关注反洗钱和反恐融资。外汇管理包括兑和汇两个环节。"兑"就是兑换能不能自由，"汇"就是进出能不能自由。"9·11"事件后，一些货币完全自由兑换的西方国家也出现了"管汇"的做法，表现在三方面：一是反恐融资，加强对恐怖融资渠道进行监控；二是反洗钱，严密监控洗钱活动；三是关注避税天堂，以避免税收流失，避税天堂也是最近G20会议的焦点。总的看，西方各国对换汇管制较松，但对资金跨境流动管制较多。对资本项目可兑换，IMF并没有像经常项目可兑换那样制定具体标准，因此政策空间相对较宽，在设计资本项目可兑换政策时应充分考虑这一情况。

五是关注国际货币格局变化。当前国际社会非常关注美元地位，这涉及汇率、外汇、国际收支平衡等问题。美元或升或贬对我国各有利弊，任何局部、单方面分析都不能说明全局问题，而要将其放在更宽视野、放在资源优化配置的角度去分析。即中国应如何正确处理国内经济与国外经济、内需和外需的关系？国际收支平衡应达到什么程度才会更有利于资源优化配置，进而更有效地应对国际货币体系变化？此外，对我国而言，目前已不能把美元主导地位作为外部经济的前提条件来使用。以前中国在世界经济中的影响较小，可在外部经济外生的条件下，考虑什么政策是优化的、合理的。现在，中国是世界经济大国，人民币也影响其他国际货币的趋势，我们与外部经济的关系是互动的。研究这种互动关系，如果仅采用单线路、单因素分析，就难免以偏概全。需要用向量的资源配置优化更准确地解释这些问题，设计出更好的策略。

六是关注汇率政策与结构性政策的组合。进出口和国际收支是有汇率弹性的，汇率对于促进国际收支平衡有明显作用。有观点认为日元升值后，其国际收支没有明显变化，从而否认汇率对促进国际收支平衡的作用。这并不正确。当然，经济现象不能简单用单一政策去解释，事实上，结构性政策因素对国际收支的影响也非常大。虽然汇率机制对国际收支平衡会起作用，但如果国内投融资机制或内需机制有问题，导致内需不足、大量新产能在出口行业聚集，则结构性问题会阻碍其他经济政策发挥作用，导致政策效果难以度量。西方国家较重视价格机制，往往将国际收支不平衡、贸易顺差逆差问题归咎于汇率。中国则比较重视结构性政策，同时也不否定价格机制。我们强调结构转变，比如，投融资机制、养老保障、医疗保障等改革对未来促进国际收支平衡也至关重要。我们主张多管齐下，通过拉动消费、扩大内需、发展服务业、改革投融资机制、减少产能过剩等手段，促使经济发展更多面向内需，将外汇收入更多用于进口，同时也发挥汇率机制调节国际收支的作用。可见，促进国际收支平衡需要采取综合措施，既应有结构性措施，也应有价格性措施。

总之，回顾中国的外汇体制演进路径，不难发现我们采取了渐进式的改革，在转轨和改革中把握好了大方向，同时注意外汇体制改革的基础性条件转变、国际货币格局变化等因素，这都为我国外汇体制改革不断积聚力量、恰当选择改革时机创造了必要条件，也确保了处理好改革、发展和稳定之间的关系。

推进资本项目可兑换的概念与内容[①]

周小川

一、把握改革的时机和进度

党的十八大报告明确提出,要"逐步实现人民币资本项目可兑换",这句话也写入了"十二五"规划,是我们今后一段时间工作的一项重点任务。正式文件提到实现人民币资本项目可兑换时,通常都冠有"逐步"两个字,但不同场合这两个字的内涵往往不同。当我们距离可兑换比较远的时候说"逐步",一是说要经过很长时间,通过各种努力才能够达到目标,二是强调要先易后难,对可兑换的各项内容要进行利弊比较,先推动"利大弊小"的方面,而不一定是全面推进。当我们经过努力距离可兑换越来越接近的时候再说"逐步",则更多的是强调要实现这一目标,因为一些容易推动的、相对好开展的工作都做得差不多了,剩下的往往是不太好推动、相对比较复杂和困难的领域,这时候就不能回避了。有些领域可能并不是可以非常明显地判断为"利大弊小",甚至推动的过程中可能还要付出一些代价,但还是要予以推动。

不妨以中国加入世界贸易组织(WTO)为例来说明。WTO于1994年正式成立,其前身是1948年成立的关贸总协定(GATT)。中国在2001年加入WTO之前,实行改革开放已有二十多年,秉承的策略一直都是先易后难,也就是"利大弊小"的先开展。改革之初,资金匮乏,

---

[①] 本文为周小川行长2012年12月在三亚财经国际论坛上的讲话,载于2018年第1期《中国外汇》。

引进外资的"利"比较明显，因此1979年颁布了《中外合资经营企业法》。到了1999年WTO谈判的最后阶段，加入WTO的诸多条件大都符合了，相关工作也已比较详尽，最后要扫清一下，看还有哪些"硬骨头"需要啃。这时候就发现，对于剩下的若干领域，虽然其利弊比较不太好准确得出结论，但还是要攻克难关，扫清障碍。

因此，理解"逐步实现人民币资本项目可兑换"这句话时，首先要注意到，虽然多年来正式文件中大多用"逐步推进"、"稳步推进"或者是"逐步实现"这类的词，但是时至今日，在距离这个目标越来越近、关于人民币国际化的呼声越来越高的情况下，虽然下一步的工作还要有一个渐进的、逐步的推动过程，但相关工作的计划及其实施会更加细致、更加全面。

我国关于人民币可兑换提法的变化，也反映了国内对于这一问题认识的深化过程。在1993年党的十四届三中全会上，党的文件首次提出要使人民币成为一种可兑换的货币；随后在1994年实施的汇改中，实现了汇率制度并轨，开始实行单一的、有管理的浮动汇率制度，并宣布实行除"三资"企业之外的人民币经常项目可兑换。1996年12月，我国正式宣布接受《国际货币基金组织协定》第八条款，实现人民币经常项目可兑换。之后，有关文件就开始提出，下一步要逐步实现人民币资本项目可兑换。然而，推动人民币资本项目可兑换的工作比较复杂，也涉及各种改革的配套关系，对此一直有争议。

争议的一个主要方面是对利弊比较的看法有差异。有一部分人可能本身不太关心这项改革，而关心这项改革的各方人士也很难有全面共识。具体到某个特定问题时，往往是一部分人认为利大弊小，应该抓紧推动，但另一部分人坚持认为弊大利小，要缓行。有时分歧不仅是对利弊比较有不同看法，甚至对整个问题都有不同看法。原因是人们在分析问题和进行利弊比较时，所基于的理论和经验是不同的。

这次国际金融危机又带来了新的争议。一直以来，西方发达国家比较强调所谓自由市场经济体制,强调对外开放,这其中就包括对货币可自由兑换的强调。而恰恰是这些国家,成为这次国际金融危机的发始地,出了很多问题,这就导致全球在思考这次危机的经验教训时,自然会质疑西方国家倡导的这套模式和经验到底对不对。

上世纪末的亚洲金融风波和这次国际金融危机也使得实现人民币资本项目可兑换的步伐放慢,中间甚至出现了停顿。应该说,在危机时期,应对危机是工作重心,同时还要从危机中总结、汲取经验教训,重新推敲某些观点。亚洲金融风波从1997年下半年开始蔓延,此后的一段时期内,我国没有再强调推动人民币资本项目可兑换,直到2002年党的十六大才再一次提出,之后在2003年党的十六届三中全会上,再次指出要逐步实现人民币资本项目可兑换。到2007年党的十七大召开时,正值美国次贷危机开始升级演变,随后金融危机爆发并不断发展深化,在一定程度上转移了对推动若干领域改革的注意力。同时,这次危机爆发也使人们认识到,过去我们所关注的一些问题需要重新予以回顾和思考。在此背景下,人民币资本项目可兑换的改革进程有所放缓。

尽管存在争议,应该说人民币资本项目可兑换是我国进一步深化改革开放和完善社会主义市场经济体制不可或缺的内容,应该根据条件、根据利弊取舍逐步实现。

二、货币可兑换的重要意义

资源配置与可兑换

首先,资本项目可兑换与社会主义市场经济体制建设密切联系。改革开放的前十几年中,中央有关重要文件对社会主义市场经济体制做过一些概括和解释。1992年党的十四大确立了我国经济体制改革的目标是要建立和完善社会主义市场经济体制,同时在之前有关文件的基础上做了两点解释：一是强调要建立有宏观调控的市场经济，不是搞完全放任自由的市场经济；二是强调市场要在资源配置中起基础性作用。

所谓市场在资源配置中起基础性作用，简单地说就是各种商品、生产要素（包括资本、劳动力等）和服务的价格都应该由市场供求来决定并进行配置。显然，外汇也有一个市场配置的问题。因此把这句话落实到外汇管理领域，就可表述为：外汇市场要在配置外汇资源、决定人民币汇率方面起基础性作用。也就是说，要按市场供求关系和价格机制来实现外汇的供求平衡。要更好地发挥市场在外汇资源配置中的基础性作用，就不应该在外汇市场供求关系以外施加不必要的限制。过去我们在外汇管理方面有比较多的限制，不仅资本项目有限制，经常项目也有限制，下一步要使市场发挥基础性作用，就应该逐步减少这些限制，减少到一定程度就实现了各项目的人民币可兑换。因此，人民币可自由兑换与建立和完善社会主义市场经济体制是联系在一起的。

资源配置方式的改变涉及激励机制和利益关系的调整。回顾改革过程不难看到，社会主义市场经济和过去传统的集中型中央计划经济是两种完全不同的模式，在模式转变中会产生一些争议、摩擦，需要在思路上作出比较大的转换。上世纪70年代末80年代初，人们对传统集中型计划经济的弊端在认识上已比较一致，改革策略的一个重要方面是下放权力，调动经济主体的积极性。在农村就是搞家庭联产承包责任制，调动农户的生产积极性。同时，对国有企业放权让利，增加其自主权，目的也是要调动其积极性。但在改革早期，在思维上始终存在一个矛盾，就是既想调动人们的积极性，却又不愿意推动价格改革。这是因为，改革价格体制会引起一系列的利益调整，还会造成通货膨胀。实际上，激励机制与资源配置是一个事物的两个方面：从价格形成的角度看是资源配置问题，从分配角度看则是激励机制问题。因此，如果不愿意改革价格机制，资源配置必然是扭曲的。在改革之初，这一矛盾还不那么突出，在对价格机制没有进行大的改革的情况下，通过其他领域的改革可在一定程度上调动人们的积极性。当然，仔细分析会发现，在这些改革的推动过程中，实际上价格机制也发生了松动，一些领域的价格管制开始逐步放开，比如在农村搞联产承包责任制时，农村集市的很多农产品价格都放开了。

在人民币可兑换问题上，也存在着改革早期那种认识上典型的矛盾：既希望通过改革提高资源配置效率，同时又希望尽量不要动价格机制，希望不调整或少调整现有的利益格局。人民币的对外价格就是汇率，因此人民币可兑换问题联系着人民币汇率和外汇市场，需要通过人民币汇率形成机制和外汇市场实现市场在外汇资源配置中的基础性作用。在有些国家和地区，汇率改革会带来通货膨胀压力，好在人民币汇率若干年来曾呈升值趋势，因此有降低通货膨胀的作用。尽管如此，人民币可兑换和汇率改革还是会不可避免地对各种利益关系作出调整。

总之，在比较人民币资本项目可兑换的利弊时，除了要对各行业（如纺织业）、对不同地区（如东、中、西部或港澳台地区）的利弊影响作出具体评估外，还应有更宏观的视野以及更高的站位，即如何理解和落实市场在资源配置中发挥基础性作用这一命题。

开放型经济与可兑换

上世纪 70 年代末、80 年代初我国就开始推进对外开放，鼓励外商直接投资，但当时没有提"开放型经济"这一说法。1993 年十四届三中全会文件提出了关于建立和完善社会主义市场经济体制的 50 条框架，明确写入了"开放型经济"这一提法，强调我国不再搞封闭型市场经济，而是要建设开放型的社会主义市场经济。需要审视的问题是，建设开放型经济与人民币可兑换问题有没有关系，或者说，是否可以在长期不推动人民币可兑换的情况下也能建成开放型经济？世界上有没有这种先例？

不妨回顾一下"开放型经济"和"封闭型经济"说法的来源。上世纪70年代末、80年代初,发展经济学关于经济发展模式问题曾有激烈争论,争论的焦点涉及两个说法。一是"出口导向的发展战略",后来世界银行把这个词改为"外向型发展战略"(Outward-Looking Development Strategy),在经济学语境中类似于开放型经济。亚洲"四小龙"是实行出口导向型发展战略的代表。另一个是"内向型发展战略",以进口替代型发展战略为具体特征,主要是将需要进口的产品尽量在国内组织生产,以替代进口,在经济学语境中等价于内向型经济或封闭型经济。拉丁美洲曾是这一模式的代表。在这场关于开放型经济和封闭型经济的争论中,人们把传统的集中型计划经济自然地视为封闭型经济。但这么划分实际上也不太准确,因为前苏联及东欧国家曾建立了经济互助委员会这一合作体系,在这些国家间也是一个开放的经济体系,只不过这些国家是通过计划来实现跨国分工和交换。

"开放型经济"与"对外开放"是有区别的,就像"市场经济"与"市场"有区别一样。世界上使用"对外开放"一词的国家很多,比如很多非洲国家都在提要对外开放,但其中不少国家不用"开放型经济"这一提法,而是用别的提法。按照前面的追本溯源,"开放型经济"这一提法是有其定义的。就我国的情况看,把1985年的情况与1980年相比,或者把上世纪90年代初的情况与80年代相比,可以说是更"开放"了,但是否是"开放型经济"?可能还要斟酌。所以到党的十四届三中全会明确提出要建设开放型经济,实际上在概念上确立了一种新的经济改革发展思路。回到人民币可兑换角度问题上看,从建立开放型经济的角度来审视,如果人民币不可兑换,就很难符合建立开放型经济的定义。中国作为大国,要建设开放型经济,无疑需要一个过程,实现人民币可兑换也需要一个过程,但最终看,要建成比较完善的开放型经济,人民币可兑换是应有之义。其中,人民币经常项目可兑换是最基础的,我国在1996年就实现了。下一步就是要推动和实现人民币资本项目可兑换,这对于我国建设开放型经济既是必要的,也是十分重要的。我国从最初提出建设开放型经济到现在已有20年了，推动人民币资本项目可兑换也逐步变得更为迫切，要认识到这两项工作是密切联系的。

人民币国际化与可兑换

近年来一个广受关注的话题是人民币在贸易投资项下的跨境使用。人民银行不太主张用"人民币国际化"这一提法，但外界已经用得很普遍了。人民币跨境使用及其拓展很大程度上源于这次国际金融危机。在这次危机中，从韩国开始，先后有多个国家提出与中国开展货币互换。另外，随着人民币的走强，微观经济活动中的企业和个人层面也有跨境使用本币的需求。在这次危机中，传统的储备货币或国际货币币值不稳定，储备货币发行国的货币政策也饱受争议。有人直指其不负责任，认为与其依赖不稳定的货币，还不如直接用本币。应该说，这些因素造就了人民币"走出去"的历史机遇，产生了人民币跨境使用的需求。但一个自然的问题是，在资本项目不可自由兑换的条件下，人民币能否在国际上真正被广泛接受？从基本理论和国际经验看，在人民币不可自由兑换的情况下，人民币跨境使用也可以得到一定程度的发展，但不可能有长足的发展，在国际上被接受的程度也不可能很高。因此，考虑到当前国际货币体系的弊端，人们寄希望于人民币发挥更大的作用，在这种情况下，逐步实现人民币资本项目可兑换是一个必然选择。

总之，"逐步实现人民币资本项目可兑换"写入了十八大报告，之前也写入了若干个中央的正式文件，在其实施过程中，还是会有各种各样的争议。有人认为，资本项目可兑换是从西方学来的，或者是迎合西方要求的，不符合我国国情，实施起来很可能弊大于利，因此不太赞同推动这项工作。可见，这项工作还有一些认识上的问题需要解决，仍然需要讨论并澄清一些认识误区。

三、资本项目可兑换的门槛

是否有明确定义的门槛？

在讨论改革时机是否成熟或具体政策如何制定时，还有人对资本项目可兑换的概念本身不太清楚。目前，国际上并没有关于资本项目可兑换的权威定义。IMF 的一项重要职责是监管汇率体制和国际资本流动，应该说最有权威给出货币可兑换的定义，但 IMF 没有关于资本项目可兑换的严格定义，甚至没有这方面的具体规定。《国际货币基金组织协定》第八条款对经常项目可兑换有明确的定义，规定了一系列条件，各国可以逐条检查，如果符合其规定，就可以宣布实现了经常项目可兑换。

相比较而言，IMF 对资本项目可兑换只给出了一个大致的框架，没有规定一套一旦接受后就可以宣布资本项目可兑换的条款。也因为此，一些国家的资本项目实际上并没有做到普遍意义上的自由可兑换，但却对外宣布实现了资本项目可兑换。为什么有的国家没达到标准却提前宣布达到，而有的国家对此却非常谨慎呢？这是因为各国国情不一样。一些国家特别需要引进外资，提前宣布资本项目可兑换可提升该国对外部资金的吸引力；还有一些转轨国家，如前苏联、东欧一些国家，急于宣布资本项目可兑换则更多的是要表示该国已经全面向市场经济转轨了，可以增强国际、国内的信心；还有一些国家经济发展状况不太好，开放程度也不高，资本项下离可兑换实际上还差得比较远，提前宣布是出于加快推动开放和促进发展的考虑。比如，俄罗斯 2012 年才加入 WTO，比我国晚了十年，但 2006 年就已宣布实现了资本项目可兑换。可见，资本项目可兑换确实没有明确的标准。

理解资本项目可兑换概念的另一个困难在于，当离可兑换比较远的时候，概念还是相对清楚的；而当离得比较近的时候，会面临多种具体选择，概念反而会变得比较模糊。举例来说，假如你开车从北京到海南，刚出发时只要记住往南走就对了，具体走哪条路差不了多少；但等到比较接近的时候，反而需要选择，因为要确定在哪里可以摆渡，到底要去哪个城市等。因此，距离可兑换越近，就越觉得它的概念不简单，需要真正搞清楚。

关于资本项目可兑换，IMF有一张表，包括七大类40项。这些项目是从技术角度来分项的，可以把它作为一个对照单，但每个项目的重要程度有大有小，这张表对重要性未做区分。是否实现了资本项目可兑换，一个模糊的标准是看这七大类40项是不是大多数重点项目都做到了，如果做到了，就算是资本项目可兑换了。

是否存在"四位一体"？

正因为没有明确的标准，讨论中就容易出现一些问题。国内讨论资本项目可兑换时，经常会听到一个所谓"四位一体"的概念，即把资本项目可兑换与人民币汇率完全自由浮动、解除资本管制、金融市场全面对外开放和人民币国际化四个概念等同起来。这种观点认为，一旦实现人民币资本项目可兑换，可能就意味着：第一，人民币汇率就应是完全自由浮动的，不附加任何干预。第二，全面解除对资本流动的各项管制，资本跨境流入、流出就应百分之百地自由，不再有管制。第三，国内金融市场完全对外开放。国际资本可自由进出各类金融市场，可自由买卖本国的股票、债券、基金和各类金融衍生品，可自由从事银行、证券、保险、信托、金融租赁等金融业务。第四，本币实现国际化，成为储备货币。

在讨论中，很多人把上述几个概念混为一谈，一提人民币资本项目可兑换或可自由兑换问题，就把"自由"的概念过度延伸到其他几个概念上，认为这几个方面是与人民币资本项目可兑换关联在一起的，因此在人民币汇率没有实现完全浮动、资本流动还有管制、金融市场没有全面放开、本币没有成为国际货币前，就无法真正实现人民币资本项目的可自由兑换。这种理解是有问题的，会导致我们把这项工作的目标定得太高、太远，增加了实现人民币资本项目可兑换的难度。还容易导致在利弊比较时，把完全放开国内金融市场所带来的各种弊端和成本计算在内，从而会加大争议，不利于工作的开展。因此，人民银行很多时候还承担着向各部门、各地方的解释工作。

可兑换与汇率机制

这两者是什么关系呢？我先以瑞士法郎和日元的例子说明。2011年美国出现债务上限问题时，美元一度走软，导致日元和瑞士法郎升值很快。瑞士法郎对美元的汇率过去一直是1.2:1左右的水平，后来一度有所上升但波动不大，但2011年美元贬值后，瑞士法郎快速升值，最高时达0.8:1，对瑞士经济造成了明显冲击。瑞士是一个小型自由经济体，瑞士法郎也是重要的国际货币之一，但这种情况下瑞士也对瑞士法郎汇率进行了干预，使其汇率最后稳定在1.2:1欧元的水平。与瑞士类似，日本也对日元汇率进行了干预。瑞士法郎和日元虽然是可自由兑换货币，但并不意味着其汇率就必须完全自由浮动，不能做任何干预。另一个例子是，香港实行与美元挂钩的联系汇率制度，港币显然不是自由浮动的，但是港币却是全球自由兑换程度最高的货币之一。由此观之，汇率自由浮动和货币可自由兑换有一定联系，但并不是画等号的，汇率自由浮动不是资本项目可兑换的充分必要组成部分。因此，当人民币汇率大体处在供求均衡水平时，如果出现资本异常流动，仍可以对人民币汇率进行某种干预。

可兑换与资本流动

资本流动管制方面，资本可自由流动与资本项目可兑换也是有区别的。很多情况下，货币是可自由兑换的，但资本的汇入汇出仍然要受到一定的管控。美国"9·11"事件以来的三个变化清楚地表明了这一点。第一是对反恐融资的监管全面加强。美国对有恐怖融资嫌疑账户的资金转移进行了密切跟踪和严厉监管。第二是反洗钱监管明显强化。在国际监管中，反恐融资和反洗钱这两项都是统一放在反洗钱框架下的。第三是管理避税天堂。这次国际金融危机导致很多国家需要对金融机构和实体经济进行救助，一些国家因此在财政上捉襟见肘，为此呼吁加强对避税天堂的监管。这些国家认为，避税天堂的存在使应纳税收得以规避，导致本国财政能力减弱。2009年、2010年G20对此经过反复讨论后就管理避税天堂达成协议。美国最近也试图通过"长臂管辖"来监管美国人在海外的存款和账户变动，以打击逃避纳税行为。可见，即便是非常强调自由市场的西方发达国家都在反洗钱、反恐融资和涉及避税天堂的跨境交易方面加强了资本流动管控，并不是百分之百自由地允许资本跨境流动。

与之相随的一个变化是，IMF开始认为新兴市场国家在需要时可以实施临时性资本管制。IMF在2010年推出了两篇影响比较大的工作论文：一篇是建议调高通货膨胀目标，比如从之前的2%调为4%，旨在增加宏观政策在应对危机时的空间；另一篇则提出在特殊情况下，新兴市场经济体可以对短期的投机性资本流动加以管制。这和过去IMF所秉持的观点截然不同，之前很多人一直坚持认为，既然搞开放型经济、搞可自由兑换，就不应再区分流入的资本是长期的还是短期的、是投机性的还是非投机的，应该全部放开。IMF观点的转变实际上支持了巴西等国对短期投机性资本流入征收托宾税的做法，意味着在资本项目可兑换的衡量方面，对限制新兴经济体管制短期资本流动的要求出现了放松。因此，无论是发达国家还是新兴经济体，实行资本项目可兑换都不是一概不管，不是必须允许跨境资本可以百分之百地自由流动，而是可以有一定程度的管理。至于这个程度的大小，则没有明确规定。

附录二　相关重要文献选编

可兑换与金融市场开放

金融市场开放方面，本币资本项目可兑换是否就意味着所有金融市场对国际资本都是完全开放呢？各国在放开资本进入时，对哪些市场最为谨慎，以至于会采取限制措施？一般会认为是股票市场，因为股票市场比较敏感，容易受到冲击。但实际上并非如此，各国真正比较警惕的是债券市场和金融衍生品市场。

债券市场放开过快可能导致类似泰国在亚洲金融风波中出现的问题。泰国国内机构需要用泰铢（Baht），但在国内借不到，于是就借外债，借到美元后换成泰铢在国内使用，期满时也要还美元。也就是说，国内企业本来要用本币，但却通过外币搭桥，因此这些债务存在严重的货币错配。当时泰国还实行固定汇率制，一旦出现大规模资本外流，要么外汇储备枯竭，要么汇率守不住，总会出现问题。泰国的教训是，债券市场放开容易引起诸如币种错配等宏观不审慎问题，应给予高度关注。泰国当时的主要问题是私人部门借了大量外债，也就是说问题出在私人部门。而这次国际金融危机中，希腊也出现了债务问题，但希腊更多是主权债务问题，并且借的、用的都是欧元，所以没有币种错配问题。但希腊的例子说明，政府借债过多也会导致危机。可见，一国应该对开放债券市场持谨慎的态度，要确保有一定的宏观审慎措施，要考虑是否允许出现货币错配，以及允许出现多大程度的错配，如果错配问题比较严重就可能导致系统性风险。我们可以看到，印度等国家对国际资本投资本国股票市场的条件相对比较宽松，而对国际资本投资国内债券市场则有比例限制，这就是考虑了债券市场的特点。我国也历来十分注重对外债的管理。一个相关的问题是，不少地方政府提出，既然中投可以用外汇储备，为什么地方不能用？因此希望地方也能动用外汇储备。对此，我们一直强调，外汇储备可以用，但前提是不能搞二次结汇。因此需要弄清楚，你到底是想用人民币还是想用外汇？如果要用人民币，那可能拿到外汇后马上就结汇了，结果外汇没用，仅仅是加大了货币供应量。

金融衍生品市场的开放同样值得高度关注。一部分金融衍生品本身就是为短期投机活动设计的，交易量非常大，但究竟对实体经济有多大益处有诸多争议。推行资本项目可兑换，现有规定并没有明确要求须把一些特别复杂的、比较脱离实体经济的金融衍生品市场向国际资本放开；也没有标准规定如果这些领域没有放开，该国货币就不是可自由兑换的。从宏观审慎的角度看，不仅是债券市场的对外开放需要有一定管理，资本项下的其他领域，如外商直接投资、股票市场、信托、金融租赁、基金等也不是必须百分之百地放开。此外，国外还有一些十分复杂的金融衍生品，如 CDO、CDO 平方、CDO 立方等，是不是人民币实行资本项目可兑换必须也发展类似的衍生品，并允许国际资本在国内投资和交易？也不是，这并不是人民币资本项目可兑换的必备条件。

可兑换与本币国际化

人民币国际化方面，应该说资本项目可兑换与本币国际化有联系，但没有必然的对应关系。国际上，大多数的小型开放经济体都已宣布本币是资本项目可兑换的，其中确有不少国家的开放程度相当高，其货币可兑换程度也比较高，但除瑞士法郎外，这些国家的货币都不是国际货币，主要是因为这些国家经济体量太小。反过来说，虽然人民币资本项目还没有实现完全可自由兑换，但是人民币跨境使用仍得到了一定发展，在一些国家和地区的接受程度比较高。这说明，可兑换和本币国际化并不是必然对应的。当然，也要认识到，人民币跨境使用要取得更大发展，有必要逐步推进其资本项目可兑换。

四、我国离目标并不很遥远

从国际实践看，资本项目可兑换很少做到百分之百地自由兑换，而是大量活动的兑换是自由的，少量的还有管理。在很多有管理的项下也不是不让兑换，而是要按照相关规定去办理。至少从账户开立和国际收支统计的要求而言，需要说明资金的性质和用途等问题。现在已经达到资本项目可兑换的多数国家，对资本流动仍旧有若干的管理。除了前面提到IMF工作论文认为可保留对投机性短期资本流入的管制外，最近IMF总裁拉加德也表示，在资本异常流动的情况下，新兴市场国家有必要对部分资本流动实行管理。另外，IMF的正式文件中，还允许实现资本项目可兑换的国家在出现危机时采取临时性的资本流动管理措施。亚洲金融风波中马来西亚对资本流动采取了临时性的管理，事后又再度放宽。

对照IMF资本项目可兑换七大类40项内容看，我国距离可兑换目标并不很遥远。IMF的列表中，金融工具主要包括股票、债券、货币市场工具、基金、衍生产品、信贷六类，其中前五项按照居民和非居民、金融工具的买卖和发行四个属性划分，4乘以5等于20，信贷又分为商业信贷、金融信贷、担保保证和备用融资便利三小类，每类又按居民和非居民划分，这些主要项目就至少占了26项。但在实际管理中，有时难以做到一对一的区分。比如，如果允许中国有资质的投资者开展海外投资，资金一旦出去，究竟是投股票、债券、基金、衍生品还是其他产品，区分的可行性和必要性就都不大。所以有些政策一旦决定实施，就会涉及很多项。总之，仔细梳理IMF的七大类40项，会发现中国的可兑换程度已经比较高了，距离目标并不是很远。

五、加强对资本流动的监测和必要的管理

概念上厘清之后,具体工作就容易开展了。首先要密切监测跨境资本流动。目前我国经常项目已实现了可兑换,资本项目还没有完全放开,所以实际工作中要对经常项目和资本项目进行严格区分,属于资本项下的交易要经过规定的管理程序,有的需要审批。但要认识到,按程序管理与加强监测是不同的,如果国际资本通过种种途径规避了管理流入或汇出了,这在管理层面是很难发现的。加强监测是强调要切实掌握资本流动的信息,至于是否管控、如何管控则可视情况决定,比如对短期投机性资本可采取一定的管理措施。监测是各方面工作的基础,只有监测到了,才能做到想实施管控时,就能有的放矢。否则,如果监测跟不上的话,可能很难会发现哪个地方、哪个环节有洗钱等问题。对中国今后的监测而言,既要做到便利化,相关监测不给正常经济活动造成太多麻烦,同时又要能掌握资金流入流出和兑换的信息,以便出现问题能及时处理。

其次,完善宏观审慎管理。针对债券市场可能存在的货币错配和外债过重问题,以及金融衍生产品市场的交易问题,我们可以实行额外的监管措施,特别是可以用宏观审慎的有关政策予以管理。

再次,加强对短期资本流动的管理。从现有的管控措施看,目前我国用 QFII 制度来管理流入股市、债市的国外资金,Q 即 Qualified,强调是合格的境外投资者,主要是对中长期投资资金放开,因此 QFII 制度表明我们不太欢迎短期投机性资本流入。外资急剧撤走对于新兴市场往往有明显冲击,所以我们要求外资撤离也要有序。对外商直接投资(FDI),我国历来是持欢迎态度的。

此外,我们还要继续巩固反洗钱、反恐融资的相关政策措施,关注利用避税天堂进行避税的跨境交易。在这些方面,可以参照国际上的做

法加强管控。

最后,如果发生了金融危机或经济危机,可以按照 IMF 规定对资本流动采取临时性管理措施。

总之,通过上述措施,应该说可以大大减少过去一些关于推进人民币资本项目可兑换的担心和疑虑,有助于得出利弊比较的结论。

六、近期需要推动的具体事项

总体看,现在所说的"逐步"虽然用词上没有改变,但实际已到了要更加具体地制定计划和采取改革步骤并果断加以推动、实施的阶段。要认识到,资本项下人民币可兑换的很多项目已经实现,剩下的项目并不多。对这些项目,应逐项研究,制定相应的措施,决定怎么推进、推进到什么程度。通过精心筹划,完全可以把加快实现人民币资本项目可兑换的各项工作做好,完成十八大提出的这项任务。

关于未来的工作,仍然有大量的具体事项需要推动,以下几个方面可能是比较重要的。首先应推动思维转变,这涉及一些认识和体制设计上的问题,包括资本项目可兑换的概念、利弊比较等问题。其次,在几个关键的项目上,包括扩展股票市场国际连通、熊猫债和 QDII2,需要建立相关制度,实现有管理的可兑换。再次,应修订相关法规。对现有外汇管理、跨境投资等方面的法律法规加以梳理、修改和完善,当然这个过程需要花费一定的时间。此外,也应尽快改变监管方式,更多运用现代手段,减少行政审批,提高监测效率。最后,资本项目可兑换具体政策的落实涉及不同的主管部门,需要加强跨部门沟通协调。金融体系要为实体经济服务,资本项目开放也要很好地体现为实体经济服务的精神。一个实例是,在人民币跨境使用的起步阶段,金融管理和出口退税部门之间就进行了有效的协调,方便了企业。

总之,资本项目可兑换还有一些具体的事项需要稳步向前推进。既然实现资本项目可兑换是已经明确的一个方向,我们就要把这篇文章做好,特别是要与经济金融界沟通好,也希望经济金融界与社会公众沟通好,国内与国际也应沟通好。这实际上是走向更高层次的对外开放,更加有力地在全球化进程中抓住机遇,更好地与全球共同发展紧密联系在一起的。同时,资本项目可兑换涉及多项具体政策调整,完成这些调整将使得市场在资源配置中发挥更大的基础性作用,会给多项实体经济活动,特别是贸易、投资、金融交易、旅游、收购兼并等提供更大的便利,这符合十八大所提出的方向和任务。

如何应对国际上对中国经济金融政策的评议[①]

周小川

一、诸多的评议

当前国际社会对中国宏观经济和货币政策都比较关注,有很多议论,特别是对中国经济金融政策的议论,其中也有大量的批评。这些议论背后可能有多种原因。有的是从其自身利益或思维定式出发提出各种批评意见;有的甚至是为了找借口向中国发难;有些议论则是部分源自一种不平衡的微妙心理。大家知道,中国在金融危机中领先复苏,而其他的国家特别是发达国家的经济复苏相对缓慢曲折。当前,欧洲主权债务危机还有很大不确定性。美国经济复苏也不太平稳,失业率居高不下,财政方面现在又面临着比较大的麻烦。大家也注意到,美国的政府债务规模即将达到上限,如果不放宽的话,会引发很多问题。与发达经济国家相比,中国经济虽然也有自己的问题,如通货膨胀偏高、房地产可能存在泡沫等,但总体来说形势是比较好的。

国际上对中国议论增多也有其现实背景。国际金融危机爆发后的这几年,中国无论是经济总量在全球的排名,还是在国际重要组织中的地位都有所提升,引人瞩目。2010年中国取代日本成为全球第二大经济体,世界银行和国际货币基金组织还分别增加了中国所占的份额比例。当然,也有一部分人出于较为客观的立场,热心帮助中国从经济学

---

① 本文为周小川行长 2011 年 6 月 2 日在中国人民银行党校所作的专题报告,载于《国际金融危机:观察、分析与应对》。

角度分析我们的经济金融问题。中国的问题比较复杂，在分析研究中也会有不同意见。经济研究和政策分析，有其客观规律和基本范式，应该允许大家批评、讨论、建议。对此，我们是持开放态度的。

毋庸讳言，我们国内的舆论通常也受国际舆论的影响。在相当长一段时间，我们接受的是计划经济体制下的传统政治经济学的影响，此后经历过一个转轨，研究重点才转到面向市场经济体制的经济学、货币银行学、国际贸易学等领域。坦白地说，中国在经济金融的理论领域中自信心尚不是很足。现代经济学这门学科起源于西方，宏观经济学更是如此，一般认为，英国经济学家凯恩斯是现代宏观经济学的开创者，后来又在西方有很大的发展和积累，产生众多的学派。因此，国际上一些知名学者或位高权重者发表的一些观点，对国内一些经济学家、媒体和评论人士的思考和观点表达会有很大的影响。

总之，由于各种原因，中国的经济问题和货币政策现在成为国际上的热点话题。对于国际上和媒体上的各种意见，我们需要认真研究，及时分析，以便随时应对各种场合和会议的需要，并视情况决定是否给予明确回应。人民银行总行在这方面的工作比较繁重，其他部门和单位也常会碰到类似问题。

二、全球经济不平衡与经常账户

这轮金融危机前后，国际上议论最多的是全球经济不平衡的问题。其中包括人民币汇率问题，这是个老生常谈的问题。大家可能也注意到，最近国际上对人民币汇率的讨论出现了一点变化。有媒体已关注到，在此前的中美战略对话中，人民币汇率问题一直居于中心地位，但在2011年的这次战略对话中，汇率问题热度有所降温，在所有议题中的重要性也有所下降。出现这个变化的一个重要背景是中国贸易顺差的下降。特别是2011年第一季度我们还出现了小幅的贸易逆差，4月外贸虽然转为顺差，但1~4月货物贸易顺差总计只有100多亿美元，较上年同期大幅下降。这一变化具有说服力，既然贸易顺差减少，那么再频繁地向人民币汇率发难就变得牵强，因此，这方面批评的声浪有所减弱，讨论的焦点也更多地转向其他问题。

全球经济不平衡的讨论大约始于2003年，可谓由来已久，国际组织也讨论很长时间了，现在开始略有降温。尽管如此，2011年的法国G20财长和中央银行行长会的一个中心议题还是讨论如何建立全球经济不平衡的一揽子参考指南，这个参考指南就是用于评估一个经济体是否产生外部不平衡。另外，最近IMF也正着手开展若干大国宏观经济的外溢效应评估，中国当然也是被评估的对象之一。那么2011年中国经济的不平衡情况会如何变化呢？第一季度中国是出现了外贸逆差，不过也要注意到，受春节等因素影响，第一季度的贸易数字经常表现进口较强劲，不一定能反映全年的走势。之前2010年3月我国也出现过贸易逆差，但是此后贸易顺差快速回升，全年顺差也达到了1800多亿美元。初步判断，2011年后三个季度外贸还会重新出现顺差，但顺差额应该不会太大，全年贸易顺差有望较上年缩小。

衡量经济不平衡的一个重要指标是经常项目顺差与GDP的比率。经常项目有四个组成部分：货物贸易、服务贸易、收益项和单方转移。其中，收益项包括本国海外投资的债券利息、股票分红等，它是除货物贸易外，我国经常项目顺差的最大来源。单方转移是指资金或货物在国际间的单方面转移，不产生归还或偿还问题，如侨汇或者是政府赠款。

综合这几个组成部分，2007年我国的经常项目顺差与GDP的比率为10.1%，是最不平衡的一年。此后，这一指标稳步下降。2008年是较为特殊的一年，全年波动较大，上半年还延续着之前顺差较大的格局，但进入下半年尤其是9月以后，国际金融危机爆发，经常项目顺差规模迅速下降，2008年全年经常项目顺差占GDP的比率为9.1%。2009年我国经常项目顺差占GDP的比率就下降到5.2%了。2010年中国实现贸易顺差1 800多亿美元、经常项目顺差3 300亿美元左右，增速有所放缓，考虑到GDP（该指标的分母部分）增长较快，经常项目顺差占GDP比率进一步降到了4%。未来这种趋势有望延续，2012年经常项目顺差占GDP比率有可能下降到3个百分点甚至更低。

有鉴于此，我们就能对有关压力作出有针对性的回应。不久前美国有10个参议员访问中国，其中就有提出涉华惩罚性关税议案的查尔斯·舒默。访华期间，部分议员免不了还是纠缠于中国的不平衡问题。我们在与议员们的沟通和讨论中强调，2010年美国货物逆差有6 000多亿美元，中国货物贸易顺差只有1 800多亿美元，因此，显然不能把美国的逆差完全归咎于中国的顺差。而且，顺差还在减少。如果中国经常项目顺差占GDP的比重降至4%甚至4%以下，这就表明中国对全球经济的再平衡作出了很大贡献。

当然，如果看经常项目余额的综合情况，有对美国有利的地方。美国虽然货物贸易逆差6 000多亿美元，但它的服务贸易是顺差，加上债券利息、投资分红等收益项也有盈余，因此加在一起后经常项目不平衡的程度有所下降。中国货物贸易顺差只有1 800多亿美元，但加上服务贸易略有逆差、利息收入和股票分红等投资收益，经常项目顺差会达到3 000多亿美元。不过，即便是评估经常项目的情况，对我们的压力也在减轻。从责任来看，一方面中国的顺差规模在下降，另一方面中美的双边逆差依然很大，其原因就不只在于中国，而需要美国作出自己的解释。

三、中国经济的不平衡及其改善

从趋势上看，中国经济结构调整和政策调整都有助于缓解中国经济的外部不平衡，减轻国际压力。对此，我们是有信心的。首先是大宗商品价格的高企。中国原材料、资源类产品在进口中的比重较大，并且数量还呈现上升势头。在全球流动性宽裕的背景下，大宗商品价格一段时间以来一直处在上升通道，中国的进口金额因此显著增加。2011年第一季度中国出现贸易逆差的一个重要原因就是石油、铁矿石的价格上涨，使中国减少了贸易的不平衡。

再有一个因素是国际产业转移。随着中国低成本劳动力优势的减小，有一部分制造业会从中国转移到其他国家，特别是劳动力成本更低的越南等东南亚国家。这个趋势从外商直接投资（FDI）情况的变化可以得到验证。多年来，中国吸收外商直接投资的重要领域是制造业，这一格局正在发生变化，现在服务业吸收外商直接投资的比重超过了制造业。服务业主要是面向国内市场，总体上属于非贸易部门。这说明中国制造业生产和出口的优势在下降。

另外，还要考虑人民币升值的因素。在汇率改革上，我们一直坚持主动性、渐进性和可控性的原则。人民币升值步伐看似缓慢，但累计效应比较明显。2005年7月"汇改"以来，人民币对美元的累计升值幅度已经达到20%。2010年6月"汇改"重启以来，人民币对美元又升了5%，考虑到中国通货膨胀率较高，人民币对美元的实际升值幅度已经达到10%左右。按此来算，升值幅度就会超过30%。

中国经济贸易结构、汇率体制都在向积极的方向调整，经常项目顺差也有明显下降。相比之下，美国经济的不平衡还没有作出切实的调整。现阶段促进经济复苏依然是美国的首要目标，无暇顾及其国内经济不平衡的调整，在此情况下，美国的经常项目逆差可能还会比较大。有鉴于此，我们一直在利用中美战略对话等渠道，把我们在这些方面的努力和观点充分与美国沟通，以增进双方共识。

四、经济不平衡的全球分布与治理

在经济不平衡方面，G20对中国的标准说辞是强调要让人民币汇率更尊重市场，要有更大的灵活性；对美国则是强调应提高家庭储蓄率，减少过度消费。从政府、公司、家庭这三大国民经济部门看，发达国家的政府几乎不进行投资，主要是企业将利润和折旧资金转化为投资，经济不平衡的关键在于家庭部门。美国的家庭储蓄率曾经有一段时间达到过近10%，此后进入下降通道，一直降到零左右，危机以后储蓄率略有回升，但总体上处于较低区间。美国虽然也认同应该提高家庭储蓄率，但由于经济复苏乏力，如现在提倡多储蓄、少消费，对经济增长、劳动力就业无疑是雪上加霜。房地产泡沫破裂后，美国家庭财富缩水，失业率攀升，在2010年失业率达到近10%，这些因素都造成家庭消费疲弱。在此背景下，美国其实是不希望家庭当前减少消费、增加储蓄。

从全球不平衡的分布看，美国以及中国、韩国、部分东南亚国家等亚洲经济体是主要的不平衡国家，另外，产油国和天然气、铜等资源生产国，顺差也在上升，不平衡程度在上升。欧盟作为一个包括27个国家的大联合体，内部贸易较为活跃，相互抵消平衡，放在一起评估时经常项目是比较平衡的。在这些国家中，中国确实最引人瞩目。但是中国近年来一直在调整，我们较早地实施了科学发展观，早在2007年的中央经济工作会议上，就提出要改善国际收支平衡状况，并确定了控总量、调结构、促平衡等一系列扩大内需的政策，加上发展服务业、扩大进口的措施，同时也一直在增加汇率弹性。目前我们也在积极落实"十二五"规划有关方面的要求。从这些方面看，中国主动调整的力度比较大，也出现了不少积极的改观。反观美国，调整的措施较少，效果不明显。因为一些制度层面、结构上的问题，美国经济刺激的效果不理想，经济复苏还存在不确定性，无心推出提高家庭储蓄率的政策措施，扩大出口的措施也难以短期见效，财政措施受到两党争执的掣肘，难有用武之地。

针对这些争议问题，我们要加强研究，做好沟通，促进共识。不应该只盯住人民币汇率问题不放，并片面强调中国制造的全球不平衡，因为统计数据逐步已经不支持这种观点了。

五、关于出口信贷补贴

近年来,中国企业"走出去"的步伐有所加快,这也引发了一些猜疑。一是中国企业争抢他国的资源;二是破坏当地环境;三是在从事商业经营或提供金融支持时,没有考虑政府是否良好治理(Good Governance),如是否搞民主化、政府是否腐败等。当然,在政府是否良好治理的问题上,各国有不同的理解。最近对中国议论较多的是指责我们的出口信贷政策,认为导致了不公平竞争。其中一种是出口买方信贷,有人批评说,由于存在补贴,贷款利率低,这是有悖OECD制定的国际惯例的,导致OECD国家在非洲、南亚等国家丧失竞争优势,抢占了国际市场。还有一种议论是中国通过实行出口卖方信贷,补贴造船业,帮助中国造船业获取了额外的竞争优势。

对于这些质疑,我们要加强研究,具体分析,不能大而化之,一概认同或一概反驳。普遍来讲,中国对出口信贷没有补贴。2005年"汇改"时,对造船业带来了较大压力。大家知道,造船的建造周期很多长达五至七年,并且通常是以美元结算,在交船回收货款的时候,如果人民币在这段时间有较大升值幅度,企业就会蒙受额外损失,同时目前造船业国际竞争也非常激烈,利润较低,升值对企业生存和职工就业的影响是很大的。因此,当时造船业的意见很大。其实人民币升值的影响是全方位的,有从汇率升值受益的行业,也有利益受损的行业。受损的行业都会有意见、提要求,但国家最后确定只对造船业进行少量补贴,是对造船业实行财政上的一次性补贴。还有一种批评就是中国进出口银行提供的出口信贷,贷款的利率略低。当然,除造船业之外,中国进出口银行还对机电产品和成套设备提供出口信贷,但对它们的信贷已经没有财政补贴了。中国进出口银行在20世纪90年代开始对上述两个行业提供出口信贷时，财政在贷款利率上的确是给予过少量补贴的，后来补贴就取消了。此后，中国进出口银行就与国家开发银行一样发债筹资，其筹资成本高于银行存款利率。中国进出口银行将筹集到的资金用于发放出口信贷，其贷款利率肯定高于筹资成本，仍是保本微利，因此严格说是不存在补贴的，另外，出口信贷的总规模也不大。

尽管如此，出口信贷还是变成了一些 OECD 国家攻击我们的借口。国际上对运用出口信贷、官方援助、约束性条款等手段形成的不合理竞争、抢占市场等行为曾有过激烈争论，后来 OECD 就逐步制定了一系列的规定（出口信贷君子协议及后续补充）以规范出口竞争秩序，其中也包括对出口信贷的一些规定。一个是要求贷款利率必须要高于筹资成本。再有一个是官方发展援助（Official Development Assistance，ODA）类的贷款与商业信贷要分开，同时官方援助也要引入招标竞争，不能限定只买本国生产的商品。另外，在提供政府援助与商业贷款的混合贷款时，同样也要求引入竞争，不能限制购买商品的产地。举例来说，20 世纪 80 年代后期，法国政府曾经给"二汽"（第二汽车制造厂，后更名为东风汽车制造厂）提供官方支持，形成政府援助加商业贷款的软贷款，由中国银行具体转贷给中方企业。这个软贷款的附带条件就是东风汽车制造厂只能与法国雪铁龙或标致合作并合资生产其品牌的轿车，这需要在生产中购买法国出口的相关产品。后来，OECD 定了赫尔辛基规则，这种做法就不再符合 OECD 规定了。现在即便是提供软贷款，但购买哪里的产品需要通过招标竞争确定，不是谁提供贷款就必须买谁的产品。另外一个例子是日本的海外协力基金，该基金提供的资金有一部分带有官方援助成分，基金中包括一个项目叫"黑字环流"。由于日本当时贸易顺差很大，它就向亚洲一些国家提供日元贷款，通常日元会用于购买日本商品。显然，这在道理上也是变相限定了购买商品的产地。

考虑到这些情况，现在有些国家主张用 OECD 的相关规定约束中国就不甚合理。首先，类似出口信贷含有补贴这样的做法，之前发达国家是普遍使用的，并借此抢占了亚洲、非洲、拉丁美洲的很多市场。中国现在才开始起步，就说不准抢占市场。从公平角度考虑，中国与发达国家历史上的做法是一致的，中国尚未进入到需要与 OECD 协调一致的阶段。另外，中国现在还不是发达国家，也根本不是 OECD 的成员国，拿 OECD 的规则来约束中国缺乏依据。OECD 成员国传统上都是发达国家，后来也吸收了墨西哥、韩国等几个相对富裕的新兴国家，但中国的人均 GDP 才 4 000 多美元，与 OECD 国家的平均水平相去甚远。为此，中国与发展中国家之间总体上是互相支持和合作的关系，而对 OECD 来说则是富国与穷国的关系，是富国对待穷国要多讲道义又夹私利的问题。再有中国目前没有明确规划是否未来要加入 OECD。

六、对国有企业有补贴

国际上还有一个指责，是认为中国国有银行普遍存在对国有企业的利息补贴。部分人士从惯性思维出发，对此深信不疑。因为，在计划经济时期，信贷资源大量向国有企业倾斜，同时利率优惠。改革后，这种实践仍有遗留，造成对民营企业、中小企业的歧视。

对这个指责我们应据理力争。从我们的制度设计上来讲，我国主要的商业银行都已经改造为股份制银行，完全是商业化经营，不承担政策性银行的义务，中央也明确要求对商业银行贷款不能行政干预。在改革的初期我们还是有干预的，后来叫停了，当然也不排除个别地方有干预做法。当前，我国的商业银行业不存在补贴国有企业的任何制度安排。要查实利率补贴，就应从财政上查到对哪家国有企业给予过补贴，不能凭空想象，但实际上不可能查出不存在的补贴。另外，国有企业竞争力比较强的几个行业是资源型行业或规模效应型行业，承担着一定的社会责任，周期性较明显。比如说石油行业，当国际石油价格走高的时候，采油赚钱，炼油赔钱，当国际油价走低的时候，情况就会反过来。电力也是大家关注的焦点，现在的情况可能是电网盈利、电厂赔钱；过去也出现过电网赔钱、电厂赚钱的相反情况。

总而言之，从事商业银行工作的人士看不到国家有利率补贴方面的安排。当然，这个问题也有另一种说法。因为中国利率现在没有完全市场化，对存款利率实行上限管制，人为压低了存款成本，导致企业获得的贷款低于应有的资金成本，但这与企业的所有制无必然关联。利率究竟是否应该完全市场化，对此各方也有不同意见，特别是担心由此而来的不健康的存款竞争。

还有一个讨论是认为当前的贷款资源向国有企业倾斜，歧视了民营企业、中小企业。中小企业在市场融资中处于相对不利位置，在世界上是一个普遍现象，需要循序渐进地改进，不可能一蹴而就。我们也注意到，不少西方媒体批评其本国的银行不支持中小企业。全球各地的银行都有热衷于服务大客户、优质客户的倾向，但与此同时，银行业也都清楚大企业个数有限，也必须对发展和维系中小企业客户投入相当大的精力。2010年，中国新增贷款中，大型、中型、小型企业约各占三分之一，其中，中型、小型企业获得的信贷占比还都略高于三分之一，信贷结构出现了明显优化。前几年的信贷结构，一般是大型企业占40%左右、中型企业占30%多、小型企业占20%左右。进入2011年以来，不少人认为信贷政策收紧后，会加剧小型企业的贷款困难，一些国际人士也由此借题发挥。对这种议论我们事前是有心理准备的。事实上，目前中小型企业的贷款增速高于大型企业，信贷结构是改善的。至于不同所有制企业的信贷结构，由于很多国有企业都已经改造为股份制企业，所以其实并没有统计证据表明，信贷结构存在向国有企业倾斜的问题。因此，对这个批评意见我们也有所保留。

七、利差与经济复苏

还有一个批评指向了中国银行业的利差,认为利差保护了商业银行的利益,同时也塑造了银行扩张贷款规模的强烈意愿,在高利差的刺激下,商业银行甚至有动力将大量的贷款转到表外,以规避中央银行的规模管理。这个意见有其合理成分,但也有其问题。迄今为止,没有人能够从理论上说明银行业是否存在一个最优的利差水平。在2008年金融危机深化之时,有些国家的中央银行大幅降低政策利率至零附近,同时压缩了银行利差。针对这一做法,当时我们也发表了意见。一是指出,零利率意味着银行吸收存款几乎没有成本,此时银行可能选择去囤积现金,而没有发展客户、发放贷款的压力,从而陷入了零利率的流动性陷阱;二是当利差非常小的时候,银行没有充分的积极性去扩大贷款,容易导致惜贷的出现。

那么,在应对危机期间,我们是需要银行扩大贷款,还是抑制银行放贷的积极性?实际上,在近两年全球金融危机中,西方某些中央银行的最大苦恼就在于,中央银行虽然向商业银行提供了大量流动性,但商业银行并没有用来给企业发放贷款。反观中国,我们1年期的存款基准利率最低降到2.25%,没有继续降至零,当时也是为了避免零下界利率的难题和陷阱。在2%左右的利率下,银行只要吸收存款,就要付利息,也就有压力去发展贷款客户;同时维持一定幅度的利差,也使得银行有扩大贷款的积极性,有助于修复自身资产负债表中的问题。因此,对中国利差的上述批评有其不合理之处。当然,有些人的目的是建议我们继续推动利率市场化改革,如果从这个角度评价利率政策,我们是有共识的。至于是否应该对存款利率上限进行管理,世界上有不同看法,我们也可以保留自己的看法。

上面有关利率的讨论尽管比较复杂,但至少说明,我们的利率政策与出口补贴、国有企业补贴无关，同时统计数据也显示，我们并不歧视中小企业。

八、储蓄率的决定

有一种观点认为，中国的存款利率管制是总储蓄率偏高的重要原因。其逻辑是，利率管制一方面降低了存款利息，从而减少了居民收入，进而抑制了家庭消费；另一方面压低了企业投资的资金成本，使得企业部门的收入和盈利增长较快，进而抬升了企业部门的储蓄率。

储蓄率高低是一个复杂的经济现象。不同的民族传统和文化对储蓄率会有影响。因此，简单地把中国的高储蓄率归因于利率管制是有失偏颇的。众所周知，中美两国的储蓄率存在巨大差异。金融危机之前，美国的家庭储蓄率降至零，而中国的家庭储蓄率超过30%，总储蓄率接近50%，非常之高。从国民经济的三大部门看，中国的家庭储蓄近年来相对稳定，而企业储蓄和政府储蓄增长较快。这与劳动力相对富余、劳动报酬增长缓慢不无关系。中国的家庭储蓄率在20世纪90年代末大概处在20%~25%的水平，亚洲金融风波时有所下降，此后又开始进入上升通道。关于储蓄率的决定，全球经济学界一直都没有给出圆满的解释，例如，至今还没有人能真正令人信服地说明为什么亚洲国家的家庭储蓄率高，而拉丁美洲国家的低。在我看来，有以下几点需要关注。首先，中国儒家传统关于勤俭节约的文化熏陶是一个影响因素。其次，相对而言中国人的家庭观念更重，更有意愿为老人和孩子储蓄。当然，中国社会保障体系不健全也是原因之一，这也是国际上议论比较多的原因。在讨论社会保障体制的影响时，我们同时也要注意到，拉丁美洲有些国家的社会保障比中国更不完善，但它们的储蓄率并不高，很多工人一拿到工资，几天就很快消费掉。因此，中国的高储蓄率也不能完全归因于社会保障不完善带来的预防性储蓄动机。

有些人认为中国的高储蓄率与存款利率管制相关，这实际上是认为利率与储蓄率存在相关关系，也就是说，为了保证将来能有一笔固定的存款利息收入，利率越低的时候就需要越多储蓄。举例来说，如果一个人预测他退休以后需要有100万元来满足各种开支需要，并从现在开始存钱，显然，如果利率低，就需要多储蓄；如果利率高，就可以少储蓄。从这个角度，美国的一位前财长就建议中国通过大力发展资本市场来扩大消费，如可以把更多的养老金投资到资本市场，从而获得更高的收益，如果养老金升值了，那么家庭现在就可以减少储蓄。那么如何才能发展资本市场呢？他进一步建议放开市场准入，扩大开放，让有经验的美国投资公司更多地进来，推动中国资本市场发展。这就是他的逻辑。

然而，这里隐含了一个假定，即他是一个对退休生活安排有完全理性计划的经济个体。这个假设是有问题的。实际上大多数人都不会作如此精确的长期规划，也没有那么理性，否则怎么解释那些拉丁美洲人的消费行为？有时候他们对下个礼拜的安排都不去想，更别说为退休以后作充分的打算了。

经济学局部均衡理论却证明还存在完全相反的关系，即利率低会导致少储蓄、多消费。在效用函数和消费需求函数的表达中，消费者取得可支配收入后，需要决定用于消费和储蓄的比重，对他来说，消费和储蓄都代表着消费，只不过储蓄代表着未来的消费，他的问题是最大化自己的总消费。同时，相比未来的消费，人们一般更偏好对即期的消费，因此要让消费者放弃这种时间偏好，就需要付给消费者利息。显然，如果利率很高，意味着当前储蓄将来能够获得更多的消费，那他会选择当前少消费、多储蓄；如果利率低，那么储蓄就会变得不划算，他就会选择当前多消费。这和反通货膨胀理论也是一致的，当通货膨胀上升时，维持较高的正的实际利率会使消费者当前多储蓄、少消费，从而降低当期总消费需求、抑制通货膨胀。由此来看，利率对储蓄存在两个方向相反的效应。那么，哪个的效应更大？显然后者是有实证的显著支持的。

九、利率政策及其外部约束

在存款利率的问题上，当前存在阶段性的实际负利率问题。从中期看，大多数情况下我们的实际利率是正的，但是在通货膨胀快速上升期，近年来我们也出现过两次阶段性的负利率。上一次是2007年第四季度到2008年，当时先是猪肉价格上涨，随后带动其他价格上涨，利率调整跟不上，实际利率进入负值区间。当前的情况与上次类似。本来实际利率是正常的正利率，但2010年第三季度末、第四季度的时候，物价出现加速上涨，导致了实际负利率的出现。

我们不希望存款实际利率在较长期为负值，而是努力在中期跨度内保持正利率。但是在应对金融危机期间，我们不可能在短时间里大幅提高利率，加息政策需要保持一定的节奏。在正常情况下，美联储的利率调整也是小步渐进的，只有在危机急剧恶化时期，才会进行大幅度（如一次2个百分点）的利率调整。中国经济的体量大，经常同时面对多种问题，因此我们利率政策的传统做法是渐进式调整，以减少政策的不确定性。

另外，利率调整还要考虑国际经济金融环境，特别是资本流入的因素。目前美国基本上维持零利率，同时实行过两轮量化宽松政策，向市场注入大量流动性。美国释放的庞大流动性对本国经济复苏作用上不足够，但却有一部分变成了对发展中国家的资本流入。对此，国际上不乏批评声音，巴西以及东南亚的一些国家反应比较激烈。中国也感到了这方面的压力。在全球流动性非常充裕、资本流入强劲的背景下，如果我们的利率上调过高，国内外利差就会扩大，对资本流入的吸引力会更大，这会加大经济过热和人民银行的对冲压力。

国际上经常有人建议我们减少对存款准备金、公开市场量化操作等数量型工具的使用，同时更多地、更大力度地运用利率工具。但是在发达国家带来的全球流动性过剩的环境下，我们更多地使用存款准备金率是合理的，也是不得已之举。斯坦福大学的麦金农教授不久前在陆家嘴论坛上就指出，国际资本流入实际上限制了中国利率政策工具的使用。另外，我们应对金融危机的经验还不够丰富。美国还可以研究借鉴1929—1933年的"大萧条"情况，美联储主席伯南克就是这一领域的专家，而我们对从危机到复苏进程的研究尚有待深入。并且关于利差和国际资本流入强度的关系，国际上也没有给出确切的经验证据，对此我们没有十足的把握。在当前这样的非常时期，不允许我们就扩大利率和资本流入强度进行试错。

十、金融结构与资产选择

有国际组织的官员提出，由于中国的金融体系是以银行为主导的，银行存款之外的金融投资渠道有限，同时存款的实际收益率又很低，在此背景下，储蓄者不得不转向非金融资产的投资渠道，特别是房地产市场的投资，从而助长了资产价格泡沫。

这个问题要具体分析。如果认为银行利率偏低、导致存款流向资产市场的话，那就应该会看到银行体系中存款总量在减少，但实际上我们没有看到这一现象。现实情况是，一方面资产价格有可能正在出现泡沫，另一方面银行存款非但没有下降，反而保持了较快增长势头。银行存款变化更主要的是受到货币供应量的影响，其与对资产选择的联系可能不是特别紧密。如果货币供应量扩张，银行存款也会随之增加。以此观之，假如资产价格有泡沫的话，可能还有其他方面更主要的原因，如房地产有关政策。在国际资本流入、经济形势比较复杂的情况下，房地产调控确实有一定难度。一段时间以来，我国对房地产政策作了几次调整，对其效果我们要做充分的分析和研究。资产价格泡沫是很复杂的现象，有人说主要是起因于中国的金融体系是由银行主导的，但找不出充分支持这个判断的数据。

我国从20世纪90年代开始，就开始大力发展直接融资。这个政策思路很明确，在2004年的"国九条"中体现得尤为明显。我们也是借鉴了日本在20世纪90年代经历"失去的十年"的历史经验，认识到银行在金融体系中比重过大的确会产生一些问题。中国人民银行也一直重视推动资本市场发展，扩大直接融资比重，同时我们也谨慎地避免引起市场误解，以为鼓励发展直接融资就是让发行者从市场上圈钱。另外，我们也在研究，利率高低与加快发展直接融资到底是什么关系？加息通常对股市带来下行压力，因为投资者决策时要在股市收益率与利率之间进行权衡比较。利率走低，投资股市的吸引力就相对增加，资金就会从银行流向股市；利率走高，把钱存回银行就变得相对有利，资金就会从股市回流到银行。这也是经济学教科书的经典内容。以此观之，如果融资体系由间接融资方式主导，会减轻资金流入资产部门的压力，产生资产价格泡沫的可能也会下降，而不是前述主张的相反观点。

十一、抑制通货膨胀与货币政策工具选择

2011年的中央经济工作会议把抑制通货膨胀作为宏观调控的首要任务，对此，国际上也有议论。有的人担心中国控制通货膨胀会引发经济"硬着陆"，认为中国抑制通货膨胀与全球推动复苏在政策方向上不一致，认为中国经济如有过热，对拉动全球经济复苏也是有好处的。例如，德国2010年对中国出口情况很好，中国进口需求强劲增长就是很重要的拉动因素。从国内情况看，我们资产部门有大量的投资者，投资者当然希望资产价格稳步攀升，所以也不希望出台紧缩政策。因此，在政策讨论中，要注意到各种不同的博弈关系。

还有一种对货币政策持保留的观点认为，我们当前的通货膨胀主要是成本推进型的，不是需求拉动型的，而货币政策针对的是总需求管理，因此货币政策收紧是药不对症。这个看法略显片面。成本推进型通货膨胀最主要的因素是工资成本与物价轮番上升，如果总需求得到有效管控，工资—物价螺旋式上升的动能会受到抑制。因此，不能因为通货膨胀有成本推进的机理，就认为通货膨胀不应管理。

当前，很多人关心存款准备金率的上调空间还有多大。这中间有几点理由。首先，有人担心准备金率上调太多会出现副作用，导致"硬着陆"，因此认为没有上调空间了。其次，银行体系确实不希望上调存款准备金率，商业银行是希望中央银行多运用中央银行票据。因为中央银行票据利率是市场上形成的，一般在3%左右，比较高，而存款准备金的利率是人民银行规定的，现在是1.62%，比较低。另外，不提高存款准备金率的话，商业银行可以更大地扩张贷款规模，所获利差也会更大。因此，商业银行的主张是有其利益考量的。

国际上，中央银行一般不过多地使用存款准备金率工具，但从国际经验看存款准备金率确实没有绝对的上限。我国之所以较多地使用存款准备金率工具，主要是出于对冲需要。2003年以后，外汇占款规模迅速扩张，成为投放基础货币最主要的渠道；基础货币投放过多以后，就需要对冲，对冲的主要手段就是存款准备金率和中央银行票据。正是在此背景下，中央银行票据的发行是在2003年第二季度启动的，提高存款准备金率是在2003年秋天开始启动的。

存款准备金率的使用首先取决于外汇占款的变动情况，同时也要考虑外汇占款与GDP的比例关系，另外，使用存款准备金率工具还要关注存款的变动。存款准备金计算的基数不是新增存款，而是全部存款，随着存款总量的变化，调一次存款准备金率所冻结的资金量是不一样的。2003年，存款准备金率上调0.5个百分点，冻结1 000亿元左右的资金，现在总存款的盘子变大了，会冻结的资金量增加到3 700亿元。另外，存款准备金率调整也会影响货币乘数变动，这是必须要考虑的。当存款准备金率是 20% 的时候，基础货币的乘数最多是 5 倍；假如将存款准备金率上调到 25%，乘数最多是 4 倍，考虑到一些技术因素，实际的货币乘数是三点几。

从 2011 年起，我们不仅关注贷款总量的增长，更要关注全社会融资总量的增长幅度。中央银行通过调控基础货币供应和货币乘数，能够较为有效地实现对全社会信用总量的调控。为此，我们现在会特别关注影响社会融资规模的其他渠道。有人指出，如果更多的是使用行政手段调控贷款总规模的话，银行体系就会把很多业务转移到非贷款科目和表外业务，从而规避规模控制，这样政策调控的效力就会下降。影子银行也会在贷款规模之外扩大社会总信用，做法可分为三种类型：第一种是通过影子银行吸收存款，总体上，现阶段我国非银行系统吸收社会资金的能力相对有限，银行业在吸收存款方面还是有优势的。第二种是通过影子银行管理资产方，商业银行由于有信贷规模方面的控制，因此有积极性去利用各种影子银行，把表内的贷款资产转到表外。第三种影子银行是混合型的，既有负债方的渠道，又有资产方的渠道。对此，2011 年我们已经更加注重对全社会流动性总量、货币乘数的管控，同时还运用了宏观审慎性政策框架。在这些调控措施下，商业银行绕规模的空间减少，资产转移的比例明显减少，影子银行的活动也随之下降。

总之，人民银行是充分重视管理通货膨胀的，对选择货币政策工具是反复分析、比较的。要注意，国际、国内有多种不同的利益诉求，同时进行着多场不同性质的博弈，通过各种媒体传达着不同的评议和建议。为此，我们更需要有清醒的头脑，切实弄清我国的国情，特别是我们现阶段政策制定所追求的目标和当前国情条件下不同政策工具的作用机理。

参考文献

[1] 周小川.分析全球经济不平衡的若干视角,见周小川:国际金融危机:观察、分析与应对［M］.北京:中国金融出版社,2012:67-82.

[2] 周小川.关于汇率调整和资本流动的政策思考,见周小川:国际金融危机:观察、分析与应对［M］.北京:中国金融出版社,2012:197-201.

[3] 周小川.如何应对国际上对中国经济金融政策的评议,见周小川:国际金融危机:观察、分析与应对［M］.北京:中国金融出版社,2012:308-326.

[4] 周小川.全球经济不平衡的政策响应及其与亚洲金融风波的联系,见周小川:国际金融危机:观察、分析与应对［M］.北京:中国金融出版社,2012:484-493.

[5] 周小川.人民币资本项目可兑换的前景和路径［J］.金融研究,2012(1):1-19.

[6] 易纲.扩大金融业对内对外开放,见《中共中央关于全面深化改革若干重大问题的决定》辅导读本［M］.北京:人民出版社,2013:125-133.

［7］易纲. 外汇管理改革开放的方向［J］. 中国金融，2015（19）.

［8］潘功胜. 中国外汇市场的政策框架及管理取向［J］. 当代金融家，2017（5）.

［9］潘功胜. 理性看待我国外汇储备规模的变化［J］. 求是，2017（13）.

［10］潘功胜，专访国家外汇管理局局长潘功胜：打开的窗户不会再关上. 第一财经，http：//www.yicai.com/news/5222652.html，2017-02-13.

［11］郭树清. 宏观四大目标与实现内外均衡［J］. 中国外汇管理，2002（1）~（2）.

［12］胡晓炼. 继续深化外汇管理体制改革 积极促进国际收支基本平衡［J］. 中国外汇，2008（3）：10-19.

［13］中国人民银行. 中国共产党领导下的金融发展简史［M］. 北京：中国金融出版社，2012.